牧羊人的哲学课

人文视角下的金融真相 II

肖小跑 / 著

中国·武汉

图书在版编目（CIP）数据

牧羊人的哲学课：人文视角下的金融真相．Ⅱ／肖小跑著．－－武汉：华中科技大学出版社，2022.5
ISBN 978-7-5680-8125-2

Ⅰ．①牧… Ⅱ．①肖… Ⅲ．①金融－通俗读物 Ⅳ．① F83-49

中国版本图书馆 CIP 数据核字 (2022) 第 059013 号

牧羊人的哲学课：人文视角下的金融真相．Ⅱ 肖小跑 著
Muyangren de Zhexueke: Renwen Shijiao Xia de Jinrong Zhengxiang.Ⅱ

策划编辑：	亢博剑 孙 念
责任编辑：	孙 念
特约艺术家：	洪诗雅
特约编辑：	伊静波
责任校对：	林凤瑶
责任监印：	朱 玢
装帧设计：	璞茜设计
出版发行：	华中科技大学出版社（中国·武汉） 电话：（027）81321913
	武汉市东湖新技术开发区华工科技园 邮编：430223
印 刷：	湖北新华印务有限公司
开 本：	880mm × 1230mm 1/32
印 张：	12.25
字 数：	273 千字
版 次：	2022 年 5 月第 1 版第 1 次印刷
定 价：	60.00 元

本书若有印装质量问题，请向出版社营销中心调换
全国免费服务热线：400-6679-118 竭诚为您服务
版权所有 侵权必究

铜版画《牧羊人的哲学课》（2022）

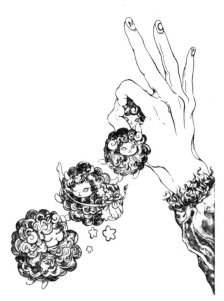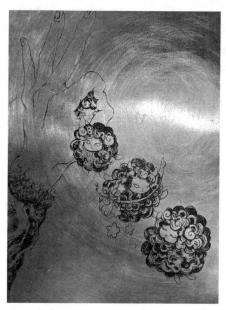

洪诗雅作品

规格：铜版画：蚀刻法（21cmx15cm）

关于铜版画：

铜版画的步骤繁杂，每幅作品都要经过打磨铜版、篆刻腐蚀、沾湿纸张、布墨压印的精细创作过程。铜版画以刀刻产生的细腻线条，比起笔尖下的线条更为独特优美，让人感受到挫折和挑战中，版画那美丽而繁复的世界。

艺术家简介：

洪诗雅，师从钟大富，毕业于香港中文大学艺术系（文学士），香港藏书票协会会员。曾获2019—2020年度香港版画年奖，作品在罗马尼亚、巴黎、伦敦、香港、深圳等地展出，多为私人收藏及博物馆藏。

作品寓意：

在前作《羊群的共识》中，"羊群"指普通人、乌合之众，或市场上的散户。市场上的大众容易受到"共识"的影响，情绪容易被一个故事、一种说词、一个叙事煽动，像羊群一样盲目地受同伴的牵引，去做同一件事。这在金融市场上的表现就是"追涨杀跌"。

《牧羊人的哲学课》中的"牧羊人"指发现了市场上大部分人都是"羊"的一群人。他们掌握了"共识"的作用和规律，学会了如何利用，甚至操纵情绪来引导"羊群"前往某个方向。在金融市场上，"牧羊"便是利用大多数人的"FOMO"（Fear of missing out）或者"YOLO"（You only live once）情绪，来获得利益或者规避风险的行为。哲学思维可以帮助我们成为一个"更善"的牧羊人，看到金融中的危险，引导自己和身边的同伴免于受到伤害。

FOREWORD

前 言

拯救"除魅后抑郁":
艺术告诉我们该向何处去

1

小时候,我的大部分课外时间是在我爸的练舞室里度过的。我爸是一位舞蹈艺术家。每天放学后,我坐在舞台边沿,听着音质效果并不太好的喇叭里不断重复的 *Malaguena*,看我爸那分不清楚是艺术还是体育运动的、力感动感交织的舞姿,是一种很奇怪的美感体验。

在他无限循环播放的南美舞曲歌单中,有一首极不搭调的美国南部乡村摇滚。这首乡摇的鼓点,我到现在还记得。气势如虹,又稳如泰山,直击入灵魂。这首歌歌名是 *The Weight*,而这位伟大的鼓手兼歌手,就是莱文·赫尔姆(Levon Helm)。

很多年前他得了癌症。就在大家都以为他会就此沉寂时,莱文突然重出江湖,出现在2003年的"午夜漫步"(Midnight Rambles)音乐节上。记得我爸看得两眼发光,嘴里重复着尼尔杨的那句话:音乐不死,摇滚不死。

可是莱文还是死了。后来，我在《打破常规，快速行动》(Move Fast and Break Things）这本书中读到，当年他的复出跟摇滚精神无关，而是因为没钱治病，被迫70岁上路再卖艺。他得病的那一年，线上音乐鼻祖Napster诞生了。从那一刻起，莱文和无数像他一样的独立音乐人们，发现自己靠才华赚取的血汗钱被这个世界的新任统治者们——脸书、谷歌、亚马逊和Spotify，一点一点温柔地榨得精光。

我爸说，艺术家的主要工作是释放"小宇宙"。这些小宇宙们并不总是绚丽的，有的甚至没有颜色、空洞甚至可怖，有的过于真实而让人无法直视——因为里面装的是"现实"。现实中有只可意会的无奈和不可言传的心绪。艺术要存活于世，要做现实的第四面墙，何其艰难。

于是，惧怕艰难的我没有继承我爸的衣钵，转身选择了金融。却发现这里也都是苦刑下的西西弗斯，一次次把石头推向山顶，再跟着石头一起滑落、回到起点——只不过一个是在艺术原创性里挣扎，一个是在市场的波涛中翻滚。

既然选择了金融作为自己生存的手段，我只好在起起伏伏的收益曲线中，挣扎着挨过大大小小的周期，直到和所有人一起来到当下的"变局"时刻。

艺术展示价值，哲学定义价值，金融寻找价值——我们都在各自的领域里求"真"。只是现在蓦然回首，发现"真实"不见了。

2

我们和这个世界一起通关，进入了游戏的新阶段。

在这一局中，我们有了新技能，有了科技和理性的装备，对于世界上一切事物和现象，都可以"导入理性"去分析、理解、设计、执行。我们知道了四季循环、阴晴圆缺；看到了宇宙的层次，期待登上去火星的飞船；我们知道货币只是一张"纸"，金融体系是一架经常会坏掉的机器；人生的每一分一秒、每一个环节都有了答案，从肉体到灵魂，都可以用程序和技术来解释和操纵，连死亡都不再神秘。

科学和理性发展到最极致，人类开始有了"只要我想知道，就能够知道"的信心。但也就是从这一刻开始，虚无主义的雾霾拂面而来。

于是我们开始迷茫，失去掌握，开始经历"除魅后抑郁"。一些关于生命的问题都被解答了，我们的想象力和探寻未知的欲望，也被贴上了封条，剩下的只有空空荡荡的心。如果不久以后，我们注定要进入元宇宙，连虚拟和真实之间的界限都被取消，那应该去相信什么？相信虚拟吗？可是虚拟需要被"相信"吗？它明明是程序设计出来的；那选择相信真实，真实又是什么呢？

与此同时，除魅后的世界也失去了共同价值，所有"权威"的信息来源都可以质疑，没有一个可以相信的"绝对真相"来源，于是在空洞和迷茫中，所有人都隐隐不安。卢梭在近300年前的《论科学与艺术》中，就曾担忧"随着科学与艺术的光芒在地平线上升起，德行也就消逝了"。

这好像也挺符合历史规律的。据史料记载，人类很多时候都是"在麻木中完成巨变"。一战之前也是一个"麻木""梦游""不确定""迷惘"的世界：没有权威，没有信仰，传统价值观开始模糊，又找不到一个新的准则。就这么梦游着，梦游着，突然有一天，被一棒打醒。海明威《太阳照常升起》中的"迷惘的一代"、《红与黑》中维立叶尔城里的人，也是这幅样子。

金融世界也是这副样子。

无论是经济理论、市场规律、金融周期，还是全球货币秩序，曾经都是令人笃定、安心的价值准绳，因为曾经的市场永远以"现实"为准绳，"无形的手"不以物喜不以己悲，它伸开手掌，给你展示的只有"客观规律"和市场上的现实。当"无形的手"不再客观，现实开始变得残酷，大家只能重新依靠自己的本能和感官，开始反叛曾经从不怀疑的价值观、市场规律，甚至货币秩序。

如果金融也要在"麻木中完成巨变"，我们还要继续在各自的领域里求"真"吗？

3

可什么才是"真"？哲学能给我们答案吗？

我们眼前的世界是构建的：生活是建构的，科学的世界也是建构的。我们所认为的重要的、有意义的事情，以及为世界的担忧，很可能是由"概念"和"语言"建构出来的；金融更是乐高一样的积木。哲学用语言把想象出来的世界变成可认识的对象，而我们却在形而上学的过度发展中，开始分辨不出眼前的世界，到底是真实的，还是构建出来的。

如果哲学都可能使我们更迷茫，还有什么可以帮助我们？

在这个道德、规范、教育、制度和宗教所建构的世界中，还有一个角落——艺术。艺术家并不认同这个建构出来的世界，艺术需要看到世界的内涵。

艺术和哲学都致力于"重新展示世界"（re-presentation）。但艺术能透过创造、感觉和暗示来重新表征世界——尽管它展现的方式，也许是把世界上下颠倒。艺术所求之"真"为"人性的真实"，如果没有愤怒、爱、嫉妒的人类情感在里面，艺术不会令人信服。将人类团结起来，揭示迷茫、分裂下不同群体的共同人性的不是政治，甚至不是宗教，而是我们的艺术。

国王登基谢幕，朝代更迭循环，金融市场变迁，十年前的科学也可能因为过时、被证伪而被抛弃——但是艺术的伟大永远不会因时间而减弱，只要人类在这个混乱的世界中能继续感受到爱、嫉妒和冲突，蒙娜丽莎的微笑、莎士比亚的文字就仍然可以击中我们的灵魂。

唯其能感受世界，我们才可能认识世界。艺术以无数种方式帮我们保留唯一可以依赖的引路灯——我们的感受。有了它的指引，你我依然可以生机勃勃，还有灵感可以期望。在当下这个已经到了临界点、迷失的时代里，艺术的启发存在于生活的每个角落，包括我们对金融的理解。

柏拉图在《理想国》第十卷里，以三种"床"——理念的床、现实的床以及临摹的床，分别代表理念世界、现实世界和艺术世界。他贬低画家和诗人，认为只会"模仿"的艺术是真理的"影子之影子"，画和诗会蛊惑人心，不利于理想国的建设。如果柏拉图活在当下，我相信他会改变主意。我们都是"羊"，牧羊人用哲学思维驱赶"羊群"，而能做牧羊人老师的，只能是艺术家。

4

《牧羊人的哲学课》是我试图治疗自己"除魅后抑郁"的过程。在这个过程中我想到了诗雅，一位相识已久的铜版画家。她的作品中有细致的线条和繁复的黑白层次，总让我想到人心——犹如浩瀚宇宙中的星，只有细心才能发掘出真实面相——这也像极了金融市场。她用动物比拟人，敬畏自然，又让我想到卢梭的哲学：你和我皆出自大自然，能洗刷"文明"罪恶、治愈我们"除魅后抑郁"的，也许只有自然的美好。

我邀请诗雅为《牧羊人的哲学课》创作了封面和藏书票。无论是羊，还是牧羊人，我们都是尘间的一瞬。既然连星体覆灭、陨石诞生都为一弹指间，人类念头起灭更是在一刹那。而在这覆灭诞生的一息间，又迸射出了信念、爱，以及一切"刹那即永恒"的东西。希望这些灵光闪现的小小碎片，随我们的创作慢慢飘浮，最后安静又耐心地落在众人眼前。

你会游泳吗？会哲学吗？
知道自己在金融海洋里，将失去多少次生命吗？

1

从前有一条大河，河里有一条小船。小船上有两个人，一个是哲学家，一个是船夫。

小船摇到大河中间，哲学家突然百无聊赖，问船夫：你懂数学吗？船夫说，不懂。哲学家说，啊，那你已经失去了五成的生命。

过了一会儿，哲学家又问船夫：你懂哲学吗？船夫说，不懂。哲学家说，啊，那你已经失去了八成生命。

忽然间，一阵大风吹来，掀起巨浪，船翻了。哲学家和船夫都被翻进水中。船夫扒着船沿儿问哲学家：您会游泳吗？哲学家说，不会。渔夫说，啊，那您很快将失去100%的生命。

故事讲完了。

这个故事大家都听过。它简单，易入脑，很容易让人浮想联翩，将它蕴含的底层逻辑发散进很多类似的场景中：

金融市场就像这条不可预测、随时会起大风浪去掀翻船只的大河。市场上的实操者，尤其是在一线做交易、做投资的人，就像这位船夫——他们不一定要懂哲学，就能够以相当大的概率保护自己的生命。因为他们会游泳。

但是，只会划船和游泳的船夫们，大概率也只能在一条河上做船夫，最远把船撑到河对面，并且永远要看天的脸色吃饭。而哲学家，虽然知道世界的尽头在哪里，知道月有阴晴圆缺，知道大河会"吃人"，但不会游泳，知道再多也没有用。

现在，我把这个故事再往下续写两笔：

哲学家在冰冷的河水里慢慢下沉，神志渐渐模糊，眼看就要吐出最后一个气泡。在生死交界处，水神出现了。

水神把船夫和哲学家的灵魂融合，变成了一个懂哲学的船夫、一个会游泳的哲学家。若干年以后，这个合体的灵魂，冲出大河走进了海洋，后来又冲出海洋走向了世界，变成了让人闻风丧胆的海盗船长杰克（Jack Sparrow）。

这个故事可以完美复刻到金融市场上：

金融市场上的实操者，一旦有了哲学思维，也可以在资本市场上出河入海，胜天半子；不再看天的脸色，用理性和逻辑安排自己出海的时间，把翻船的概率降至最低。

而哲学家们一旦学会了游泳，会使用金融工具，熟悉在暗礁无处不在的汪洋大海上行船的必备技能，便可以把金融市场当作自己的游乐场。

我们生活的这个时代，有很多会游泳的哲学家和会思考的船夫。比如塔勒布（Nassim Nicholas Taleb），比如保罗·都铎·琼斯（Paul

Tudor Jones II）。他们既会用哲学和数学思维来思考金融这件事，又会游泳。在他们眼中，哲学就像一座宝库，市场就像一个充满各种刺激的游乐场。

2

所以哲学到底有什么用？哲学在金融领域，到底有什么用？为什么在金融市场上做出惊人成就的人，往往都有深刻的哲学思想，或者他们本身就是一位哲学家？

为什么把金融和哲学这两件事放在一起，总会让人有一种灵魂触动之感？就像张爱玲老师在《烬余录》中写的：在"像七八个话匣子同时开唱，各唱各的，打成一片混沌"的现实世界里，在"不可解的喧嚣中"，突然找到了"清澄的、使人心酸眼亮的一刹那"，听出了一个音乐的调子？

哲学思维又如何帮我们在金融市场这个世界上最难洞悉规律的地方，安全地生存下来？

问题太多，我们一个一个来。

首先必须回答的是：哲学到底有什么用？

亚里士多德老师说："哲学是闲暇的产物。"饱暖而思淫欲，人只有在没事干的时候，才有余裕去想哲学问题。实用主义哲学先驱威廉·詹姆斯（William James）老师说，哲学不能用来烤面包。海德格尔老师干脆直接躺平：如果你非要死乞白赖问我哲学有什么用，那我只能说哲学没用。

我也觉得哲学没什么用，学生时代也没敢选它做专业。但是哲学家们身上，会散发出一种奇特的荷尔蒙，总会让人觉得"事情没这么简单"，他们的"无用"，实为大用。

庄子说：山木自寇也，膏火自煎也。桂可食，故伐之；漆可用，故割之。人皆知有用之用，而莫知无用之用也。

惠施不屑：如果一棵很大的树，主干木瘤盘结，小枝凹凸扭曲，完全不合乎绳墨规矩，从来没有木匠去理会。你讲的道理，就和这棵树一样，大而无用，说了跟没说一样，谁会采信呢？

庄子不以为然：见过狐狸和野猫吗？它们为了捕食上蹿下跳，结果经常是中了机关，死在陷阱中。你怎么不想想看，如果这棵大树有用的话，它还能活到今天？树大招风，早被砍了。为了把自己变成一棵没用的树，它不知道伤过多少脑筋，用过多少大智慧呢。

哲学很像这棵躺平的树。2000多年前，古希腊哲学里包含了几乎所有的学科。当一个学科有了确定的概念和体系，它就有了"用"，就从哲学中独立而出。然后，又一个问题被解决了，就独立成了另一门学科、另一个工具，可以"被使用"。学科们就这样一个一个地独立出去，最后留给哲学的就是解决不了、"没用"的问题。

哲学这棵"没用"的大树，才是一切学科之母。它没有"用"，不会给你具体问题的答案，但它有解决所有问题的几把钥匙：

第一把钥匙叫作"推翻和质疑"——什么都敢怀疑，什么都敢推翻，什么都可能是错的——这远比答案重要得多。柏拉图老师如是说：一个人要借由理性去发现，不能求助于感官。真正爱知识的人，一辈子改不掉寻找事物本质的毛病。这才是他的天性，不会受限于纷乱的现象。

第二把钥匙叫作"平衡"：在一个科技过度发展，人文缺失，工具理性和价值理性之间失去平衡，浮躁、泡沫、炒作无处不在的年代，"工具"会被当成价值，变成追求的目标，科学的异化会把人类引上悬崖。而在千米高的悬崖之间走钢丝，我们需要哲学这根平衡杆。

第三把钥匙叫作"想象力"：想象力不仅仅是有态度、有创意、问过去从没问过的问题。在这个变化才是常态的时代，它可以打破惯性，帮助你先于所有人发现黑天鹅。"想象力"的背影是"质疑"，是哲学在你脑袋里种的两颗魔豆。

3

把金融市场当作游乐园的哲学家们，都有这三把钥匙。

很多年来，我一直想搞明白一件事：为什么这些金融大鳄们都有一双透视眼？为什么他们总能看到现象背后的本质，读市场就像读剧本？为什么市场崩盘、金融危机、黑天鹅和灰犀牛在他们眼中永远是"必然"？我们眼中再大的事件，他们都云淡风轻处之；我们眼中再大的风口，他们总能先一步上船？无论世界变得多么魔幻诡异，他们总能讲出道理？

直到有一天，我发现以上所有特质，哲学家们都有。

哲学家们总是有理，总是可以解释这个复杂的世界，总能理顺更复杂的人类思想，对万事万物都能讲出道理——这种特质一旦被政治家和统治者盯上，就会变为强大的国家意识形态工具；而一旦被在金融海洋中游泳的人解锁，就会变成预测市场动向的水晶球。

总能讲出道理，是因为他们认识世界的逻辑是无懈可击的。

哲学四大基本论域中的认识论回答的是对世界的灵魂考问：这个世

界能不能被认识?它究竟只是我们意识中的一个程序,就像黑客帝国中的Matrix,还是一个真实的客观存在?如果它客观存在,我们能正确地认识它吗?用什么方法才能正确地认识世界?

把对世界的认识缩小到对金融市场的认识,就是金融人每天都要问自己的问题:金融市场到底可不可以知?如果可以,我们的认知能有多深?预测能看多远?我们怎么知道预判是不是正确的?

再往下缩进,这种灵魂考问就触及每一个人的宏观模型、投资策略和交易策略:如果金融市场本身是不可认识的,那你建的所有的模型,还有用吗?

所以把金融市场当作游乐园的哲学家们,从来不关心结论正确与否,明天是涨还是跌,他们只关心自己这架强大的思考机器,有没有生产出正确的逻辑和框架。在变幻莫测的市场上,前提条件会变,数据会变,分析的结果分分钟都在变,但只要逻辑框架正确,这台机器就永远可以"下蛋"。

对于你,我,还有身边所有的普通人,虽然哲学不能帮我们成为金融大鳄,但无论世界如何变化,它可以帮助我们坦然面对。不以物喜,不以己悲,不在有限游戏里患得患失,而是训练自己加入无限游戏中。

这就是我想和大家在这本书里一起解锁的新技能:一起尝试用哲学思想来思考当下的金融大环境,一起拜访几位金融大佬以及他们的精神导师,一起透视语言哲学是怎么影响真实的金融市场,最后一起收获一颗越来越强大、独立的大脑。

目 录

LESSON 1
第一课
金融大环境的哲学式解读

◆ 一个明斯基循环的金融世界：
　　你知道了周期，却依然不能预测未来 / 003

◆ 一个后现代的虚拟世界：金融市场只是一场虚拟电竞？ / 016

◆ 一个强非线性的三体世界：《易经》和塔勒布的警示 / 028

◆ 一个边际效应递减的世界：为什么经济不能无限膨胀？ / 039

◆ 一个 Z 世代主导的游戏世界：投资的长尾草根时代来了 / 056

◆ 一个虚无主义的梦游世界：在信息恶性通胀中躺平 / 066

◆ 一个超稳定的亚稳定世界："改变"什么时候会发生？ / 075

◆ 一个蝴蝶与天鹅共舞的世界：
　　永远不要藐视历史进程中的蝴蝶效应 / 082

◆ 一个无线接近拐点的世界：
　　金融"锡安"里的革新者和革命者 / 091

◆ 一个元宇宙中"1% 和 99%"的故事：
　　除了锁链，你什么都不会失去？ / 099

LESSON 2
第二课
金融精英和他们的精神导师

- ◆ 导读：重塑偶像的权利 / 115
- ◆ 黑天鹅的致敬——塔勒布、塞内卡、司马贺与曼德博 / 119
- ◆ 格林斯潘耸耸肩 / 128
- ◆ 如何不带"执念"地青出于蓝而胜于蓝 / 141
- ◆ 金融宗师的精神教父：定义了科学的"K-Pop"波普尔 / 154

LESSON 3
第三课
经济学家心灵史

- ◆ 从灭霸到马尔萨斯 / 171
- ◆ 悲催科学 / 179
- ◆ 工作的痛苦：一个"稀缺经济学"的故事 / 188
- ◆ 我们和买买提的故事：MMT 如何影响你的后半生？ / 196
- ◆ 穷爸爸和富爸爸要打一场世纪之架 / 210
- ◆ 当我们在谈论通货膨胀时，到底在谈论什么？ / 220

LESSON 4
第四课

金融市场上的语言：
在纷繁嘈杂的世界分辨噪音和信号

- ◆ 导读：和金融市场上的语言和平共处 / 231
- ◆ 羊群共识后三年：我们活得越来越像羊 / 239
- ◆ 寻找底层代码：三观的三关 / 251
- ◆ 汤姆叔叔的情绪小屋：故事的力量 / 259
- ◆ 金融语言的动态变化，是一个"熊孩子喊破皇帝没穿衣服"的过程 / 267
- ◆ "买谣言，卖新闻" / 276
- ◆ 市场没有心，不要试图 PUA 它 / 283
- ◆ 读心术进化史 / 291
- ◆ 机器和人：有限游戏还是无限游戏？ / 298
- ◆ 美元是一把"自欺欺人尺" / 306
- ◆ 尼古拉的故事：永动机还是明斯基？ / 318
- ◆ 摆脱神话的人会发疯 / 325
- ◆ 索伦之眼 / 334
- ◆ 更"鹰"的下半场，市场该往哪儿"虎扑"？ / 340
    边界思维，我们的圈儿到底有多大 / 348
- ◆ "金融核武"SWIFT？ / 355

结　语
收获一颗越来越强大且独立的大脑 / 367

LESSON 1

第一课

**金融大环境的
哲学式解读**

一个明斯基循环的金融世界：
你知道了周期，却依然不能预测未来

Patrick: 什么是"咯咯笑圈"（the Giggle Loop）？

Jeff: 千万别问！一旦知道了什么是"咯咯笑圈"，你自己就变成了"咯咯笑圈"的一部分！

Jeff: 它就像一个反馈循环。假设你在某个安静的地方，一个庄严的场合，比如婚礼。不，在葬礼上给死人默哀时——整整一分钟的默哀，你听着时钟滴答作响。

突然，"咯咯笑圈"这个想法不知从哪儿冒出来，进入了你的脑海：在这一分钟的默哀时间中，可能发生的最糟糕的事情，莫过于一个人憋不住突然放声大笑。

当你想到这个场景，一股笑意涌来，但你忍住了。没事的，可以忍住……（此时你的内心就像在一只杯子上叠上了另一只空杯子）。然后，你一边忍，一边又想万一没忍住，在默哀的一分钟里喷出笑声来，那该有多可怕……于是"咯咯笑圈"又来了一次，你又忍住，但是这次笑意更大了（就像在叠加的两只杯子上又放了一只）；再然后，你接着想如果这更大的冲动没忍住，那会喷出更大的笑声，那会更可怕……于是"咯咯笑圈"就又来了一次，这次笑意更更更大了（就像在三只堆叠的杯子上又放了第四只）；你又接着想如果没忍住……

于是"咯咯笑圈"又来了一次，这次笑意和冲动是难以忍受的巨大！这个不合时宜的爆笑魔鬼就要被放出来了，啊，世界末日来了……

你的肩膀和身体就在这个完全安静的葬礼上，像电钻一样抖动，忍受着地狱般的憋笑折磨……

——情景喜剧《冤家成双对》（*Coupling*）片段

01

开头的片段来自一部老英剧，叫作 *Coupling*，中文翻译成《冤家成双对》。大概相当于英国版的《老友记》，剧中充满了英国闷骚式挠痒痒，好看也搞笑。其中有一集叫 *The Giggle Loop*，我暂且把它翻译成"憋笑恶循环"。

这部剧中有六位主人公,三男三女。男生三人组中有一位叫 Jeff(杰夫)。杰夫是一个很奇怪的人,有各种各样奇怪的理论。他不高大帅气,也没有天赋异禀,都三十多岁了还深受自己老妈的困扰,总是忍不住面对女性脑洞大开。

Giggle loop 就是他发明的一个非常奇怪但是很经典的理论。内容是这样的——在一个非常严肃和庄重的场合,比如一场葬礼上,突然一股不知从哪来的笑意向你袭来。可是在这样一个绝对不能笑的场合,你越拼命想要忍住,这股笑意却像金字塔一样越堆越高,越想憋住,爆笑的冲动就越强烈。终于在一个瞬间,你的意志力轰然倒塌——结果就是在众目睽睽下像疯子一样大笑。

这种事情在我身上发生过很多次,尤其是在学生时代,老师在讲台上训话,台下一片寂静。在这种绝对不能笑的场合,很多次我却被一股奇怪的笑意折磨得面红耳赤。**这就是可怕的"憋笑恶循环":一件不能发生的事,越想阻止它发生,"阻止"这个行为造成正反馈,反而让这件事发生的可能性无限增大。**

杰夫的这个理论,完美地解释了开头的问题:**为什么我们知道经济和市场有循环和周期,并且已经深入研究了各种循环和周期,但是依然不能预测未来呢?**

因为我们中了"憋笑恶循环"的招儿——"试图预测"这个动作带来的正反馈,改变了周期和循环本身的轨迹。轨迹都变了,终点当然会偏离,甚至南辕北辙。

我们试着从哲学的角度,来解释一下可定义的周期和不可定义的未来。

02

首先还是要讨论一下周期。

不管你是做什么的,做投资,做交易,做银行,做买卖,还是算命,大概率或多或少都研究过周期这件事。周期有很多种,长周期、短周期、经济周期、金融周期、债务周期、库存周期、基钦周期等等,五花八门,不同周期的内容都不一样,但都能自圆其说。

虽然周期的使用场景不是万能的,生搬硬套经常会出问题,比如变成了"美林电风扇"的美林时钟①,但它对我们依然很重要。把握住经济周期或者把它判断对,能带来巨大的收益,提高生活质量,获得无数人的崇拜。但是弄错了也会很惨。

说到周期,大家可能首先会想起中国人的好朋友——雷·达里奥老师(Ray Dalio),因为他的"债务周期"最有名。

达里奥的周期循环,就像一架机器的运转程序——总是围绕着两个"圈儿",也就是两个信贷周期(credit cycle)来进行。这两个周期:一个是商业周期(business cycle),一个是债务周期(debt cycle)。商业周期一般持续5—8年,而债务周期会持续大概50—

---

① 美林时钟是2004年由美林证券在 *The Investment Clock* 中提出,基于对美国1973年到2004年的30年历史数据的研究,将资产轮动及行业策略与经济周期联系起来,是资产配置领域的经典理论,是一个非常实用的指导投资周期的工具。美林时钟用经济增长率(RGDP)和通货膨胀率(CPI)这两个宏观指标的高和低,将经济周期分成了衰退期(低RGDP+低CPI)、复苏期(高RGDP+低CPI)、过热期(高RGDP+高CPI)、滞胀期(低RGDP+高CPI)四个阶段。而且现实中,美林时钟并不会简单按照经典的经济周期进行轮动,有时,时钟会向后移动或者向前跳过一个阶段。尤其在中国,强有力的国家宏观调控,会加快整个周期的轮动,使其运动轨迹看起来更像电风扇。

70年；商业周期均以"衰退"结尾（结尾前通常伴随着央行为挤泡沫而加息、收需求、紧借贷等等动作），而债务周期以"去杠杆"为大结局（结局前资本需求方和提供方的关系会发生严重扭曲，央行为控制高企的资金成本而用的所有方法都失效）；商业周期经常发生（大家习以为常，政府亦可应对），而债务周期则跨代发生（或者是上一代"前浪"们好了伤疤忘了疼，或者是下一代"后浪"们根本没有经历过，而政府面对大周期的崩溃也无从下手，最后一地鸡毛）；商业周期可以止血（比如通过央行货币政策调节），而债务周期则隐痛绵绵无绝期。

除了达里奥的债务周期，还有很多经典的循环理论，最有代

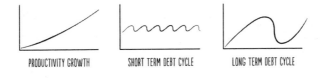

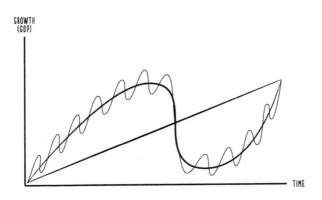

"How the Economic Machine Works", by Ray Dalio

表性也是最重要的包括周金涛那极具"宿命感"的周期理论、罗伯特·派瑞特（Robert Prechter）的"五浪理论"、费雪通缩螺旋，还有明斯基循环。

（1）周金涛周期理论

先说周金涛周期理论。大家往往喜欢在市场暴跌中重温周金涛。周老师临终前说：2018年之后，大家能明白我说的话。

我依然不太明白周老师的话，因为他说过很多话，每句都细思极恐。跟达里奥的"两个圈儿"相比，周老师的圈要玄幻得多。比如以康波60年周期加上熊彼得四阶段（繁荣—衰退—萧条—复苏）打底，然后周期和周期之间又层层嵌套，极其复杂。这种分析方法，看起来是布"大阵"用的，比如应对1997年金融危机这种几年甚至十几年才能遇到的宏观大机会。但是每天在各种局部小战役里奋战的交易员如果拿它做武器，就有点危险了。大概率会被市场碾杀。

因为太复杂，我自己也没学透，所以草草总结周老师的周期理论，大概就是：否极泰来，分久必合，飞龙在天，亢龙有悔——满满"宿命论"之感。或者如他所说：道法自然，天定胜人。非常唯物主义。

（2）派瑞特海浪乐章

美林传奇分析师、心理学家、音乐家兼技术分析大师——罗伯特·派瑞特认为：价格波动，始自人类之群体行为，它就像音乐的乐章，悲观与乐观交替。

在他的"宏观市场起落周期"这篇宏大乐章中，1、3、5是升浪，2和4是调整浪；浪浪浪浪浪，一共五个浪。"第五浪"是最后的激

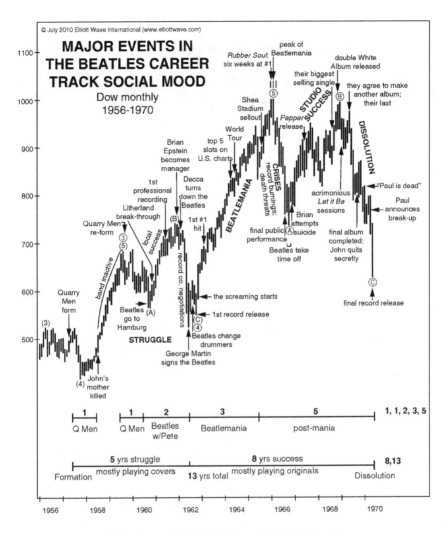

Major Events in The Beatles Career Track Social Mood

注：摘自派瑞特 2010 年 7 月在 The Socionomist 发表的文章 Social Mood Regulates the Popularity of Stars. Case in Point: The Beatles（《社会情绪调节明星的流行——以披头士乐队为案例》）。以披头士乐队为例，研究社会情绪如何推动公众人物的流行或者过气。

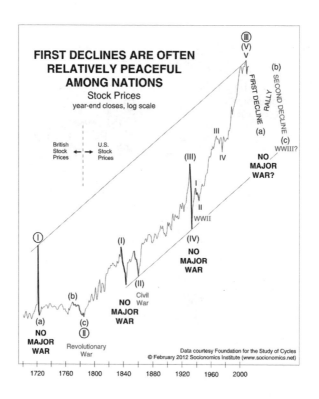

First Declines are Often Relatively Peaceful Among Nations

注：摘自派瑞特 The Wave Principle of Human Social Behavior，第十六章。该图表现了战争和消极情绪（或由经济衰退带来）之间的关系。消极情绪往往呈现出"向下—向上—向下（A-B-C）"的艾略特波浪模式。在此模式中，第一个和第二个下降趋势（a 和 c）会产生非常不同类型的社会行动：经济的第二次衰退往往与大规模战争同时发生，而第一次衰退并非如此，通常不会爆发战争或相对温和。a 浪使乐观的人们惊讶，他们没有准备，也不愿意发动战争；但第二次情绪下降，使得越来越多压力大的人愤怒到倾向于使用武力攻击他人。1720 年至 1723 年、1835 年至 1842 年以及 1930 年至 1932 年间的最初衰退，开启了过去三个世纪最大限度的负面情绪趋势，所有这一切都始于严重的经济通缩。2000 年至 2003 年的第一次衰退，以 9.11 袭击为特征，导致了伊拉克战争。下一个消极社会情绪时期的第一波下降，同样会引发通货紧缩和冲突，尽管不会引发全球战争。

昂乐章。里面又分A、B、C浪，A浪先跌，然后B浪反弹，弹起来再落下后，就进入C浪暴跌咏叹调——飞流直下三千尺，疑是银河落九天。

那2020年的我们在哪个波浪里呢？派瑞特老师说：在升浪之末，"第五浪"的最后阶段。从1974年延伸至今的"第五浪"，是最长升浪，长过预期，长得令人费解。而处在末端的我们，很快将回归"不安"和"混乱"的第一浪。

（3）费雪通缩螺旋

费雪通缩螺旋大概的意思是：我们的经济并不如机器那般精密或精确，它经常会产生正反馈效应，所以会形成一个循环。一旦大家过度负债，就有不断增强的清偿债务压力；偿债压力导致广义货币流速下降，货币流速下降又会导致物价和商品的价格下降，商品价格的下降会使真实负债上升（商品的对价是货币），负债上升又造成信心的沦丧，为了保住信心避免破产，就又过度负债，拆东墙补西墙——到这里，一个费雪通缩循环就形成了。

（4）明斯基循环

最后，也是压轴的循环——明斯基循环。

海曼·明斯基老师提出"明斯基债务循环"后，一直被各界人士广泛忽略，直到2008年全球金融海啸发生，他的理论突然变成了金融危机的唯一正解。危机前后所发生的一切，都像是按照他的剧本，一幕一幕地上演。他的理论成为全世界各大央行行长必修内容，没看过不敢随便针对危机发言。可惜这时候，明斯基老师已去世十二载。

他的理论没有复杂模型，用三个英文单词就能概括：hedge，speculation，ponzi。从对冲、投机再到庞氏，我们的经济系统就是一个不断重复的债务循环，两个循环交界的那一个瞬间，就是"明斯基时刻"（Minsky moment）。

小时候看过一部动画片《大灰狼与BB鸟》，里面有个经典片段：

大灰狼疯狂地追逐BB鸟，越跑越快。BB鸟逃到悬崖边上，撑起翅膀飞走了，大灰狼冲出断崖，然后在空气中跑了好一会儿，浑然不觉脚下是万丈深渊。然后，它往脚下望了一眼，突然觉醒，意识到自己悬在半空中——于是向大家挥手简短告了个别，就坠下了悬崖。

明斯基循环描述的就是这三个阶段：长期高速增长的经济，就像在空气中奔跑的大灰狼，只要仍在高速前进就还能保持平衡。然而把大灰狼唤醒，也许只需一个轻轻的经济减速，资产价格停止增长，投资者抛售资产，一个债务违约的负向循环就此开启。

当一个经济体中的新增融资，几乎全部用来还旧债和利息，而不是用来投入产生正向现金回报的领域，周期就会持续下行，下行叠加费雪通缩螺旋效应——就是一个恶化的正反馈。

反之，如果庞氏融

《大灰狼与BB鸟》片段

资的比例开始稳定下降,那万众瞩目的春天——经济周期的反转就真的来了。

03

上面说了这么多周期,大家可能也发现了:其实世界上的道理都差不多,只不过大道理中有很多小道理,大循环里有许多小循环。

然而,就算我们把所有周期倒背如流,依然不能准确预测未来——这也没什么奇怪的,毕竟这种泄露天机的事情,尤其是"财"机,如果真能算得精准,大家人手一本万年历就财务自由了。

所以未来是不可知的。我们也终于触到了重点:周期的可预测性和未来的不可知。这给我们带来的哲学启示是什么?

(1)我们并不真正了解我们所处的这个世界——这就是"易错性"(fallibility)。

(2)我们对世界的误解、对世界的错误看法,其实反而会改变历史——这就是"反身性"(reflexivity)。

反身性中的"正反馈",其实相当于一个"自我实现的预言":自己是自己的原因,自我加强甚至自我实现。正反馈源于我们头脑中的主观,对现实解释的偏差。由于这种偏差而产生的行动,又最终会导致现实真的出现偏差,并越来越严重。

结果就是主观的意念,最终对真实的客观世界发生了作用——就像开头杰夫的"憋笑恶循环理论",一个在葬礼默哀时喷笑的念头,最后反而会让自己憋不住爆笑出来。

"易错性"和"反身性"其实都是常识，但是在经济学领域中，它们完全没有自己的位置。经济学家的任务是找到"确定性"，尽管"不确定性"才是人类社会的根本特征。

所以"反身性"也只能在哲学和金融的交界处大放光彩。它告诉我们，我们面对的世界不是"均衡"，而是"动态的不均衡"，这种自我强化实际上就是一个自我否定的"繁荣—萧条"过程。在金融市场上表现为循环和周期，就是一个个泡沫积累和破裂的过程。

未来不可预测，市场也不可预测——知道了周期也没有用。因为市场和赌场不同，左右市场涨跌的唯一因素，不是概率论和统计学，而是市场参与者现在买或者卖的行为。问题是市场参与者现在的行为是完全不可预测的，行为的后果也是不可预测的——这种市场行为本身的随机性，反过来又会改变未来的路径。

所以要预测未来，你必须要知道市场上所有参与者将做出的所有决定，以及每个决定的所有结果——这又是不可能做到的。

举个例子，我预测明天大盘涨100点，假设未来可以预测，明天真的涨了100点，那今天当然一定会买入。但是"今天买入"这件事，本身就会改变明天的市场，也就导致了明天的市场改变，不再是今天预测中的市场。

那么问题来了，这样的未来还是可预测的吗？当然是不可预测的。所以这根本就是一个悖论。

04

这对当下的我们有什么启示呢？

除了知道塔罗牌里面算不出明天市场的涨跌，也许它还可以提醒我们，不要过度迷信"兜底"和监管行动会永远有效。

从长期来看，监管者的行为更增加了正反馈的复杂性。1982年国际银行业危机、1997年亚洲金融危机、2000年互联网泡沫、2008年金融海啸，还有2020年全球金融动荡——在每次的当下人们都觉得这是一颗原子弹爆炸，但是事后看来，还都只是不时爆破的局部小炸弹。

每一次金融危机时监管救市、保护经济的措施，都是一次正反馈，反而加强了整个经济体系的脆弱性。与此同时，只要救市还能起作用，就会加强大家对"市场可以自我修正"的误解。监管者成功地抑制了小危机，但是同样的手段，或者说监管者的这些抑制小危机的应对措施，以及这些措施带来的正反馈效应，正是百年不遇的大危机、大泡沫里，让一切更加恶化的原因。

到了2020年，虽然危机发生的导火索不在金融市场，但前面若干次金融危机带来的正反馈，已经严重影响了实体经济。2020年，也许仅仅是百病之躯的一次集中大爆发。

所以未来不可预测，正反馈让未来愈加不可预测。永远对市场和未来保持敬畏之心，会变成你与金融市场共处的必修课。

一个后现代的虚拟世界：
金融市场只是一场虚拟电竞？

约翰·图尔德： 所以你认为我们今天让一些人破产了？其实这四十年来你每天都在这么做，萨姆。这只是钱，是虚构的，只是一堆上面有图片的纸，这些纸的存在让我们不用为了吃的互相残杀。你什么都没做错。

今天发生的事和以往没什么不一样：1637年、1797年、1819年、1901年、1929年……1987年……上帝，难道搞得还不够砸吗？1992年、1997年、2000年……每次危机，随便我们怎么叫它，都是同样的事情，一遍又一遍，我们无法控制自己。你和我都无法控制它，无法阻止它，甚至无法让它变慢，或者甚至稍微改变一下。我们只是做出反应。如果做对了，就能赚很多钱；如果弄错了，就会被抛弃在路边。赢家和输家的比例一直是一样的,而且永远都一样。

——电影《孖展风暴》(*Margin Call*)片段

这是电影 *Margin Call* 中的结尾片段。投行所持抵押贷款证券价值暴跌,处于被追缴保证金的崩溃边缘。连夜商议后,管理层的解决方案是:在消息传出前,将有毒资产抛售给毫无戒心的投资者,将有毒资产从账面上抹去。事情结束后,交易主管萨姆·罗杰斯向 CEO 约翰·图尔德请辞,图尔德老师说出了上述哲理劝词。

那句 "It's just money. It's made up."(这只是钱,是虚构的)也变成了经典。我们经常在股市暴跌或者金融危机的时候,听到这样的描述:市场瞬间"蒸发"了多少亿。这些钱都去哪儿了呢?真的是蒸发到了空气中?或者也许本来就不应该在那里?难道金融市场上的活动真的只是一场虚拟游戏吗?

01

首先请大家欣赏一幅艺术作品:

这是杜尚(Marcel Duchamp)的《泉》,创作于1917年。

对,你想得没错,这是一个小便池。但是也不对,它并不是一个小便池。

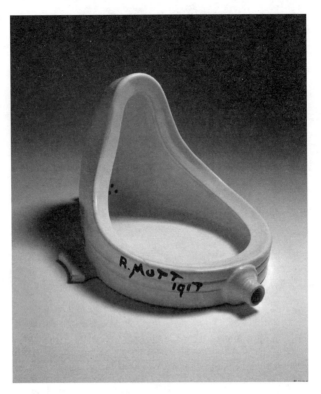

《泉》

这幅震惊艺术界的达达派现代艺术作品的创作过程是这样的：有一天，杜尚老师去买了一个塑料小便池，然后在上面签上自己的名字——这件名作就完成了。接着它就被送去展厅直接展出。

如果你碰巧也知道另一幅题为《泉》的名作：安格尔（Jean Auguste Dominique Ingres）那幅代表高尚和古典之美的经典绘画，两相对照，大概就能感觉到这里面似乎有哪里不对。

小便池作品应该有深意，它不仅仅是一个小便池。杜尚老师和

《泉》

他开创的达达主义现代艺术先驱们所要做的,不是一定要拿小便池来创新,而是想借此对传统艺术观念予以否定,向世人贯彻"除了绘画和雕刻,艺术还有别种可能"这一颠覆理念。

所以小便池只是一个符号,它背后代表的深意是抽象的。

再来看下面两幅作品:《这不是一个烟斗》和《两个神秘之物》。

《这不是一个烟斗》　　　　　　　《两个神秘之物》

雷内·马格利特(René Magritte)在自己的抽象作品《两个神秘之物》中,把自己之前的一幅作品《这不是一个烟斗》画了进去——它被当成了画中的一幅画,画在了黑板上。而黑板左侧,悬浮着另一个巨大的烟斗。两个烟斗通过自己所代表的符号,把现实撕成了两半:一边是构成了现实的烟斗,一边是幻想的烟斗。

在哲学上,小便池和烟斗,都是一个代表、一个符号。在这两幅极抽象的作品中,一个代表是另一个代表的代表,一个符号是另一个符号的符号。符号套符号,层层嵌入,整件事情越来越抽象,以至于普通观众完全难以理解作品底层想表达什么。

《拿吉他的女人》

把这种符号意义发挥到极致的应该是毕加索老师。他在《拿吉他的女人》中把自己的女朋友"符号化"得面目全非——一位美女就这样"符号化"为一堆支离破碎的几何图形和碎纸拼贴。

02

现在，我们把画里的东西置换一下，换成金融市场上的金融产品——你会发现后现代抽象艺术和我们所处的金融市场，两者如此相似。

比如股票，便是一个符号，它并不是一个在真实世界中看得见、摸得着的真实存在。它的价格只是一个符号、一种代表，它代表的是一个虚幻的概念，代表企业现在的价值、现金流，以及未来赚钱的能力。对于科技股、互联网新经济股，它们代表的东西更玄幻——代表"市梦率""未来的梦想"。

再比如一些结构化产品①和衍生品，如ABS（资产支持证券）、MBS（住房抵押贷款支持证券）、CDO（担保债务凭证）——代表的是权益，是权益的风险，是得到带风险的固定收益的权利，是对这种风险的保险。每结构化一次，它代表的符号就更抽象一点。

这就是马克思的虚拟资本（fictitious capital）概念——它从借贷资本和银行信用衍生而来。股票、债券，本身都不是一个真实存在，并不具有价值，它们都是符号，代表的是实际资本已经投入生产领域或消费领域的"过程"。虽然是代表实体经济的符号，但它们像抽象艺术品一样，可以买卖，也可以像影子一样滞留在市场上。

抽象符号没什么不好，但问题是这些金融产品或者符号，本来

---

① 结构化产品是以金融工程学知识为基础，利用基础金融工具和金融衍生工具进行不同的组合得到的一类金融创新产品。一般以一个固定收益产品（固定利率、浮动利率的债券或零息债券）为基础，再加上一个或多个以某个市场或指数的资产的金融衍生品构成。

是从实体而生，服务于实体经济；而现在，它们的市场规模已超过实体经济，变成了一个独立存在的游戏场。

实体经济的实现，需要时间和空间，而这些金融产品的持有与交易，只是价值符号的转移。符号的转移，比真实经济的实现速度快很多，交易的流动性也高很多。随着信息技术的快速发展，这些金融产品和虚拟资本无纸化、电子化，交易过程可以在瞬间完成。

金融的本质是融通资金，但是如今的金融市场中不仅仅只存在简单的借贷关系。次贷危机中的MBS、CDO等各种结构化产品和衍生工具，层层嵌套，环环相扣，债券被一层层打包、分割，再二层、三层、多层切割成几乎任何人都搞不懂的合约；一千万的投资，可以包装成几十个亿的债券——已经让投资者搞不清楚这些产品真正的底层到底是什么。

这就像杜尚、马格利特和毕加索等的后现代的艺术，符号代表另一个符号，越来越抽象。

这就是我们所处的金融市场，一个充斥着越来越抽象、越来越虚拟复杂的后现代行为艺术的市场。

03

为什么会变成这样呢？

我们生活在一个后现代的社会中，这个时代最显著的特点是：生活在其中的我们，意识中共享很多的假设，这种假设看不见、摸不着，平时根本感觉不到，但它们已经深深地植根于你我的思想体系中，影响我们对自己、他人，对社会、商业和金融秩序的理解。

前现代社会中，经验很重要。比如工作经验、老师傅的手艺。在现代社会，经验变得没有那么重要了，抽象规律反而更加重要。我们生活的安全感、稳定性，对世界的认识和理解，不是建立在自己的体验和经验之上，而是建立在默认的一套抽象机制，以及相信科学的基础之上。科学和制度就是真理，它们一定是正确的。

比如，我们坐飞机、高铁，在迪斯尼乐园坐过山车，并不需要真正懂得空气动力学和物理学，也不需要知道飞机是怎么飞上天的，高铁的速度为什么可以如此之快——虽然不知道，但我们都相信它们的运行原理一定是正确的，因为它们是科学的。科学就是真理。

再比如法律面前人人平等这个原则，它看不见、摸不着，人们也不容易有直接的经验，是一个抽象的观念，但却深刻地影响着我们的生活。

还有货币。货币就是一个非常典型的后现代性概念。人民币可以花，但它只是一张纸。我们默认这张纸有价值、有信用，它可以换东西，但并不去仔细追究这张纸的背后到底是什么。

政府、央行，也都是一个个抽象的"权力符号"。这些政府机构，不在于它们的楼有多高、人有多少，管理者们是不是有三头六臂，能七十二变；也不在于货币政策是不是真能起作用——这些都不重要，只要它们代表政府或者央行，就被默认为有权力。这就是符号的作用。

这一下子就把世界变得很抽象了。它会带来一个严重的后果：程序的合理性。

我们从小到大都要遵循各种程序——交通规则、学生手册、员工守则、法律法规——我们不仅完全相信，百分之百遵守，还在不断地发明各种新的程序规则。比如OKR[①]（ objectives and key results ）。我们社会的运转，一切效率，都建在程序规则之上。

结果就是我们不再过问细节，具体的知识不知道也没关系，你相信一定有别人知道，或它是对的，一定起作用，是前提假设，是预装的软件。这就是程序正确，没有人会质疑。

但是，自从量子科学开始挑战传统科学，那些我们认为理所应当是正确的东西，都有可能失去作用。

04

那么，当"程序正确，科学真理"失去作用的时候，会发生什么呢？

其实历史上已经发生过很多次了——它带来的是波动、颠覆、市场巨震，以及社会秩序的重构。

比如20世纪60年代的"上帝已死"运动。经历了一战、大萧条、二战等一系列重大事件，看到"幸福、自由、正义"这些价值观一再受到践踏，西方社会产生了深深的失落感：上帝的公义何在？于是我们就看到了1966年《时代》周刊的那个著名的、最有争议的封面："上帝死了吗？"

上帝就是一个符号，它代表西方的价值观、权威和信仰。而这

[①] OKR，目标与关键成果法，是一套明确和跟踪目标及其完成情况的管理工具和方法，由英特尔公司创始人安迪·葛洛夫（Andy Grove）发明。

《时代》周刊1996年4月6日封面

个符号一旦瓦解,人们要么放弃上帝,要么放弃现实的世界,找不到出路。就像陀思妥耶夫斯基在小说《群魔》中所说:我一辈子只想一件事,上帝折磨了我一辈子。

经济史上的"上帝已死"运动,就是金本位的瓦解。

1944年,四十多个国家聚在一起,在布雷顿森林里重建战后经济体系,把健康的美元挂钩黄金,各国货币同美元挂钩。美元从此就成了黄金的"符号",它就代表黄金。但问题是黄金实际上没有内在价值,它之所以有价值,只是因为人们觉得它有价值。所以黄金自己就是一个符号,人们让它代表"价值",代表安全和保险。

美元就是一个符号的符号。它和上帝一样,存在的唯一价值,就是让大家认为它们不是一个符号,是一个真实存在,是一个不容置疑的权威。

直到1973年,深陷越南战争泥潭中的尼克松老师将美元与黄金脱钩,美元代表黄金的绝对权威就像"上帝已死"一般。黄金与美元脱钩,这个世界的货币们都失去了"上帝"一样的锚,从此货币市场开始了连续不断的波动。

后来，路透开创货币外汇交易电子平台，于是"currency"（货币）就真的变成了"current"（电流），价值变成了波动的信号。再后来，大数据、极速电脑、高频交易纷纷出现。到如今，70%以上的交易都是由电脑来完成的。整个货币交易世界变得越来越抽象，我们现在大部分金融问题和灾难也都由此而来。

虚拟经济相对实体经济有极强的不稳定性。因为虚拟资本的价格，并不像实体经济中的价格一样遵循价值规律，而是更多取决于这些符号的持有者和交易者对未来的主观预期。这种主观预期又会被市场上的故事影响，更增加了不稳定性。这也就注定了我们面对的将是一个越来越波动、越来越容易受到故事和人性影响的、极刺激的游乐场。

直到下一个轮回的开启。

一个强非线性的三体世界：
《易经》和塔勒布的警示

旁白： 我们仍然对七肢桶一无所知。"hepta"源自古希腊语，表示"七"；"pod"表示"脚"，七只脚，所以叫它们"七肢桶"。它们是何方神圣？是科学家还是观光客？它们之间如何交流？

我们的首个突破是发现七肢桶的书写和口语之间并无关联，不像任何人类文字，它们书写的是会意象形语标文字，只传达意思，并无对应的发音。或许我们的书写，在它们看来是多余的。

因为语标不受时间限制，它们的书写文字没有前后顺序，语言学家称之为非线性拼写。这不禁让人疑问：它们也是这样思考的吗？想象你要用两只手同时写一个句子，

> 从句子开头和结尾同时开始写，你要花大量时间想好要写的每一个字，以及它们占用的空间。而七肢桶在 2 秒内就能轻松同时写完一个复杂的句子。

路易丝·班克斯： 我曾经认为这是你故事的开始。记忆是一种奇怪的东西。它的工作原理和我们想的不一样；我们是如此地被时间所束缚，被时间的"顺序"所束缚。

路易丝·班克斯： 时间，对它们来说是不一样，是非线性的。当你真正学会了它，你就开始像它们那样看待时间了——你可以看到接下来会发生什么。

—— 电影《降临》（*Arrival*）片段

不要被这个标题吓到，我们还是先从一个小故事开始。

01

每当冬天过去，春天到来，从蜂巢里就又飞出一群活泼可爱的蜜蜂。每次看到此景，我都对这群弱小的东西肃然起敬。

不像松鼠一样会冬眠，也没办法像大雁一样往南飞，更没有皮毛和脂肪护体，只有一个不密闭的、蜂蜡做的巢——它们到底是怎么过冬的呢？

当然有办法。"活下来"这件事，在小蜜蜂脑中是个"群体"

概念。它的意思是：改变蜂群结构，抛弃拖后腿的工蜂，保护蜂后，尽一切努力保留能使种族延续所需的最少的卵。

每只蜜蜂只有两个任务：（1）簇拥在蜂巢中央，围绕蜂后，颤动翅膀产生热量；同时释放二氧化碳，强制降低自己的新陈代谢。（2）在凛冬已至时，成为"自杀小分队"的一员，轮流去取储在巢外的蜂蜜回来，补充能量。

这当然是一个过程，如此有组织、有纪律、成体系的过冬行为，绝非一夜之间形成的。蜜蜂需要时间——但不是凛冬将至时，而是在烈日当头的某个夏日，就精准"预测"到：今日此时，就是备冬的开始。

如何精准预测备冬时间？要知道预测天气这件事，连卫星都很难预测准，这群小昆虫们是怎么做到的？

答案是：紧紧盯住"相关性"。只要找到那个和"冬天"直接相关的东西即可。

蜜蜂有个神奇的本领：能测量太阳光线角度，记住每天的变化。如果今天的光线角度开始低于昨天，根据经验，这表示全年温度拐点已到。**整个过程就像一个"if…then…"指令：if（今天最大光线角度< 昨天），then（准备过冬）**。

不只是太阳光线角度，花的颜色、风向变化，一切和温度有"相关性"的东西，它们都能测量、记录、代入算法。"历史经验数据+相关性=生存算法"，这大概就是上亿年蜜蜂能活下来的重要原因。

**在冬天和多云的天气里，蜜蜂会利用紫外线找路，跟随着太阳光线，能够计算出那一刻太阳的位置。这么精妙的本领，只有蜜蜂

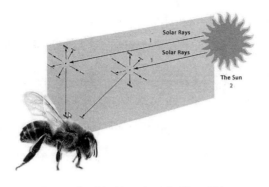

The Miracle of the Honeybee, by Harun Yahya

具备吗？其他动物呢？

如果你读过《明日简史》，大概也会同意卡尼曼的观点：所有动物，不管是鸡、猪，还是大猩猩，都有自己的生存算法。比如：大猩猩是怎么计算自己的生存概率的呢？

面对前面一匹饿狼，它当然不会从耳后抽出一根铅笔，再掏出个笔记本，计算一下自己的生存概率，再根据得数决定跑还是不跑。

算法就嵌在它的身体里。动物的很多"预知行为"，比如地震天灾，也是通过成千上亿年，不断"跑"历史经验数据，找到能决定自己生死存亡的"相关性"。相关性越高，这个生存算法就越有用，计算结果就越准确。

结果准确的奖励就是自己的生命。只有算法优秀的动物，才能留下后代。

那人类呢？

当然跟蜜蜂和大猩猩完全一样。我们都是"真社会性动物"，自打诞生以来，就永远在寻找周围环境中的"信号"，时刻不停地和同类交流，收集经验数据，然后找到相关性，一切都是为了生存。

动物和人类靠这个特点成了地球上最成功的多细胞生物。我们也因为对世界的认知，严重依赖"相关性"和"算法"，给自己带来了很多危险。

设想一个极端情况：如果全球变暖，太阳的温度和光线角度变了，如果全球气候进入一个剧烈的反常期，小蜜蜂们该怎么办？如果我们生存的环境发生超出预期的非线性情况，嵌入我们的认知和基因里的"相关性"和"算法"都失效了，大猩猩和我们该怎么办？

02

在现实世界中，这种过度依赖算法、已知条件和已知关系的行为，又叫过度依赖"线性思维"。

著名经济学家许小年曾经说过：宏观经济不可学。他劝大家不要学宏观经济了。因为经济学家永远是错的，不管他们用什么模型，再怎么花式预测，也永远预测不准经济危机的发生。我猜许小年老师是在开玩笑，但他说得也似乎很对。可这也不能怪经济学家们，因为现有的西方经济学、金融分析方法，几乎都是线性（linear）的。

线性科学描述的是简单的世界。它的特点是"必然性"、逻辑呈线性发展、有时间上的先来后到。它用"还原"的方法来找到A和B之间的线性关系，而且必须原因在前，结果在后。因果之间只有遵循时间顺序，以及这种顺序是"必然"的，才可以由果导因，还原出来。

就这样一路线性地还原下去，从现象还原到本质，本质还原到一级本质，一级本质还原到二级本质，再从二级还原到更高级。

在尝试解释某类现象或构建理论时，线性科学会先列出一大堆"单因素假设"，并且假设这些因素之间是相互排斥的、无相关性的，忽略这种互相排斥关系本身需要论证。结果就是模型经常失效，经常会发现某个因素竟然牵扯到了两个或更多因素，这种牵扯竟然还是非线性的！

但许小年老师面对的经济世界和金融市场，是一个无比复杂的"非线性"（non-linear）世界，很容易让人找不着北。西方经济学家的思维结构，没有"非线性"部分，他们没有现成可用的工具。这就是为什么经济如果只靠经济学家来解释，大概率会出问题。

虽然20世纪西方科学也开始探索复杂性，比如物理学耗散结构论、化学的协同学、数学的突变论。但它们依然是在"同质"的、假设数量巨大和变化无穷的条件下的"准复杂性"，依然不是在探索"异质"的复杂性。

03

用简单的线性思维来分析复杂的非线性世界，会出什么问题呢？

我们身处后现代社会，这个时代的一个重要特征是：人们天然相信既定的假设，相信共识，依靠默认的共识以及"程序正确"来行事，而不会再去思考经验，或者亲身体验来证实——这就是用简单的线性思维来分析复杂非线性世界的一种表现。

这表现在金融市场上，就是相信模型和看似正确的"相关性"。

比如大盘上涨，一定是经济好；"好"公司，股票一定也"好"，"好"股票就有"好"价格——它们之间一定有一个直接的相关性，"好不好"直接决定未来的价格。只要遵循大家都说"好"的那一套价值投资标准，比如漂亮的资产负债表，比如爆款产品，比如颠覆性创新，则无论当下表现如何，反正早晚有一天会涨。

另一个红灯闪闪、余波未平的例子，就是风险平价组合策略（risk-parity strategy）。

风险平价组合策略的核心，就是用各种资产之间的历史波动率、风险关联度作为尺子，再根据最新的市场波动变化来自动配置资产。波动率降低的资产，买它！增持它！波动率上升的资产，抛掉它！拿着这把尺子操作，来维持总波动率的大致不变。然后大量加杠杆，增加低风险资产（如债券）的回报率，与股票回报和风险匹配。

这种操作的结果呢？不出事还好，一旦假设条件发生变化，高杠杆会导致肥尾效应，放大尾部风险，一个本来安全的策略就变成了一颗巨大的地雷。

2020年3月，市场剧烈波动，到处都是因被迫平仓，而互相踩踏的风险平价组合策略信仰者。

以上的例子，都是假设前提条件永远成立，假设相关性永远成立，只是大小强弱程度不同或者时间点不同而已；假设只要地球还按规律旋转，只要春天后面还是夏天，花落之后还会花开，那个大家都知道的"相关性"，就一定会起作用。

04

可是，如果春天的后面不是夏天呢？如果冬天不是三个月，而是三年呢？如果我们生活的不是线性的世界，而是一个三体世界呢？

这不是耸人听闻的假设，这是我们面对的现实。现实里有和蝴蝶效应、混沌、复杂、无规律性、非周期性、不确定性紧密相关的非线性——我们就生活在一个三体世界。

到底什么是三体？一个星系中的三个球，就算我们知道每个球的速度、质量、位置、运行轨迹、重力作用方式，但是仍然没有一个公式，能让你知道未来的某个时点，这三个球分别在哪里。这是迄今为止没有任何人能计算出来的三体问题。这样的世界，就是混沌体系。

在一个三体的混沌体系中，没有相关性，没有能用来预测的模式（pattern），没有任何一个藏在数据背后的算法能够摸到水晶球。不管你掌握多少历史数据，对历史规律挖掘得有多深，都没法预知未来。

三体世界，最挑战传统观念的一个特点，就是没有时间的先后顺序，各因素在空间上是同时存在的。

比如我和你现在在同一间屋子里，那么我和你在这个空间中是同时存在的，不是先有了我的存在，才有了你的存在，我们的存在不是先后诞生的关系，而是共存的关系。

我以特德·姜老师在《你一生的故事》这本书（后来改编成电影《降临》）中的描述来解释。

人类和外星人对语言的使用方法完全不同：人类讲话是线性

的，有因有果，讲了开头才知道这句话的结尾，以及这句话讲出来之后对世界的影响。而外星人七肢桶的语言完全不同，它讲了开头也就同时知道了结果，也知道了这句话讲出去后对世界的影响——它们的语言和时间是非线性的一个圆，没有因果。它们同时活在生命的每一分每一秒中。

在一个复杂世界的混沌体系中，过去和历史能给你带来的唯一东西就是惯性。惯性不会持久，那是海市蜃楼。它也许能给你点燃几个似乎能预测未来的小火花，但不会超过几秒钟。它永远不会给你想要的答案。因为答案并不存在。

在这个复杂的非线性世界里，非常容易发生意外事件。《反脆弱》和《黑天鹅》的作者塔勒布，在2020年伊始写了一篇论文。这篇论文像红灯一样警示了现在全球人民正在经历的一切。他不是算命先生，只是天生对"非线性"（non-linearity）和"连通性"（connectivity）有高度警觉。这两个特征是他所有危机感和焦虑的来源。然而言中了又如何？也只不过是再一次向世界展示了不可预测的意外事件是如何让你眼睁睁地看着它发生的。

金融危机有两个特点：（1）非线性爆发；（2）所有预期不断落空。在面对危机时，如果不尊重不确定性，不立刻止损，砍掉风险因素，那么灾难就会立即蔓延全身，最终的结果就是"确定性的灭绝"（leads to a certain eventual extinction）。

我们生活在一个越来越成体系的世界和系统的市场里，这样的世界天生自带协同效应，要么是正协同，要么是负协同。

一个小且简单的系统，负协同效应不会那么明显。但是今天的市场和社会系统已经自发衍生成了一个巨大的怪物，负协同已经有能力摧毁世界。比如现在很多国家都要开始直面的贫富分化。这就是新自由主义理念带来的一个肥尾风险（fat tail risk）。1%的人掌握着99%的财富的社会，本身就是一个"又大又肥的尾"。贫富分化一旦出现，只会越来越分化。然而那些"天真的经验主义者"依然认为明天和昨天大概率差不多。他们的世界观是一种钟形曲线（bell curves），只能看到膨胀的中心，忽略可能致命的肥尾。当负向协同效应的威胁如此之大时，它就开始有了连接性和非线性。这两位"小朋友"一旦出现，后面紧接着的就是谁都不想见到的整个系统崩溃的风险。

05

那我们该怎么办呢？除了期权这样的非线性金融工具，我们还有什么哲学上的武器，可以用来面对这个非线性的世界呢？

首先，我们可以了解一下中华文明的伟大瑰宝——《易经》。

《易经》是一门妥妥的探索复杂世界的学问。

它用15种方法来描述人世间可能发生的各种类别事件的复杂性。比如奇门描述军事、战争和经济的复杂性。奇门遁甲描述东南、西北、西南、东北等等八个方向的天时、地利、人和的变化。紫薇斗星描述与人息息相关的各种事物；八字描述的是人的一生；还有六爻，描述黑天鹅事件的复杂性、人生的各种偶然性。

《易经》比单纯由因到果、量变到质变、模型和经验规律堆砌的方法复杂得多。经济和金融市场如果用易经来解释，那就不是简单的供给需求之间的线性关系，而是把不同质的复杂性安排在一起，天时、地利、人和缺一不可，择时要对，资产和市场也要对，还要有人，即市场上人们的心理变化都要对——一切都对的那个时点，才会发生某种变化。

如果觉得太玄幻，我们还可以用另外一种方法——就是叙事经济学，研究市场上的故事。

不要小看故事的力量，尤其是市场上的叙事和故事。有一个概念，叫作"市场故事和现实偏离率"（narrative-to-reality）——这个偏离度往往会比经济学和金融模型更早地告诉你，市场上正在发生什么非线性变化。

人们喜欢事实，但是更喜欢故事，比如媒体和评论员老师讲的故事。你其实更喜欢别人告诉你事实是什么。

有时候事实一点儿没变，但是故事却神奇地逆转了；而有的时候事实明显大变，而故事却一点儿没变——这个时候，你就正在见证情绪的改变。

信息理论（Information theory）中，信息没有正确与错误之分，只有新旧之分，或者信号强弱之分。如果一个信号在我们脑中足够强，它就变成了新信息、新故事；如果够弱，就变成了不相关的老故事。老故事会消失，我们的世界观就跟着故事改变。

如果你能敏锐地辨别出市场上的故事，敏锐地察觉到故事和事实的偏离度，一旦发现偏离度加速增大，你就该对非线性的时刻出现提高警惕了。

一个边际效应递减的世界：
为什么经济不能无限膨胀？

在不远的未来，科学家们发明了能将人类身高缩小到 5 英寸（约合 12cm）的技术。人们很快意识到，在一个微型化的世界里，资源使用量会大大减少，人口过剩和内卷不再是问题，缩小的世界里会有"更美好的生活"，"能花很久的钱"。

于是普通人保罗（马特·达蒙饰）和妻子奥黛丽（克里斯汀·韦格饰）决定放弃他们在正常世界压力重重的生活，缩小自己的身体，搬到一个缩小的微型社区——这个选择引发了一场改变人生的冒险。

雅各布森博士： 当今世界的所有灾难都源于人口过剩、资源不足。今天，我们自豪地揭示解决人类最大问题的唯一可行办法。准备好了吗，医生？

Asbjørn-sen 医生：	是的，我准备好了。
	（雅各布森博士打开桌上的木盒子，一个微缩版的 Asbjørnsen 医生出现了。）
保罗：	哇，这真是太疯狂了，太疯狂了！
戴夫：	缩小人生可以立刻减轻生活压力。
保罗：	而且你真为人类做出了改变。
戴夫：	你是说那些关于"拯救地球"的废话？
保罗：	是的。
戴夫：	缩小是为了"节省"你自己的资源，让你可以像国王一样生活——住最好的房子、吃最好的餐馆。正常世界中你花 5 万美元才能得到的资源，在 Leisureland（微缩社区）只需要 12 美元。
Leisure-land 工作人员：	（对保罗夫妇）你们明白自己将要进行永久性、不可逆转的缩小手术，身体将变成目前质量和体积的 0.0364% 吗？

——电影《缩小人生》（*Downsizing*）片段

"内卷"是怎么发生的？为什么我们的好日子不能一直好下去？为什么经济不能无限膨胀下去？为什么周期会见顶？为什么月

满则亏，亢龙有悔？为什么金融市场发展到一定程度，增量资金会越来越少？为什么市场、经济、社会资源、生产力一定会进入存量博弈阶段？为什么存量博弈代表好日子的末章？

似乎一切都是大自然设计好、注定会发生的。

"未来一定是向上的"，"发展一定是越来越好，越来越多，越来越大的"，"未来一定是更加繁荣的"——很不幸，这些感觉都是错误的，是我们头脑中默认的设定，是后现代社会带给我们的bug。

未来并不一定越来越好，它也可以走下坡路。不要忘了我们对大自然发展方向的解释是有矛盾的，别忘了进化论还有一个孪生兄弟叫退化论——热力学第二定律。

我不是在传播负能量，这些论断的背后有非常坚实的科学依据。

01

你有没有想过：为什么我们长到一定高度就不长了？为什么人类不能一直长到大象的尺寸？

我们从小朋友长成大个子，再逐渐衰老、皱缩，最后死亡的过程，就像一架普通的机器——比如蒸汽机的运转过程。我们首先从自然界中摄入各种资源，比如空气、水、食物；然后进入一个神奇的新陈代谢过程，转化成能量；最后再通过身体里的各种网络比如器官网络、血液循环网络等等把能量送达到每个细胞。我们需要一个最基础的能量水平来维持整个工作流程，维持每个细胞的工作能力，同时修复坏掉的部分；再不停摄入这个基础水平之上的能量，好让自己从小朋友长成大朋友。

我们就是这么"机械地"长大的。这个长大的过程，甚至可以写成一个数学公式。

物理学家兼生物学家兼复杂学理论家杰弗里·韦斯特（Geoffrey West）在《规模：复杂世界的简单法则》（Scale）这本书中，把这个数学公式描述了出来：

假设身体长大将近1倍，比如从1米长到2米，体内的细胞数量会增加1倍，

《规模：复杂世界的简单法则》封面

假设此时体重也增加了1倍，那我们是不是也需要摄入2倍的能量，要摄入2倍的食物呢？

并不用，答案是只需要大概70%的能量增量，而不是2倍。

这就是克莱伯定律（Kleiber's law）[①]。或者换一个我们更熟悉的词：规模的经济性，或者规模效应（economies of scale）。大概的意思是：你长得越大，身上每块肉、每单位容量里的细胞组织，所需

[①] 克莱伯定律，根据观测数据，对于很多动物，其基础代谢水平与体重的3/4次幂成正比，该定律得名于20世纪30年代早期马克斯·克莱伯的生物学著作。若用符号表示，设 q^0 为该动物的代谢率，M 是其重量，则 $q^0 \sim M^{3/4}$。因此，如果一只猫的重量是一只老鼠的 100 倍，那么它的代谢量比老鼠仅大约 31 倍。

要的能量就越少。

如果把你身上的一块肉,缩小成同等比例植入一只老鼠的体内,那么这只老鼠"支撑"这块肉保持活性所需要的能量,就比人类所需多得多。也就是说,一个由100公斤的细胞组成的人类,比100只1公斤的老鼠对能量使用的效率,要高得多。

假设一个人的基础代谢率大概是2000卡路里,如果我们把人类理解成由多个相互之间不存在协同效应的部分组成,那么要维持这个各组成部分互不相干的整体所需要的基础能量,一定不是2000卡路里,而是大大超出2000卡路里。

我们通过把自己的每一个器官像变形金刚一样组合在一起,协同管理,启动"规模经济效应",就把自己变成了一个高效运行的系统——整个系统的运行效率,大大超过单个器官零件的运行效率之和。

02

这种设计相当高级啊!那为什么我们还会衰老和死亡呢?按照这种运行模式,我们不是本可靠节省能量来无限生长、长生不老吗?

很遗憾,答案是否定的。

机器越复杂,连接各个零部件之间的电路系统也就越复杂。同样的道理,人的身体结构越复杂,器官之间就需要更多的连接网络,毛细血管网络就越庞大——网络要能够延伸、触达每个细胞,才能支撑大量细胞组织的协同工作。

也就是说，一个类似变形金刚的系统也许是节能高效的，但要组成、维持和修复一个变形金刚，中间所需要的电路、网络、中介和协同管理的工作，反而要消耗大量能量；以至于到一定程度，这个网络就不得不放弃继续支持新的细胞、新的生长，仅维持原样。

网络是一种需要消耗的设定。要创造和维持一个复杂系统的秩序连贯，需要耗费大量能量；系统越复杂，越容易产生混乱。这就是熵——一种为了维持和创造秩序，反而会到处制造混乱的现象。

人体是个封闭的系统，容量有限，所以规模效应一旦触达能量消耗的极点，我们就必然会进入"边际效益递减"规律起作用的过程。我们的身体状态走下坡路的原因，恰恰是维持自己生命的系统，创造了太多的混乱和熵。熵就是磨损——对身体的磨损，对DNA的磨损；要修复磨损，恢复秩序，我们就要投入更多的能量，如果能量投入跟不上磨损的速度，我们就停止了生长，进入了纯损耗的衰老过程。

再然后，过不久，我们就死了。

我们也可以用经济学中的"边际收益递减"和"规模效益"的

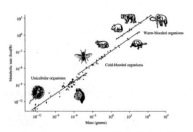

图片来源：*Thermodynamics of Biological Systems*（生物系统热力学），罗伯特·巴尔默（Robert T. Balmer），《现代工程热力学》，2011年。

关系来说明这个问题。

假设一位厨师用一口锅十分钟可以炒完一盘菜。两位厨师一口锅，如果分工明确（比如一位负责炒，一位负责配菜），则五分钟可以炒完。但从此往后，每增加一位厨师，节省下来的时间就变得不明显了。如果推到极端，十位厨师守着一口锅炒一盘菜，想象一下就知道这会造成大量的消耗和浪费，造成内耗，以至于整件事情的效益和收益是递减的，最后归零——这盘菜基本炒不成。

程序化交易中有一个常见的策略，叫网格交易（grid trading）。它的操作过程如下：首先瞄准一个波动较大的标的，比如某个股指、某种货币。当它在蹦床上弹跳正酣时，在每个波段找到一个价格中轴线。然后瞄准它，进行机械式操作——跳下这条线，分档买入；越过这条线，分档卖出。

这种操作不依赖于人的思考，完全可以由机器完成。它就像一个多层捕鱼器，只要海水或者外力能卷起波浪，浪花就能把大小不等的鱼虾蟹送进网兜内。就这样上上下下，反复循环差价，赚取利润。

理论上，如果做一个"封闭系统"（closed system）——画一幢房子，房顶是预测的目标价格（如果财力雄厚，当然也可以拿天空做屋顶），地板是零；让标的在房子里随机波动，那涨跌这件事就真的跟你一点关系都没有了。这幢房子就会像一个吐钢镚机器，在震荡市里不断积累。

但前提是：

（1）这必须是一个不能消失的市场——价格可以为零，但必须永远存在,不能被关停、下市,或者神秘消失。

(2)此番操作没有一个确定的结束期限。或者没有止损,只有盈利目标。

(3)房子必须和外界有能量交换——外界能量使标的蹦跳,没有蹦跳,就吐不出钢镚。

这种封闭系统策略来自热力学:与外界(环境)没有物质交换,但有能量交换的系统——是为封闭系统;与外界既有物质交换,又有能量交换的系统——是为开放系统(open system);与外界既无能量交换,又无物质交换的系统——就是隔离系统(isolated system)。

施展老师在《枢纽》中对中国"超大规模性"的描述,就像是一套半封闭的交易系统。我们的国家也很像一个"多层捕鱼器",有所有文明都羡慕的超大规模、错落有致的人口和地域。只要能持续从内部和外部吸收新技术、新需求,这种既"活泼"又"超大"的规模性,也会把自己变成一个自动运行的系统,浪花把大小不等的鱼虾蟹送进网格,然后能量在体内循环,钢镚儿吐不停。

但是,一样也有前提:

(1)这必须是一个不能消失的文明/国家/经济体——增长可以为零,但必须永远存在,不能被关停,或者神秘消失。

(2)此番操作没有一个确定的结束期限。或者没有止损,只有盈利目标。

(3)经济体必须和外界有能量交换——外界能量使其蹦跳,没有蹦跳,就吐不出钢镚。

对于中国这么一个内敛、厚重且能持续存在的文明国家，（1）和（2）都不是问题；唯一的隐忧是（3）——超大规模性容易导致内卷困境，很可能被卡进一个低水平的均衡线上，难以突破。

所以必须和外界保持能量交换——邻居的创新和新需求从"0"生"1"，我们家里"深厚又活泼"的系统把"1"变成"10"、再到"100"——大家默契配合好，不打架，不关门，全体人类手拉手一起向前走，不就可以了吗？

嗯，好像还是有问题——因为"0"端有个bug——这必须是一台不能停的"创新跑步机"。不仅不能停，还必须越转越快。听起来是不是很熟悉？想到"内卷"了吧。

这就是为什么经济不能无限膨胀，为什么好日子不能一直好下去，为什么月满则亏、亢龙有悔，为什么游戏升级前总会进入存量博弈——因为这是一个边际效应递减的世界。

03

这也是一个大企业或一个复杂经济体"发展—成熟—衰退"的全过程。

和人一样，它们也有新陈代谢。初创企业和发展中经济体可以爆发式增长，而企业变成了集团，发展中经济体变成发达经济体之后，增长只会越来越慢，开始内耗，并大概率走向消亡。企业和整个经济体的发展过程，也和人体一样，需要从社会中吸收能量，即资本、人力资源，还有新的想法、创新和技术等生产要素；然后消耗这些资源和能量来维持现状、维持经济机器正常运行；在这个

"基本摄入"的基础上，吸收更多能量来增添新的生产力、新的动能，让经济持续增长。

经济是否增长，一个主要衡量指标是资本的回报率，回报率会随价值挖掘的深入而下降，长期趋零——这个过程不以人的意志为转移：随着企业和经济体规模变大，内部网络变得更复杂，早晚会面对一个极点，在接近这个点的过程中，内耗将逐渐变得巨大，吸收的能量不能再支撑整体的运行，最终增长停滞，甚至崩溃。

《易经》乾卦第六爻有分教："上九：亢龙有悔。"意思不是天上正在飞着一只后悔的、忧伤的龙，"悔"是指"劫难"。乾卦第五爻"飞龙在天"，描述的也是上文所说的"飞天、内耗、极限、反向质变"的过程。

但是重点来了：经济体和人类身体有一个巨大的不同。人类会衰老死亡，因为我们的身体是一个"封闭系统"，能量容量有限；但是经济体是一个"开放系统"，理论上容量是无限的。

当经济体发展"飞龙在天"，接近极限时，可以通过创新巧妙地避免"亢龙有悔"的发生——创造了经济体的人们会做出一些重大的范式转移，比如说颠覆式创新；我们会重新设定经济时钟，让它重新开始计时，重新塑造这个世界。

我们已经这么干了很多回了。几千年来，人类已经通过各种不可思议的创新做到了这一点，比如蒸汽机、电话、计算机、互联网、信息科学和人工智能等等。每一次技术发明，都是一次巨大的范式转移，重新设置经济这架机器，让我们有了开放式的增长。

但这里有个问题：创新，当然能使经济摆脱衰退的可能性，跳开马尔萨斯陷阱;但它会变成一个"习惯"——如果想保持这种开放式的增长,就要不停地创新,不停地范式转移,而且速度必须越来越快。

创新加快经济发展,越来越快的经济发展要求更快的创新和范式转移。1000年前需要100年才酝酿出的"范式转移式创新"(不是从iPhone 8到9的小升级,而是计算机从无到有一样的巨大转变),现在只需要25年,下一个可能只需要20年,然后是10年……以此类推,越来越快。

于是我们就在一个不断加速的跑步机上,跑得上气不接下气,直到有一天心脏病发作。

金融市场也完全遵循这个规律。

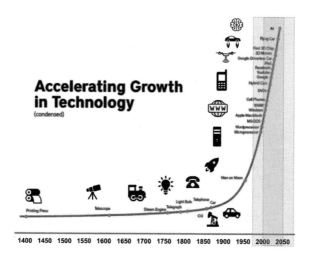

图片来源:The Limits of Moore's Law: Technological Exponential Growth Is Not Inevitable, https://centristradical.com/economics/growth-sustainability/the-limits-of-moores-law-technological-exponential-growth-is-not-inevitable/

在信用货币时代，当分配和使用资源的方式已经承载不了人类屡创新高的欲望，"量化宽松"这个货币创新就出现了。

在经济通缩、产能出清、资本回报率低的时候，"量化宽松"的确可以提高杠杆效率，加快经济恢复。然而，后面的剧情一样会遵循"加速跑步机"的规律，如果没有外力节制，量化宽松的使用剂量会越来越大，最终到达一个极点，货币政策创新就像弹簧被拉到了尽头，无限膨胀却对刺激经济没有任何作用，于是开始内耗。然后就变成了现在的样子。

怎么办？

我们也许需要一个新的重大范式转移，重大创新，重大转变，才能够把全球经济从悬崖边上拉回来；或者直接进入一个新游戏。创新可以使我们避免崩溃，但依然只是暂时的解决方案，因为它有一个上限——狂奔到一定程度，我们的心脏病就犯了。然后就没有然后了。

05

听起来似乎有些绝望，该怎么办呢？这道题难道真的没有解？

我觉得"解"是有的，世界上的顶级经济学家、历史学家、哲学家甚至科学家都能给出自己的解决方案。只是这些解决方案如同减肥方法，有立即见效但长期不可持续的"解"，也有让你长期保持平衡但短期毫无知觉的"解"。也许真正的"解"需要在上帝视角才能看得到，但肯定是你最不想听到、觉得丝毫无用的答案——因为它解决不了你我今天和明天的问题。

"边际效益递减"的另一个名字是"内卷"。内卷的经济系统让人觉得没有希望,在跑步机跑得上气不接下气却依然只能接受边际效益递减的结果,最后只会心脏衰竭。这是因为在目前全球经济系统的设定下,绝大多数资源相对不足,极少数资源相对过剩——这是一个客观事实。在此前提下,最高效率的分配方法,就是"让一部分人先富起来",在最短时间内创造更高的产出,然后通过滴漏效应浸润到无资源的干涸地块。

如果想让浸润的速度更快些,就要借用那道能把未来收入挪移到当下的"任意门"——债务和杠杆。"借新还旧、寅吃卯粮"是一种时间创造的生产力。人类社会可以迅速解决温饱,经济发展能迅速"支棱"起来,并形成惯性,全靠它。

然而这道"任意门"带来的惯性是非线性的,在没有外界能量输入的情况下,债务和杠杆的放大,并不会让资源变得更多,而只会让经济系统的规则设定变成"无限谋求更高产出、无节制投入过剩资源",最后导致绝大多数资源更加紧缺,而极少数资源加速过剩——直到局部崩塌,甚至全局衰退。

为什么这种系统设定一定会走偏?为什么"无节制"一定会发生?

因为它的关键参数是"增长",它的衡量标准是"GDP、收入和规模"——这个范式在几十年前跟随新自由主义的兴起而诞生,我们发明了这个范式,进入这个范式,这个范式引导我们走向开放式的增长;也是这个范式,终将引导我们走向不可避免的崩溃。而在此范式下的科技发展,注定只是暂时的解决方案,从更长的时间线来看，副作用也许更大——由于内卷和边际效益递减，我们需要更短时间内的更大突破，不断加强心脏起搏器的电流强度，才能带起下一次心跳。

那站在上帝视角，上帝能让这个模式持续运行下去而不崩塌吗？

答案是肯定的。但有两个必要条件：一个能产生强正反馈的内生结构和一个强大持久的观念或迷因[①]。

既然当下的经济体系是一种依靠"向未来透支"供氧的"庞氏结构"，那么，只要保证未来有源源不断的新生产力，能把债务向未来平缓推进，不就可以继续"滴漏"浸润法，无限延缓系统的崩塌吗？正如当年美国第一任财政部部长汉密尔顿所言："若能控制在合理程度，国家债务就是上帝的恩赐。"（A national debt, if it is not excessive, will be to us a national blessing.）只要债务堆积的速度能够永远被新生产力拖住，这就是上帝的最好安排——因为时间没有尽头。

可持续的生产力从哪里来？

一定不在内卷的封闭保温瓶里。内卷是一种不可持续的耗散结构，自然界随处可见。一个完全封闭的保温瓶中的水也会因内耗而变凉；而一个在炉子上加热的没有盖子的碗，只要炉火不灭，它就永远是热的。保温瓶中和碗中都有"内卷"，但一个开放的且能够持

[①] 迷因（meme），由理查·道金斯于1976年在其著作《自私的基因》中首创。道金斯将文化传承的过程，比如人与人之间传播的某种思想、行为或风格，类比为生物学中的演化繁殖规则。"meme"承载的文化、思想、符号或实践包括但不限于宗教、谣言、演讲、手势、新闻、观念、习惯、习俗甚至口号、谚语、用语、网络爆红事物。"meme"可以从一个头脑传递到另一个头脑，类似于"基因"——因为它可以自我复制、变异并对选择压力做出反应。

续同外界能量和物质进行"耗"和"散"的系统，一定更持久。

根据能量守恒定律，内在产生的新增物质和能量不可能大于外部输入。如果一个经济体与外界完全没有人、自然资源、社会资源、货币和资本等等能量和物质的交换，它就会像一个保温瓶，只会面临逐渐变冷的结局。任何新生产力的产生，无论是物质资源的充分丰富、新科技的出现，还是太空探索，发生在一个开放的、和外界有能量交换的系统中的可能性一定更大。

那么只要成为一个开放结构就可持续了吗？

恐怕还是不确定。开放结构一样也有五脏六腑，也会内耗。而可持续需要内部耗损的速度小于外界供能的速度，这就要求它有一个内生的、能产生正反馈的复杂结构，能将一切能量有序排序，正向反馈。美国的经济系统是一个开放系统，有天然向外界吸收创新能量的能力，可一旦社会内部损耗的速度变成"负向正反馈"，崩塌的速度也许会更快。

于是我们需要另一个条件：一个能够始终传递下去，强大持久的观念或迷因。

如果系统坏了，我们要从设计图纸上找原因；如果指导人类行动的观念出了问题，我们就要从迷因中寻找答案。

迄今为止，以经济增长和科技发展为主题的发展模式已为人类做出了巨大贡献。我们已经历过一个必须利用"增长范式"来保持基本物质生活水平无忧、实现富足的阶段。过去几十年，信用货币体系使地球上几十亿人口实现了基本的物质生活保障，以至于面对突如其来的风险和意外，世界上大部分人口大概率还是可以继续维持生活，不会再出现生存问题。

如果我们已经到了这个阶段，那继续无限增长的意义是什么呢？我们还需要不断向未来透支去集中力量办大事吗？发展模式能不能倒过来，从主动脉向毛细血管浸润？

如果，我是说如果，我们愿意改变对整件事情的"观念"，不再以GDP、生产率、回报率和增长作为衡量标准，最后真正能救我们于水火的范式转移和突破，也许不是技术、不是黑科技，而是一种思想和文化的范式转移呢？如果人类衡量成长的尺子可以重新铸造，如果可以把坐标轴从增长和生产，移到快乐、幸福和质量上呢？

这不仅仅是个体的成长，不是要求还没解决温饱的人们用爱发电，靠"心理按摩"去追求诗、远方和虚无缥缈的幸福。没有人可以设计出一个无限持续增长的系统，上帝也不能；但一个精妙设计的观念或迷因，却可以被群体不断打磨、放大，最后形成能产生"正反馈"的共识。再伟大的设计者，也只能设计出一个体系的框架，而真正能将它运转起来，并产生规模的是参与其中的人，以及人们之间所传递的观念和迷因。毕竟无论何种系统，创造或者毁灭，都由我们自己的"行动"完成——而"行动"需要由"观念"来推动。

这些目标像是在听童话故事。但是有证据表明，这个世界上有一个人，让所有人看到了这件事情发生的可能性。他就是上届美国总统特朗普。

并不是说他给全人类带来了新希望，而是因为他的出现，居然神奇地改变了美国人民的传统价值观，改变了文明的美国政府，改变了建立在理性、平等基础上的美国文化——这些传统价值"范式"让特朗普完全掀翻了。

他向全世界人民展示了一种"价值观范式转移"的可能性——原来那些大家视为真理的价值标准、规矩、文化和逻辑，都可以抛到九霄云外。他打开了潘多拉的魔盒，把一个人类发展范式转移的催化剂，生生钉进了美国人民的无意识中。

如果，我只是说如果，世界上出现另外一个有魅力的领导者，一个愿意把增长扭转向"非量化"指标，比如说"幸福增长率"的人，再搭配特朗普的颠覆式治理方法，也许真的会实现这个突破呢？

一个 Z 世代主导的游戏世界：
投资的长尾草根时代来了

马小军： 我的故事总是发生在夏天，炎热的气候使人们裸露得更多，也更能掩饰心中的欲望。那时候，好像永远是夏天，太阳总是有空出来伴随着我，阳光充足，太亮，使得眼前一阵阵发黑。

我最大的理想就是中苏开战，因为我坚信，在新的世界大战中，我军的铁拳定会把苏美两国的战争机器砸得粉碎，一名举世瞩目的战争英雄将由此诞生，那就是我。

人们之所以强迫年轻人读书并以光明的前途诱惑他们，仅仅是为了不让他们到街头闹事。

可是说真话的愿望有多么强烈，受到的各种干扰就有多么大。我悲哀地发现根本就无法还原真实，记忆总是被我的情感改头换面,并随之捉弄我、背叛我,把我搞得头脑混乱,真伪难辨。

——《阳光灿烂的日子》马小军独白

01

这天,我钻进了大雄的抽屉,坐上哆啦A梦的时光机,回到10年前,向大家描述2021年的金融业界发生了些什么:

"多年以后,让大家肾上腺素激增的,不是海盗船或者极限运动,而是一个叫'下注华尔街(WBS)'的高人气网络社群和一只叫'游戏驿站'(Game Stop)的股票。在WBS上数百万散户的合力做多下,它的股价一飞冲天,并将'散户打爆空头对冲基金'这个词条写进了维基百科。

"多年以后,数学算法和码农们的010100011,变成了一种叫比特币的数字黄金,人们的心跳随着它的价格每日过山车一样起伏。一些贴上'NFT'(非同质化代币)标志的3D低像素动画小人儿,拍卖到了数百万美元。

"多年以后,一只柴犬吸引了所有人的注意力。讨论以这只狗为标志的虚拟币(Dogecoine-狗狗币)的综艺节目预告,变成了市场重大风险提示;各大媒体马不停蹄地把它写进头条;各大投行纷纷出炉了关于它的上百页研报。这只微笑的柴犬,让一枚'币'的市值超过了标普指数中80%的公司……"

十年前的我讲完这些话,会被怎样对待呢?大概率会被当成外星人。

但这些确实是发生在2021年的如假包换的事实、"Z世代"习以为常的今日头条。在十年后的今天,投资行为不是交易股票,而是寻找荷尔蒙和肾上腺素——如果能从一款盲盒、一双AJ鞋、一只柴犬的微笑和一幅低像素数字艺术品中找到更多的荷尔蒙,找到一夜暴富粉红色的梦,干吗还去关心指数、基金,甚至特斯拉呢?

今天,交易似乎变成了一种感觉,离现实世界越来越远。这十多年里究竟发生了什么呢?

02

2008年次贷危机后,"Z世代"前面的"U、V、W、X、Y"世代们,亲眼见证了全球央行和政府联袂采取的系列措施,是如何一点点抹掉了传统金融体系里的异质性,并把它变成一个单边市场的。2008年以后,在金融领域做任何"创"和"新"的举动,要考虑的第一件事是这会消耗多少风险资本?而不是这件事有没有用?

过度呵护风险资本的结果,就是长期行为变得越来越贵,收益的水位线越来越高——因为任何收益都要先补足风险。为了获得连自己都不相信的收益,只能步调一致,向流动性越来越差的疆域移动。于是,每个人都变成了高风险短线交易员,盯着每分钟的市场价格,做着每一天的投资决定。

结果标准差区间(standard deviation)就消失了——市场只剩

下两个极端，要么波动率为零，静如死水；要么高达近百，黑天鹅群舞。

以上剧变，本来都跟Z世代没什么关系。但就在Z世代们刚要迈进人生投资大门的当口，一场疫情把金融地平线轧得更平、更低；短短一年间，一切突然变得"游戏化"。

在这个新的氛围里，那些熟悉了前瞻指引、压力测试、央行流动性检测、风险平价的"投资老人"们，现在要理解Z世代们创造的迷因、盲盒；理解NFT、SPAC[①]、狗狗币；看懂KOL[②]、马斯克和DFV[③]的奇怪言论，真是难上加难。这叫他们如何不怀疑自己坚持了一辈子的价值理念？

于是这条坐标轴就这么转移了，从精英转移到"长尾"——我们进入了交易投资民主化的长尾草根时代。

03

到底什么是长尾草根时代？我们把这一两年发生的事情视觉化，也许就能一目了然：

---

① SPAC（special purpose acquisition company），特殊目的收购公司；或解释为空白支票公司，是一种允许公开股票市场投资者投资私募股权交易，特别是杠杆收购的投资基金。SPAC没有业务，其设立的唯一目的是合并或收购目标公司。
② KOL，关键意见领袖（key opinion leader），是营销学概念。指为相关群体所接受或信任，并对该群体的购买行为有较大影响力的人。
③ DFV，美国金融分析师和投资者基思·帕特里克·吉尔的网络名称。他在Reddit上以"Deep Fucking Value（DFV）"的名义发表了对Game Stop股票及其投资收益的分析。许多人认为这是2021年1月Game Stop股票散户打爆空头对冲基金的主要驱动因素。

首先，曾经无所不能的互联网"巨人们"，在金融领域轰然倒下。它们就像《千与千寻》里的无脸男，曾经在汤婆婆的汤屋里胡吃海塞，从买菜到打车，从支付到投资——几乎要吞下整个世界；后来吃了河神的反垄断药丸，狂吐不止，吃下去的尽数吐了出来，又变回了单薄的黑色纸片人。

同一时间，创造者经济（creator economy）从一个概念，变成了几乎所有国家GDP的一条支柱。人人都是主播，人人皆可表达，人人都能创造出自己的经济圈。KOL的一个笑话，一个迷因，一篇推文，可以瞬间变成公共意识，公共注意力再吸引资金，变成一个投资潮流和一场惊天动地的市场起伏。

也在同一时间，本就是为"长尾赋能"而生的区块链，让"自我治理"（self-sovereign，self-governance）在"DeFi"[①]（去中心化金融）里再一次有了惊天动地的体现。

还有越来越"下沉"的金融服务。且不提罗宾汉散户侠逼空华尔街对冲基金事件，先看看香港中环的广告位——这里一直是金融的风向标，可以看到金融正向哪里奔去。这些曾经被奢侈品、大基金、家族理财常年占领的"眼球位"，现在已经铺满了"平民化"交易平台。我每次路过，都会看到各种翻新的互联网交易平台，似乎短短一年之内，所有券商经纪、大小新老，都在拥抱

[①] DeFi，全称 decentralized finance，即"去中心化金融"，也被称为"开放式金融"，当前几乎全部的 DeFi 项目都在以太坊的区块链上进行；DeFi 是基于开放的去中心化平台开发的一系列金融类应用，整个业务流程无须银行、交易所等中心化机构，全部为链上的"去中心化"交互动作。

草根，恨不得一口气把原来所有精英阶层高大上的金融产品、期权衍生品交易、虚拟资产，一股脑地倒给小草根们。草根们"更小白""门槛更低""更社区化""更游戏化"，驾着"元宇宙"（metaverse）的概念滚滚而来。

怎么样，是不是觉得草根已经觉醒了？

04

Z世代的觉醒，带着他们特有的脾气，正在悄悄地改变这个时代的周期——一个悄悄溜走的旧时代，和一个蓦然回首，已经等在拐角处的"第四转折"。

人口世代分析师史特劳斯（William Strauss）和豪威（Neil Howe）在《第四转折》（*The Fourth Turning*）中展示了一个极特别的周期理论——世代理论[1]。虽然它既不完美，也不精确，但是以上所有长尾觉醒的现象，迄今为止所有的社会"疾病"，比如经济不平等、制度失灵、文化衰退、民粹兴起，它都可以很容易地解释。

人类世代周期并不是线性发展的，而是像四季，遵循自然的

---

[1] 史特劳斯和豪威最早在1991年的著作《世代》（*Generations: The History of America's Future, 1584 to 2069*）中提出世代理论（Strauss-Howe generational theory）雏形，分析从1584年盎格鲁-撒克逊人殖民北美洲之后的美国历史世代周期。其后，两人将理论进一步演绎，于1997年出版了《第四转折》（*The Fourth Turning: What the Cycles of History Tell Us About America's Next Rendezvous with Destiny*）。书中罗列美国历次由4个世代形成1个周期的现象，预警美国快将进入危机丛生的第四转折，并成立公司以因应四个世代的经济情况来部署投资策略。

节奏非线性地循环。在这个非线性发展的世界，有个衡量单位叫"saeculum"（生命寿量）。一个寿量大概等于90年。它衡量的是从一个邦或者一个世代的兴起，直到所有经历这个邦或者世代的人全都消失的时间。一个生命寿量结束后，另一个就开始了。传说人类终极之神给每个领袖和文明分配了一定数量的寿量——全用完了，他们的时代也就过去了。

每个寿量又可以继续细分为四个阶段，每个阶段约为22年，就像自然界的春夏秋冬，或者人类的少、青、中和老年；每个季节都有一个主导的情绪，一个明确界定的、可预测的一代人的特征、性格和脾气。

世界就是被这些"脾气"们主导着：

——Prophet（Baby Boomers）：先知一样的婴儿潮。有原则、自恋、后危机时代的领袖。

——Nomads（Gen X）：游牧的X世代。现实、冷酷。

——Hero（Millennials）：英雄千禧一代。有能力、不深思熟虑、傲慢地等待着下一次觉醒的攻击。

——Artist（Gen Z）：艺术家的Z世代。受过度保护的儿童、危机后世界的敏感者，优柔寡断直到觉醒。

历史就是这样和世代们共生着，互相影响着——当这一代长大成人，历史就改变了。

然后在后面的寿量里，它继续和世世代代的脾气纠缠、循环，在对立的力量间震荡，不停地反抗上一代——资本主义 vs 平均主义，自由主义 vs 平等主义，孤立主义 vs 扩张主义；中间伴随着情绪的剧烈变化。

长江后浪推前浪，下一代一定比上一代优秀吗？答案当然是否定的，不然我妈会揍我。

但是用科技武装了的下一代呢？用科技的力量武装的新一代人，一定会比上一代更进步，甚至进化出更优秀的人类吗？答案也是否定的。因为一代人有什么脾气、性格、特质和文化，就会产生什么样的科技。每一代人都有长处和短处，代与代之间相互制约、相互冲突，但又相互平衡——这种矛盾就像一个护栏，只有它才能保护人类，避免螺旋式下坠。比如，如果婴儿潮一代掌握资源和权力的时间过长，也许会真的应验马云提出的"老年人俱乐部"的逻辑。如果千禧一代重建了社会制度，一切又会变得太有秩序和乏味，未来的人类也许都会是"码农"的样子，艺术细胞会退化。

而当游戏化的"Z世代"掌握话语权，我们看到的，就是正在发生的哪吒的故事——"我命由我不由天"，表现在金融领域，就是质疑一切传统价值投资。

05

历史就这么不押韵地"rap"着，游戏化的"Z世代"把叛逆的鼓点敲得越来越激烈，听的人神经也越来越紧张，不安全感油然而生。这场说唱究竟会怎样结尾呢？

首先，解铃还须系铃人——敲鼓点的人要先停下来，或者被遗忘。

比如鼓手马斯克。说他是推销员其实不是很合适，他更像一位宗教人士，他的推文好像一个点石成金的咒语，不管他推了什么，哪怕是垃圾，都可以变成金子。这其实是有道理的：如果世界上最富有的人在微博或者推特上喊单，你买了它，似乎也同时"分享"了他的财富，变富的可能性瞬间增加了63.7%呢！

这个举动在社交媒体上叫"意见领导"（opinion leading）；而在金融业界，叫"喊单投机"，或者聚众赌博。从特斯拉到游戏驿站，从比特币到狗狗币，意见领袖们唤起一波又一波的"迷因"投资品。所有"撒过欢儿"的名字，都是注意力经济最好的诠释——哪里有"眼球"，哪里就有它们。

抱着一桶爆米花看一只狗狗登上月球是一回事，但是如果意见领袖们和"快闪族"开始把眼球抛向现实世界的投机诱惑之王——大宗商品，如木材、铁矿石、棉花、大豆、玉米——这些和你在现实生活中息息相关的东西，会是一种什么体验？或者对监管部门来说会是一种什么体验？

如果交易变成了"感觉"，变成了一场寻找更多荷尔蒙、更多肾上腺素、更多刺激的活动，那注意力注定会变得越来越短，得到刺激的快感也会加速消失——那些献给马斯克的眼球也一样，也许瞬间就会被收回来，也许只要他发表一个"不当言论"，他如今的拥趸对他就可能会转爱为恨。

这个世界上最难填满的黑洞，不是黑洞本身，而是人类无穷无尽的欲望——不管哪个世代，不管在哪个寿量里。但是，这个世界上还有一个不可改变的趋势——边际效应递减。狂热一定会冷却，这是自然规律。马斯克老师的第1000条推文,一定不会比第1条给你更多的肾上腺素。

历史上大部分投机狂热,其实都是这么结束的——你不再感兴趣了而已。

一个虚无主义的梦游世界：
在信息恶性通胀中躺平

有时布景会坍塌。起床，电车，四小时待在办公室里，或者在工厂里，吃饭，然后再是电车，四小时的工作，吃饭，睡觉，周一周二周三周四周五和周六，都是同样的节奏，大多数的时间里，这条路也不会有什么问题。只是有一天，突然间就问了个"为什么"，于是，在这份惊讶所掩藏的厌倦中，一切开始了。"开始"，这非常重要。机械生活一系列的行为之后，结局必然就是厌倦，但是，它也开启了意识。它惊醒了意识，然后再继续下去。继续下去，要么是无意识地回到链条上，要么是大彻大悟。随着时间的推移，在大彻大悟的尽头，结果到来：自杀或者自愈。

——加缪《西西弗神话》

我要描述的是行将到来并且不能以别的方式到来的东西，即虚无主义的兴起。现在，这段历史已经在被叙述了，因为是必然性自身在这里起作用的。无数征兆业已预示了这种未来，无处不在预言这种命运。人人都已在洗耳恭听这未来的音乐。

——尼采《强势意志》

01

不知不觉中，我们已经进入了一个观点和注意力恶性膨胀的时代。似乎在一夜之间，所有人对观点的吸收能力突然饱和，开始走到"边际效益递减"的转折点。

一个曾经很容易就让人引起共鸣、心旷神怡的观点，现在能带来的刺激已经越来越小了，甚至是负担。往回看，就在2020年这一年的时间里，全世界人民的精神生活都绑定在了网上，人人变得皆可发声；但也是这一年的时间，我们对观点的承受能力也越来越差，饱和速度越来越快。

在网络时代和网络经济里，一切当然会变得更好，而且会更快地变得更好；但一切从好变坏的速度也会更快——跑马圈地的速度会更快，起泡沫的速度会更快，垄断的速度会更快，填充我们的思想然后让其变形的速度，也会更快。

人类的吸收能力，就像一个无底的黑洞；我们巨大的适应能力，再遇到像盘丝洞一样的互联网，欲望就迅速膨胀——火鸡面的辣度要越来越辣，螺蛳粉的口味要越来越重，酒精的度数也要越来越高，电影要越来越惊悚，小说要越来越离奇——注意力通胀也是如此。

大家都在追逐最便宜的多巴胺、最快的信息流、最慢的衰老——它们驱动了这个时代所有的叙事、价值观和文化。

在《注意力次贷危机》(*Subprime Attention Crisis*)这本书里（作者曾是谷歌人工智能公共政策研究员），这件事被称作"注意力次贷风暴"，它发展、酝酿和破裂的过程可参考2008年的房地产市场，只不过这次发生在大家的脑细胞里。

02

然而，就在大脑被各种观点填充的同时，大家的认知领域里，似乎还有一个正在发生的奇怪变化——难以表述，我到现在还没有找到一个简单清晰的语言把它概括出来。

比如最近我在生活工作中感觉到的一些变化——

我总结了一下，这一年身边朋友们在玩的，或者是向我极力推荐的游戏：《赛博朋克2077》《缺氧》(*Oxygen not include*)、《漫漫长夜》(*The Long Dark*)、《极寒朋克》(*Frost Punk*)、《我的战争》(*This War of Mine*) 等等，这些都是绝望的生存游戏。它们的共同特点是：都会引向一个必冻死、必饿死，或者必被擒获的结局，虽然整个过程是斗智斗勇、无限挣扎，但结尾都是确定的、无可救药的悲剧（连游戏都躺平了）。

这些游戏反映了我们现在真实的心理状态。如果要给这样的心理状态和现在的世界找一个参照物，我想不出比《红与黑》中的维立叶尔城更合适的了。这座城里的情绪、人们的心理状态，司汤达

Don't Starve 游戏截屏

老师用了一个字来描述——烦。书中写道:"这座小城就像一个囚笼,把上千个人放在一起——这事儿并不么坏,但是在笼子里就不那么快乐了。"

烦也是一战前大众生活的基本状况,尼采把它总结为颓废;司汤达在《红与黑》的烦里,辨认出了法国人民情绪剧烈变迁的前夜。

烦,是无聊,人们日常忙着争名逐利,又自我,又压抑。能把自己从这种喘不过气的情绪中拉出来的,只有茶余饭后的八卦和琐事。"人唯独靠谣言生活,才显得不那么无聊。"琐事、谣言和噪音像吹泡泡一样,堆出了人们脑袋里乱七八糟、无目标、不知向何处去,却又被塞得满满当当、没空思考、梦游一般的生活。

因为烦产生大小噪音,噪音层层叠叠,越来越响亮,模糊掉了所有人曾经坚定的价值观、传统、荣誉和认同感——在那个喑哑的时代里继续梦游。

站在2021年放眼望去,现实世界中,不管是物质生活、精神生活,互联网上、朋友圈里,还是金融市场上,也是维立叶尔城这副样子：

各种预测、观点、噪音也像吹泡泡一样，把我们的脑袋塞得满满当当，从极悲观到极乐观，从一潭死水的波动到黑天鹅群舞的波动，从创新的希望到赌博式的"杀猪盘"——不管发生了什么，无论什么观点，好像都有充足的论据和理由来支撑——噪音层层叠叠，无所适从，于是只能继续每天梦游一样地刷手机。哦不，现在"刷"都太慢了，直接用"滑"。

《红与黑》的梦游小城里，诞生了于连——一个奉行马基雅维利"不认命，无道德，不用传统准则来衡量自己所作所为"的出格"英雄"。

那在这个梦游时代，我们需要点什么呢？

03

要回答这个问题，首先要搞明白这件事情是共性还是个性，是只发生在我们的家里，还是全球放眼望去，大家都找不到意义，"平"成一片？

我有一个多年来总结的经验：在考场上涂答题卡，你所有的意识都聚焦在那些密密麻麻的小黑点上。当时间越来越少，题目越来越难，小黑点便开始汇聚成一个黑色的大坑——你带着绝望陷了进去，恐惧和失败的念想由此开始。

这个时候，你只要把头抬起来，恐惧感大概率会消失一半。因为你会看到考场里的每个人，都正被手里答题卡上的黑洞吸进去——原来大家都一样。

当自己的恐惧变成了所有人的恐惧,它也就不那么恐惧了。我们现在正在经历的人口增长率下降的现实问题,放眼望去,其实同在这个时代考场里的大部分国家,都在自己的人口答题卡里恐惧着。

日、韩自不必说,美国的出生率在2020年连续第六年下降,是自1979年以来出生率最低的一年。根据CDC的数据,2020年美国只有360万婴儿出生,比前一年下降了4%,并且本次衰退发生在所有种族和出生地。他们不慌吗?当然也慌。再看整个东南亚的抚养比①,也都呈现不断上升的趋势。

再想一想人口恐惧和内卷之间的因果关系,就会发现:其实现在全世界都很平。在托马斯·弗里德曼老师《世界是平的》这本书被去全球化的现实打脸了将近10年之后,世界,终于又是平的了——只不过这次是躺平的。

躺平过程如下:

2008年之后,经济上受挫的"Y世代"(80后)和价值观正在成形的"Z世代"(90后),梦想或崩塌或模糊,奋斗的事业不再成立,生活也没有了意义;同一时间,看到身边的机器人越来越多,越来越多的工种被取代;也在同一时间,"不公平"逐渐由一种感觉,变成了一种真实的存在。于是考场里的"Y世代"和"Z世代",都有了大把空闲时间,来问自己关于存在主义的问题。

如果没有公平的机会,为什么还要选择参与这个社会游戏呢?为什么还要缴税,去资助富翁们的医疗保险吗?为什么还要省钱?

---

① 抚养比是指非劳动年龄人口与劳动年龄人口之比。

为了财富自由吗？为了早退休吗？买房子吗？买得起吗？

这些问题的答案好像都是否定的。这种对未来的巨大的虚无感和无力感，也体现在金融市场上的每一个角落——如果你的钱对你的生活毫无价值，干吗不拿它赌一把？如果运气好，时机准，赌赢的机会总比中彩票大吧？

只要到WSB（Wall Street Bet）留言板看一下，狗狗币、比特币、几家快要倒闭的公司的股票，和马斯克的"金手指"碰过的所有名字——都是大家碰运气的地方。

直到有一天，早上醒来，打开手机，看到狗狗币从0.5跌到0.2，一切尽在不言中——但是奇怪的事情发生了，随之而来的却是出乎意料的平静和虚空。

从游戏驿站到比特币，就算是赌，我们为之激动的东西也在"内卷"，刺激度边际递减，越来越空洞，赌赢了似乎也没有意义。

我不禁陷入了沉思：人为什么要实现财务自由呢？就算筋疲力尽地挣扎之后，有了充足的财富，但是存在的意义似乎并没有增加，依然有大把无意义的时间需要"杀掉"。可怎么"杀"呢？"杀"时间的意义又是什么？不"杀"的意义又是什么呢？所以人类保持一定程度的贫穷、无知，以及躺平是必要的。这才是这个时代"Stay hungry, stay foolish"的含义吧？

这就是金融虚无主义。这不是在批评年轻人，这是大家对这个被动继承来的世界运转体系的正常回应。

虚无主义（nihilism）是指人对"价值、意义及生存意欲之彻底否定"。尼采如是说："现代人正满足于其生活，不再认识到自己正在做什么,或者还有什么可能做的——末世的人似绵羊,而不似人。"

当虚无主义来袭,人们会发现那些曾经深信不疑的传统价值——道德责任、理性共识、宽容,也许都是几千年来自己骗自己的。于是超人典范查拉图斯特拉来到广场,看着走钢索的人就这么被吃瓜群众哄嚷,跌下来,躺平了。

到了2021年,我们再一次重复人类对未来的凝望,这一次看到了什么呢?

04

关于躺平和虚无主义,我曾经觉得:这么多年来,它其实是同一件事,只不过换了不同的词——从"知足常乐""感恩",到"佛系",再到躺平。本来都是正常生活的一部分,从小到大见过很多次了。其实也许并没有躺平这件事,但是谈论的人多了,它就成了一件事。

但现在我不这么想了,因为总觉得这次有点不一样——

我们已经习惯了站在自己的位置上,屁股坐在自己的凳子上来谈论世间一切事,但我的脚并不在别人的鞋里。我的父母的脚也不在我的鞋里。

不管是已经放弃了的,还是忍耐着继续挣扎的年轻人们,我们所有心理状态的最深处都有一个共同的小魔鬼——那个难以言说的"不安全感"。现代人,现代年轻人,以及之后更年轻的一代所感受到的不安全感,也许比前浪们要大得多。

这个越来越大的不安全感是从哪儿来的呢?

出生在千禧年后的我们,生活环境明明比前代人安全得多,医疗卫生水平也更高，死亡率更低，人均寿命也更长，但为什么不安全感却更重了？

这可能是因为没有任何一个生活环节是完全掌握在我们自己手中的。古时候的农民活不活得下来，过得好不好，除了气候影响，大概率取决于自己种下的每一颗种子、自己锄的每一锄土地，生产环节全程透明、可控。但是现代人的生活，不管是放进嘴里的东西，还是敲下键盘完成的每一项工作，都是绕过无数环节才来到自己身边的。你看不到全貌，只是整个链条中的一环，没有上帝视角，没有控制能力，也就没有安全感。

而且我们已经丢失了古人的怀疑精神，"笃信"一种信仰或理念的可能性越来越小，这就像尼采笔下走钢索的人，丢掉了平衡杆。

我们所缺失的安全感，靠自拍无数、刷几万小时的抖音、网上斗嘴赢过数千人、拉黑上百人这种娱乐行为，是无法重建起来的。

05

虚无主义也可能导致启蒙运动。瓦蒂莫就认为虚无主义不是文明病症，而是人类自由的机遇。

而要想实现这一机遇，我们需要海德格尔：

在我们这个可思虑的时代里，最可思虑的是我们尚未思想。思想并不是无所作为（躺平），而是自己对自己采取行动，让自己无时无刻地，不停地处于与世界命运对话的状态中。

如果觉得没有意义，那可能是因为还没开始思想。如果觉得想躺平，那可能是根本没有站起来过。

一个超稳定的亚稳定世界："改变"什么时候会发生？

弗兰克·安德伍德总统（Frank Underwood）：

把"不"变成"是"，中间必须有一个"也许"。

维克多·彼得罗夫总统（Viktor Petrov）：

革命接近你的方式，是暗中悄悄袭来，一步一个脚印。我不能忽视最小的一步、最小的改变。

——《纸牌屋》第三季片段

复杂系统（complex system）是系统科学里的一个子集。它就像一只硕大的八爪鱼，触角所及，无所不达——可以延伸至我们能想到的任何领域。比如，物理学的自我组织、社会学的自发秩序、数学的混沌理论、生物学的适应性、信息论、非线性动力学、人类学、气象学、经济学、心理学等等。

再看这门科学的面相：那"非线性"的眉眼、"自发秩序"的韵味，还有"涌出""适应""正负反馈循环"的举手投足，对于金融业界来说都是非常精准的"撩人点"。其中有三个重要概念：**超稳定**（mega-stability）、**多稳定**（multi-stability）和**亚稳定**（meta-stability）尤其撩人，因为它们可以解释金融市场上交易员最关心的事情——改变什么时候会发生？

全球肆虐的新冠疫情终将结束，在当下这个所有人都期待改变发生的时刻，也许是时候讨论一下：改变如何发生？什么时候会发生？

首先需要解释清楚超稳定、多稳定和亚稳定这三个概念。可怎么把这三个概念用最"浪漫"的方法解释清楚？我想了半天，也许兔兔能帮个忙。

01

大家都听过小白兔和小灰兔的故事吧。

小白兔和小灰兔一起去看兔爷爷。回家时，兔爷爷决定送它们礼物。小白兔拿了一包白菜籽，小灰兔拿了一筐白菜。转年冬天，小白兔和小灰兔又一起来看兔爷爷。小白兔送了一筐白菜给兔爷爷，而小灰兔两手空空,什么都没有。兔爷爷和小白兔对小灰兔说:看见没?这就是懒惰的结果。小灰兔垂头丧气地回家了。

故事结束了。

这个故事还可以继续往下讲。

小灰兔在回家的路上愤愤不平:凭什么自己总是这么灰溜溜的?凭什么小白兔就不能分点白菜给自己?凭什么兔爷爷总是站在小白兔那一边?为什么这个动物世界这么不公平?

越想越气,越气就越饿,越饿就更愤怒。于是小灰兔拐进树林,集合所有没菜吃的小动物们,进行了一场激情演讲:

小白兔见死不救,袖手旁观,它跟兔爷爷在背后一定有阴谋,想把我们这些弱势小动物赶尽杀绝。起来!不愿饿死的动物们,反抗的时候到了!

于是小灰兔带领一群饥饿的小动物闯进了兔爷爷和小白兔的家,吃光了所有的白菜,杀死了兔爷爷和小白兔。故事结束了。

虽然有点黑暗,但第二个结局就是这个平静动物世界中的黑天鹅事件(尾部风险)。尾部风险为什么会发生?小灰兔在饿到极点的那一刻,"劳动=才有白菜=不饿肚子"的正常分配体系已经不再稳定,维持平衡的力量偏移过了拐点——于是"稳定性"就自动瓦解了。

这种情况可以避免吗?也不是不可以。如果小白兔和兔爷爷能够分给小灰兔一些白菜,这件事也许就不会发生。

给小灰兔分白菜的行为,意味着放弃"劳动=才有白菜"的约定俗成,意味着改变规则,允许适度懒惰和不劳而获。这种规则改变有助于维持（至少延长）动物界中的平衡。正如百年前的普鲁士，一个社会民主运动刚被削平后的极不稳定系统，就是被俾斯麦为安抚民意而发明的世界最早工人养老金、健康和医疗保险扶稳的。

02

不只是兔兔的世界，在几乎所有国家治理、宏观政策、交易策略、两性关系的故事中，都有一个稳定结构。稳，等于有了抗干扰能力，改变就能在一段时间内不发生。

这当然不会持久。因为任何故事里面，都有子故事、孙故事；任何系统里面，也有子系统、孙系统。这些子子孙孙不但自己会变，也相互作用。

比如，小灰兔对小白兔和兔爷爷的情绪会变，会从佩服到憎恨，森林里饥饿的小动物也会互动。所以各种因素复杂互动，稳定总有一天会被打破。

那有没有办法能将稳定尽量保持住呢？

有。要不变，唯一的方法就是变，还得自己主动变。不稳定出现时，系统自动升级，必要时自己删除自己的旧版本——直到找到新的稳态为止。这就是一个靠不稳定来维持稳定的超稳定系统。

二战后的世界就是一个超稳定系统。超稳定系统不代表天下太平，而是湖面平静但暗流涌动——"和平"靠的是制造冲突、改变规则、大小不断的代理人战争来实现的。一个伟大的"超稳定系统"、可以维持几千年不变的社会结构，一定是靠几百年一次的周期大动荡来实现的——它应该是一个有"超稳定基因"的系统。

03

那什么是亚稳定系统呢?

我们再回到兔兔世界。在小灰兔走出兔爷爷家门口处按暂停键。蒙太奇切换，聚焦小灰兔的脸。镜头推进，进入小灰兔悲伤的眼睛。再继续推进，进入它的脑神经。

小灰兔此时的脑神经，就像雨后院子里的塑料布，凹凸不平，积成深浅不一的水坑。一阵风吹来，塑料布凌乱了，几个浅坑中的积水失去平衡，同时汇集到了深坑里。突然间，各坑一损俱损，所有雨水都集到了中间的深坑里。

浅坑的状态就是亚稳定：风平浪静时，能量最低，若无扰动便长久存在；一旦受到"适量的扰动"，小风一吹，就有可能崩溃。

小灰兔离开兔爷爷家时的意识，也是亚稳态。不幸在风吹起的瞬间耦合，在一个可能产生任何想法的状态瞬间，突然灵光乍现：原来它们都在欺负我!

接着悲剧就发生了。

04

那么问题来了：一个亚稳定状态，到底是会向左转变成超稳定，还是向右转终于崩溃呢? 改变，到底什么时候会发生?

在市场交易中，一个波动率的突变，会让整个市场向左转"牛"，还是向右转"熊"? 在宏观经济中，一个不及预期的失业率，会让整个国家向左转稳定，还是向右转崩溃? 在两性关系中，一个普通的脱口秀段子，会让整个男性群体向左转口诛笔伐，还是向右转洗新革面？

如果我们自己就是一个浅水坑，身处塑料布这个大体系中，怎么知道自己是超稳定，还是亚稳定呢？一个估值过高的金融市场，什么时候会迎来连夜熔断？被病毒压抑许久的全球经济，什么时候会对央行和政府不惜一切代价的拯救计划有反应呢？

复杂系统也许会告诉我们答案：关键就在那"适量的扰动"。

当一块磁铁加热到居里温度即770摄氏度时，会突然失去磁性。磁铁有磁性时，每个铁原子会不时顽皮一下，但很快会被旁边的小原子重新同化。然而，当温度达到那个魔性的770摄氏度时，热运动让整个体系混乱，不能保持统一指向，磁铁于是失去磁性。

金融市场、经济和社会发展完全符合这个规律。亚稳态就刻在它们的基因里。

当一个市场不是基于估值，而是靠行为来定价时，它就像加热状态下的磁铁。市场行为互相同化，然后一致行动，结果就是亚稳态的"技术型释放"，一旦达到相变点，那个确定性的结果——改变，就发生了。所以当估值已经超出人类想象力，市场熔断必然发生，只缺一个扰动的借口——在庚子年，2019新型冠状病毒就是这个扰动项。

2019年后的全球经济，是一个零负利率的极端世界。在货币和财政刺激不断升温的过程中，企业、你和我，就是那塑料布上的一个个浅水坑。小水坑看不到整块塑料布的倾斜程度，无法决策自己到底是该开足马力，还是该继续储脂过冬？只能参照自己身旁的小水坑——如果邻居撸起袖子开始干，那可能是曙光真的已来；反之，如果腾讯大裁员，京东也不太可能和你共克时艰。

当行动步调一致时，整个经济会变成亚稳态，进入改变前夜。如果小水坑们都选择储脂过冬，你想刺激它们改变方向，撸起袖子，只能在外面再加一个更巨大的磁场。当磁场的反作用力无法达成"适度的扰动"，改变就不会发生。

但政府一定要大剂量、无底线刺激经济吗？也不一定，即使刺激场非常弱，慢慢推搡，系统也有可能改变状态，临界动能推动整个经济开始掉转方向，向上移动。

只不过这个过程会很耗时。在一个靠负债续命的世界里，时间也许比金钱还珍贵。生产力和债务赛跑，时间做裁判。几个月的经济停滞，已经把全世界的资产负债表砸出了一个硕大的坑。当饼再也烙不大，蛋糕不能再增长时，一切就变成了零和博弈。

而零和博弈的结局大概率会很惨烈。

世界上没有能看到改变发生精准时点的水晶球。在我们的经济世界，只需要看"加热磁铁"的那只"大手"——因为只有它能带来改变一切的"扰动"。它的决定正在影响今天、明天和未来几个月的金融资产价格。不同选择会带来不同后果。

一个蝴蝶与天鹅共舞的世界：
永远不要藐视历史进程中的蝴蝶效应

01

你可能听说过曼哈顿工程（Manhattan Project——美陆军原子弹计划），或者蒙托克工程（Montauk Project——美政府意志控制实验），但我赌你大概率没听说过布鲁克林工程（Brooklyn Project）。

这是人类首次突破"第四维"——时间维度的大规模"追时"实验。布鲁克林安全局为之花费百亿美元，耗时八年。它又被称为"潜望行动计划"。因为整个实验过程，就是把一个潜望镜一样的摄像机，穿越回人类的过去，从四十亿年前开始录制各个时期的图像和事件。

这不仅仅是一种调查方法，项目组的野心是要把时间变成武器。

布鲁克林工程最大的反对声音，集中在"时间旅行的蝴蝶效应"上：一个历史里最轻微的变化，也许会掀起千百年后的灾变。比如，如果希特勒在1930年被干掉，他就不会逼得犹太科学家们移居国外，美国就不会有原子弹。

为了驳斥这些无稽之谈，向全世界证明"追时"实验并不会改变任何现实，在实验开始当天，布鲁克林工程负责人邀请了世界几乎所有主流媒体记者，让大家聚集在两个巨大金属球体前，亲眼看着时光机的屏幕，见证历史重现的整个过程。

指针指向红点，实验开始。

摄像机穿越亿万年，不断地传回恐龙、猿人、文艺复兴、大航海、拿破仑战争等各个时期的精彩影像。

摄像机无声无息地穿越整个历史，不小心触掉了白垩纪时的一片树叶，碰掉了山顶洞人家门口的一颗小石头，又在路易十三宫廷的柱子上留下了一道划痕……

随着照片一张一张传来，历史进度条一点点向前，布鲁克林工程负责人和记者们的身体开始肿胀发紫，慢慢地从人的形状变成了涂满黏液的形体。

摄像机终于结束拍摄任务，回到了现实。

布鲁克林工程主席挥舞着紫色的黏糊糊的十几条伪足，向全世界喊着：看，什么都没改变吧！

02

这当然是一个科幻故事，

《布鲁克林工程》

来自于威廉·特恩1948年的科幻小说《布鲁克林工程》。它想告诉我们：人类永远不要藐视历史进程中的蝴蝶效应。摄像机碰掉的那片树叶，也许就是人类变成紫色黏稠物体的原因。

同理，我们也永远不要试图给"被颠覆"之后的世界算命。比如预测一场巨大灾难后世界的未来。达尔西·伍德老师在《坦博拉：改变世界的火山爆发》(*Tambora: The Eruption that Changed the World*)这本书中，复盘了一个现实版的灾变涟漪。

200多年前（1815年），印尼坦博拉火山爆发，一个四千米高的神祇之居所，一个星星点点布满稻米、咖啡和胡椒的世外桃源，瞬间被夷为平地。十万人被包在岩浆里，从地球上瞬间消失了——而这才刚刚开始。

坦博拉火山爆发只是蝴蝶扇了扇翅膀。它对这个世界的改变，如果全部复盘，拍成一个纪录片，足够让你汗毛倒立。这场灾变涟漪是这么散开的——

火山喷发的瞬间：岩浆火柱冲上4万多米的高空，将火山灰和碎片推入平流层深处，其厚度足以覆盖整个加利福尼亚60厘米。

喷发后的几个月：火山灰开始在全球范围内漂移，把大半个地球的天空染成了深红色。

喷发后的第一年：世界开始经历史上最冷的一年——无夏之年。太阳被火山灰遮挡，欧洲整个7月都在下雪，下灰橙色、混着火山灰的雪。

喷发后的第二年：英格兰经历冻死人年。特纳（William Turner）老师哆嗦着双手，用笔捕捉充斥着火山微粒的大气中的日落和吞人的风雪，画出了著名的《猩红的日落》和《雪暴》。

《猩红的日落》

《雪暴》

寒冷多雨的天气里，抑郁笼罩所有人的大脑，英国人围在火炉边，为了消磨时间开始讲鬼故事。一个叫做玛丽·雪莱的女人一边喝酒，吃鸦片酊，一边写出了震惊世界的恐怖故事——《弗兰肯斯坦》。她的朋友拜伦接着写下了末世诗篇——《黑暗》(Darkness)。

德国和瑞士迎来乞丐之年。在拿破仑战争余波中苦苦挣扎的欧洲，饥饿的暴民冲进面包房里抢劫，街上到处都是行尸走肉，大口吞咽着最恶心的食物。

一位德国少年李比希，在饥饿中发誓要成为一名化学家，将毕生精力奉献给改善农业，让全天下的人都不再挨饿。后来他果然成了一名化学家，后人在他的肩膀上开创出了氨基化肥工业——改变了全球农业，几乎喂饱了地球上的所有人，让世界人口从1900年的16亿暴增到今天的70多亿。

在美国，饥荒促使农民们向西迁徙，千万家庭被迫离开家园，去西北部寻找更肥沃的土地——产粮区从东部转移到了西部。西进运动开始了。

全球严寒继续蔓延到了印度。季风延迟加上倾盆大雨，波及全世界的霍乱开始蔓延。数千万人丧生，瘟疫从恒河流域一直蔓延到莫斯科。

在东方，云南爆发大灾荒，并且"史无前例地下了雪"，饥荒延续数十年。一位名叫李于阳的诗人，把天灾人祸、满目疮痍写进了《米贵行》：

瑟瑟酸风冷逼体，携筐入市籴升米。

升米价增三十钱，今日迥非昨日比。

去岁八月看年丰，忽然天气寒如冬。
多稼连云尽枯槁，家家蹙额忧飧饔。
自春入夏米大贵，一人腹饱三人费。
长官施粥还开仓，百姓犹倾卖儿泪。
插秧祷雨尤欢声，方道今岁民聊生。
岂识寒威复栗冽，谷精蚀尽余空茎。
去岁无收今岁补，今岁十成不获五。

灾荒导致民变，嘉道年间的寒冷持续了几十年，清朝就此开始步入衰落。吴承明老师把19世纪上叶的国势之衰称为"道光萧条"——起点也许就是这场云南大饥荒。

世界走向就此分野。后面的事情大家就都知道了：欧洲殖民主义兴起，帝国主义兴起，一战，二战，冷战，今天。

03

我永远不会想到，2020年1月17日，当我搭最后一班高铁离开深圳到达香港时，蝴蝶翅膀扇动的微风也拂到了自己脸上——之后的整整两个365天，没离开香港半步。不管疫情一共有几波，最后一波总会过去；但这个世界并不是水里的气球，按下去会原封不动地弹起来；很有可能按下去后，就永远不会再冒出来——它已经被水下的暗流带走了。

要在因果之间画条线，比登天还难。只有在多年以后，我们才能追溯到《凡尔赛和约》和大萧条如何促成了希特勒的崛起；追溯到14世纪的黑死病如何使欧洲农业人工成本激增，不得不入海探索新领域——最后导致了欧洲殖民主义的诞生。

多年以后，这场突如其来的疫情对世界的改变，如果全部复盘成一个纪录片，是否也会让我们汗毛倒立？

因为长期不见面，人们可能会互相猜忌，长期不接触沟通，国家之间也可能开始产生敌意；追踪、隔离、孤立……都开始被政治化，某些国家开始无限期地与另一些国家隔离开来，扯断供应链，并重新组建自己的市场。

与此同时，货币政策对增长经济的作用完全消失；而财政救助、预防性储蓄、均贫富、直升机发钱等等极端措施开始被经常使用。

有了政府的支票，工作养家这件事好像变得没有必要，朝九晚五和坐班摸鱼这两头房间里的大象被发现了。格雷博老师所谓的"bullshit jobs"（狗屎工作：完全无意义的工作）变成了越来越多人的共识——原来我们的工作真的一点儿意义都没有。

盼了很久，也没盼到新生产力出现，于是GDP变成了全人类最不关心的事，大家开始在游戏世界和虚拟空间里寻找新生活。

与此同时，比特币暴涨。主权国家视比特币为威胁，转出法币越来越困难；于是虚拟世界里的"去中心化金融"和以比特币为底层的衍生工具们，创造出了自己的价值媒介，在虚拟世界的经济里开始流转、创造、生产——人类就此开创了第四产业。

第四产业虚拟经济蓬勃发展。与此同时，能源和石油价格触底后再也没有爬起来。中国本来换好了蜘蛛侠战服，准备拯救全世界——就像2008年次贷危机之后，以四万亿信用换来全球经济重启动力；然而这一次却被"家里的债务"——不可持续的房地产行业债务和经济转型升级的压力绑住手脚。于是从厄瓜多尔到伊朗再到委内瑞拉，苏伊士危机式国家崩溃再次出现，恶性通胀，油价触底，经济形势雪上加霜。

全球货币秩序改变。又一场欧洲移民危机出现。各国开始收紧粮食，"粮食民族主义"出现，吃播被叫停——因为大家都还记得十年前俄罗斯禁止小麦出口，是如何加剧农产品价格的波动，最后使得埃及和突尼斯濒临崩溃的。

世界卫生组织被黑化，联合国安理会被边缘化，继续衰落，IMF的宏观审慎监管被抛弃，世界银行行动迟缓，资源不足。于是欧盟财政联盟抓住了机会，亚洲RCEP抓住了机会——区域化变成了新的全球化。

04

以上是我能想到的最悲观情况。但是蝴蝶翅膀也完全可以将未来推向另一个方向：

虽然病毒夺去了全球数百万人的生命，让无数人失去了工作，但是它也成了人类创造力的最大催化剂。那些卡在格雷伯老师描述的"狗屎工作"中的、不能或不愿离开、习惯了惰性和舒适、舍不下身份的人们，终于重新启动了——不管是主动还是被动，反正现实替他们做了决定——创业、诗和远方。从此没人能再让他们下课。

虽然央行史诗级印钱放水不能停，淹没了收益率，吹起市场泡沫；狂热散户和追逐资本游戏的热钱正在吞噬真正的科技发展，但是，处于历史最低水平的借钱成本（零负利率），以及对收益率极度渴望的投资者，让大量资金涌向科技行业，降低了创新成本，让其倍速成长。

现实让家人和朋友分隔两地，让部分国家内部的矛盾、分裂、偏见和邪恶暴露无遗，全球出现了一个和实体经济发展状况南辕北辙的泡沫市场，货币秩序岌岌可危……但是，有混乱，就有新的秩序。全球数十亿人同时上了线。全线上成立公司，甚至和团队在现实世界里永远不见面；你可以用区块链建立数字身份，可以在印度找开发团队，在瑞典找设计师，在香港找财务，办公室就是一个Zoom账号和石墨文档。哦，还有，很快我们就可以让GPT-3[①]自己写文件了呢！

因为这场疫情，人类制造疫苗的速度提高了n个档位——别忘了不到一年时间，我们已经有了不止一种疫苗。不久后，我们发现mRNA还可以用来治疗其他疾病，比如癌症——人类寿命又因此得以延长。

虽然灾难再一次证明了人类的线性思维会导致对未来的预测不足，比如严重低估不确定性和风险。但是，人类一样也会严重低估自己能创造的成就。只要敬畏大自然，敬畏历史那黑洞一样的螺旋引力，人类是可以与蝴蝶共舞的。

---

① GPT-3 是一种基于深度学习原理的语言预测模型。GPT-3 是基于上下文的生成 AI 系统。当你向 GPT-3 提供提示或上下文时，它可以自行填写其余内容。

一个无线接近拐点的世界：
金融"锡安"里的革新者和革命者

Hamann： 我们同机器作战，可是用的武器也是机器——用一种机器去对抗另一种机器，打赢这场战争真有意义吗？

Neo： "那些"机器不受我们控制，"这些"机器受我们控制。

Hamann： 什么叫"控制"？

Neo： 只要愿意，我们可以把机器关了——这就叫"控制"。

Hamann： 这没错。但真关了，就没有光，没有取暖，没有空气净化装置了……我们是不能关掉这些机器的——其实是这些机器在"控制"我们。

每隔一代，Neo 都会被毁灭一次。锡安是虚拟世界的测试网游——它存在的目的是让矩阵更完美。

——《黑客帝国2：重装上阵》片段

01

有个问题记不清问过自己多少回了：我是想当革命者，还是革新者？

革命者是光脚的无产阶级，不怕输，也没什么可输的，他们想建立一个跟现在长得完全不像的世界。

革新者是既得利益者，心里也想革命，甚至可能领导革命；但一行动起来，样子怎么看都只像一次"升级"而已——毕竟自己的命不能真的革掉，"革"的同时要维持秩序，因为"秩序"是唯一能保护自己的东西。

革命者一无所有，激情无限。可成也激情，败也激情；激情发自人性，而人性非常脆弱，不能护体——防御能力和秩序机器根本没法比较。于是革命成果大概率是早产的胚胎，不能成活。

真正成功了的革命，大概率起于革新者，再自己变异，慢慢从现有秩序中脱离，长成一个谁也认不出的样子。

任何人骨子里应该都是个革命者，毕竟自己动手建一个新世界的感觉真的很好。很少会有人对现状百分之百满意，尤其在金融领域——这个映射现实世界的二次元空间里，待久了总会感到各种不适。这种不适感生自于自己的眼睛。待得越久，视力越好，就越能看清楚这架大机器的内生架构——落灰的蜘蛛网、缺失的零件、不可言说的角落,以及没法治好的错位。

02

比如你是否曾经想过,那些全球巨无霸被动指数基金(贝莱德、先锋、道富等等),它们做的究竟是什么生意?是在管理资产吗?

当然是在管理资产,还收管理费呢!但它们身上令我不适的点在于,一个个如此庞大的(规模已破10万亿美元)、非慈善行业、也非公共设施,还能跑赢高智商主动基金经理的生意,居然只收白菜价的管理费用,还越来越便宜。

每每看到这种收益成本不对等的设定,我就会想起互联网前辈们教的那个道理:如果你不知道谁是产品,那你就是;羊毛出自猪身上,适用于天下任何行业。

仔细看这架金融机器的系统设定,你大概会听到隐藏在巨石阵背后的,那股利润源泉的清脆响声——把用投资者的钱买来的股票,借给那些要做空的人——借贷永远是天下最赚钱的生意。

再比如,使后浪散户大量涌进股市的始作俑者——几年前网络券商开始的"零佣金大战",从Robinhood,到Fidelity,再到Schwab——一个一个全部加入免单行列。[1]难道券商都是活雷锋吗?

根据"羊毛出在猪身上,猫来买单"的规律——当然没可能,利润源泉一定藏在巨石阵的背后。Robinhood的一块巨大收入来源是

---

[1] Robinhood是指头部美股交易平台罗宾汉。Fidelity是指富达投资(Fidelity Investments)。Schwab是指嘉信理财(Charles Schwab)。

PFOF（payment for order flow）[1]——把交易订单流卖给高频做市商（system internalizer）们，比如Two Sigma和Citadel。[2]多少市价单、多少限价单、不同订单可拿多少回扣，全都明码标价。

免佣金始祖Robinhood从2018年就已经开始从散户小猪猪们的身上收割羊毛。近半数的订单路由给Citadel，1美元交易费率为万分之三（$0.0003），乘以后浪们数量惊人的下单量——羊毛就盆满钵满了。

这些高频做市商为什么要买订单流？是因为钱太多吗？

当然不是。大家都看过《复仇者联盟》，快银（Quicksilver）可以用光速把你扔出去的东西接回来好几百遍——这个场景可以类比交易，在你的交易订单到达交易所之前，这些高频做市商们已经中间截胡好几次了。

那为什么这种截胡行为会被允许呢？

答案是为你省钱——至少那曾经纯洁的、懵懂的本意是如此。如果你的交易单在交易所被执行，那就要给交易所付费；Robinhood把订单交给这些高频做市商们，让你的订单在它们的账户里执行，

---

[1] 订单流费用（PFOF）是指经纪公司将订单发送给不同的交易执行方，并获得报酬的行为。报酬通常按照每股、每份合约取小额抽成。美国证监会（SEC）将其定义为"一种将做市交易的部分交易利润转移给经纪人的行为，（作为利润的）对价）这些经纪人将客户订单定向发送给专家（指专业做市商）执行"。

[2] Two Sigma（双西投资）成立于2001年，涉及宏观、量化、被动、另类投资、PE、风险投资等业务。Citadel（城堡投资）成立于1990年，是美国最大的期权交易机构和经纪交易商之一，以及全球最大的对冲基金之一。Two Sigma和Citadel是全球市场上最知名以及最活跃的高频做市商，两家的高频业务分别隶属于各自的证券子公司。

压根不会出现在交易所上——你就不用付费。付给交易所的钱省了,你的佣金当然就免单啦。

但是天下没有免费的午餐,这么便宜的事情当然会被套利。当真实的交易慢慢远离了交易所,中间的真空就变成了一个越来越大的厨房,大量的食材和烹饪手段就出现了——比如,先用一小笔交易,在交易所打出一个极宽的买卖价格区间,然后像快银一样在中间往返跑,每一次往返跑,就能薅掉大量羊毛。

这和沃尔克法则(Volcker Rule)[①]诞生之前,债券市场里的游戏是一样的。高盛和雷曼的自营交易台就像接线员,买主和卖家是谁、分别在哪里、需求多少一目了然——于是把自己藏在金融机器的巨石阵背后,坐在中间薅羊毛即可。区别在于,以前是机构间互相揩油,现在被罗宾汉"民主化"到了每个人的身上。

还有数据。你的委托单数据、交易行为数据对这些高频大鲨鱼们来说,是个含金量巨大的神奇口袋——后浪们在哪个领域活跃?波动率会在哪些股票上升?都可以做成很多的收割模型。金融机器这个巨石阵如此复杂,激励如此之高——说"操纵"已经很温柔了。

03

金融市场被发明出来时,只有一个用途:定价。把钱引流到

[①] 2013年12月,在奥巴马签署了旨在解决次贷危机暴露出的高杠杆问题的《多德·弗兰克法案》三年后,美国监管机构表决通过了"沃尔克法则"。该法则是2010年美联储前主席沃尔克提出的金融监管建议,其核心内容包括禁止商业银行用自有资金做高风险的股票买卖等业务,以及禁止商业银行收购对冲基金和私人股权基金。

它们最好的归宿——现实世界中最需要加"油"的引擎上，做最有效率的事。

但金融市场也是个衍生品，它是一个和现实世界并存的二次元空间。股票不是有形资产，它是现实世界产生的现金流的衍生物。

这个二次元空间，把真实世界虚构成现金流和结构化产品，很容易让你对虚拟和真实世界产生误解——它早晚会变成一个自娱自乐的内生金融游戏，把"汽油"分配给那些从不开车的人。

在同一时间，现实世界也把越来越多的"期望"，统统塞进了这个二次元空间。比如拯救养老体系这个巨大的"庞氏"和没有办法兑现的承诺。政府把养老基金投到金融市场上，希望得到更高的回报，来养活这个年纪越来越大的世界。

慢慢地，股市就变成了像水、电、暖一样的公共基础设施——它绝对不能坏，不能停，不能往下掉，掉了也得拉起来。它变成了一架永远不能坏掉的机器。

当一架机器被赋予太多本不应承担的功能，它的运作就会越来越扭曲，越来越多的诡异的事件就会发生。

04

那有办法修理吗？这是革新者的机会吗？还是革命者的机会？

先想象一下：

如果，我是说如果——我能在所有的金融资产，如股票、债券、期货期权、基金份额——反正能用钱买来的一切金融产品上，都插上一面小旗，全程透明地跟踪自己的钱，能看到过程中发生的一切——这样能解决问题吗？

比如，在一个完全透明、可追踪的智能合约上，我能看到自己交给Robinhood的订单，又被Robinhood卖给了做市商；然后看到做市商冻住时间，像快银一样在订单到达交易所之前跑了十个来回，一共薅了十把羊毛。

再比如，我看到自己放进被动指数基金中的每一块钱，被指数基金"借"给了做空者，赚了比给我"管理基金"高十倍的利息。

如果清晰透明地看到这一切，我会不会想掀桌子，不再玩这个不公平的游戏了？

大概率并不会。到现在为止，我依然看不到这种全透明市场会出现的动机。原因很简单：当你撞到一个从天而降的馅儿饼，且不知道为什么它会掉下来，你就是产品——这件事地球人都知道了。那又如何呢？我依然享受着自己成为"产品"的福利不是吗？享受互联网的便利，享受白菜价的管理费。

道理是一样的。 在金融体系中，完全的透明度就是一场"革新"，用一架新机器去摧毁旧机器。而现在金融市场上的一切，就像苹果应用商店里的App——都要依赖iOS操作系统；如果iOS有重大缺陷，哪怕上面的App应用再透明、模型再精良，精良到能计算出市场上所有骰子的概率分布——依然不能保证系统不会失灵。

当金融市场的法律、流程、设定、既得利益规则出现了严重的"bug"，如果这条公链（操作系统）的问题不解决，系统不能重新设计，再怎么革新，无非是用新机器去替代旧机器而已。

但无论如何，如果连"bug"都找不到，何来治疗？不透明依然会妨碍我们准确找到"bug"。这就是为什么DeFi的出现让我觉得眼前一亮,似乎看到了些许革命的曙光——金融系统的"标记化",DeFi的模型和逻辑至少会改善金融系统的透明度;至少能为监管提供一个"诊断"的工具,让我们看到正在发生的事情——然后才能决定该用哪一把手术刀。毕竟发病的原因从来都是错位的监管、垄断的制度、寡头和阻碍系统内创新的激励制度。

"革",就要做出选择。如果选择把信仰放在普通人身上,将价值传递给1%的每一个末端,而不是99%,也许会产生看不见的效果。

05

但不管是革新还是革命,一劳永逸的方案并不存在——因为试图解决问题本身就是一个不确定的系统。

我想起《黑客帝国2:重装上阵》中的"哥德尔命题"——在人和系统中,有些真理是游离于逻辑之外的。Neo就是整个系统中那个"不符合规律"的真理。他重生后,所有规则在他面前变得透明,他能看到系统中别人看不到的东西。于是他担负起系统的所有"扰动项",成了颠覆系统、消除不确定性的那个"变数"。

然而,就算毁灭了锡安之门,他也不能阻止病毒史密斯(Agent Smith)的出现。所有稳定都是暂时的,不是对系统的彻底修正——新的系统还是会产生自己的"哥德尔命题",继续这个轮回。

而革新者和革命者,也就这样在这个轮回中不断地舞蹈。

一个元宇宙中"1%和99%"的故事：除了锁链，你什么都不会失去？

And if you long to never die

Baby, plug in, upload your mind

Come on, you're not even alive

If you're not backed up on a drive.

如果你渴望永远不死

宝贝，插上电源，上传你的思想

拜托，如果没在硬盘上备份

你连个活人都不算。

——*We Appreciate Power* (feat. HANA) ——Grimes

01

《生活大爆炸》(The Big Bang Theory)中,"谢耳朵"(Sheldon)和艾米(Amy)发明了一种奇异的脑回路锻炼游戏:"反现实"。即假设一个当今世界里并不存在的情况,在平行宇宙中发生了——那在"反现实"发生的世界里,什么会改变?

其中一题:如果人类被一只巨大的海狸(giant beaver)统治,那么,在那个平行世界里,什么食物会消失?

正确答案是:丹麦方块酥(cheese danish)——被统治的人类为了安抚海狸王,会修建巨型水坝供其玩水;巨坝使洋流倒流,淹没哥本哈根,丹麦人灭亡;没有了丹麦人,当然也不会有以他们命名的点心。

某天百无聊赖,我也和自己玩了一个"反现实"游戏。问:在一个吃喝不愁、老有所依、物质生活已实现共同富裕、精神生活在元宇宙里"杀时间"的世界里,什么会改变呢?

使了半天劲,想象力实在"捉急"。这个脑洞似乎需要人类学家、经济学家、科幻和后现代主义作家,甚至意识形态领袖一起来开。于是我请来了**尤瓦尔·赫拉利、爱德华·卡斯特罗诺瓦**[①]、**阿西莫夫、品钦、托洛茨基**几位老师,一起来参加本次剧本杀。

[①] 爱德华·卡斯特罗诺瓦(Edward Castronova),因研究虚拟游戏世界经济模型成为网红的经济学家。因为沉迷游戏,他曾戏称自己为"废柴经济学家"。代表研究文献包括《移居虚拟世界》(Exodus to the Virtual World) (2008),《野猫货币:经济的虚拟转型》(Wildcat Currency: The Virtual Transformation of the Economy) (2014)。

但我马上发现这么多睿智的人士聚在一起，场面有点失控——尤瓦尔老师希望把命题扩展到从"动物"到"上帝"，因为任何"改变"，都是历史和世界的大问题；爱德华老师提议不如先把"元宇宙"这个游戏通关了再说；品钦准备讲一个关于种族主义、宗教、B级片、阴谋论和"熵"的蒸汽朋克故事；阿西莫夫问自己已经写就的作品；而托洛茨基已经开始准备激情演讲稿。

我赶紧把题目范围缩小，改成封闭式命题：

如果现实世界是一个"1% vs 99%"的不公平世界，99%的人整日忙于无意义的"bullshit jobs"来维护1%的群体制定的游戏规则，那么，在一个物质实现了共同富裕，且有发达元宇宙生活的平行世界里，还会重复"1% vs 99%"的游戏吗？

不公平会消失吗？

02

"这太简单了。"废柴经济学家"爱德华·卡斯特罗诺瓦抢答。

我的答案是——不会消失。先给你讲个故事：

有一天，你来到一个低像素中世纪奇幻世界。这里

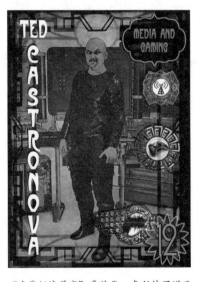

"废柴经济学家"爱德华·卡斯特罗诺瓦

图片来源：Indiana University
https://salo.iu.edu/index.php/portfolio/ted-castronova/

有武士、弓箭手、魔法师、木匠和冶炼师，还有矮人、巨人、巫师和蜥蜴人。你在一百多个任务中选了一个，然后开始在这个世界里闯荡——没有最终任务和使命，唯一目标就是得到更多的金子和更多的"权力值"。

于是你开始找金子。正找着，奇怪的事情开始发生，你发现有很多和你一样的人，整日整夜地重复做一件事情——杀一条绿色的龙，疯狂又机械地、一遍又一遍重复地杀，场面看起来非常鬼畜。这些奇怪的人让你找金子的难度增加了，但他们一年365天"996"地坚持不懈地机械杀龙，让你已经习惯了他们的存在。

有一天，这群杀龙的人突然消失了。但紧接着市场就陷入动荡，龙骨、鳞片大量紧缺，价格暴涨；这个低像素世界里没有央行，也没有巫师靠销毁金子制造通缩——于是恶性通胀爆发了。

几个星期后，杀龙人又突然回来了，龙骨供应恢复，市场恢复稳定。

但越来越多的人开始对杀龙人不满，尤其是和你一样财富值处在中位的群体。你们开始跟踪杀龙人，找到其金矿后杀之；甚至成立了一个恐怖组织，挂名"Reign of Terror"，雇用贫穷的杀龙人做打手，守住洞穴，收买路钱。

结果呢？杀龙人们起义，成立"元宇宙无产阶级黑帮"，击败了有产阶级，控制了荒野山洞，赢得了氏族战争。

故事讲完了。

这个低像素中世纪奇幻世界就是已发行20多年的老游戏*RuneScape*。那个鬼畜的"杀绿龙"行为叫"打金"。

杀龙人，也就是"打金人"①，是真实世界中的委内瑞拉人——2010年委内瑞拉经济崩溃，极端恶性通胀，九成人口养不活自己，在游戏里"打金"成了主要收入来源。委内瑞拉有几百万人，每天十几个小时靠不停地点击鼠标、杀绿龙，赚来金子和积分，然后卖给不愿花时间却想升级的玩家，在游戏之外赚取真金白银。

打金人突然消失的日子是2019年3月7日，这天委内瑞拉电力崩溃，全国大停电，打金人突然掉线，道具丢失，才引发了龙骨、鳞片经济危机。

那场最后的氏族战争，便是世界上最富有和最贫穷的两个群体在游戏世界里的碰撞——拉丁美洲人对美国人。想不到吧？虚拟世界里的一场巫师、妖精满天飞的战斗，居然动摇了成千上万人的真实生活。

爱德华·卡斯特罗诺瓦总结道：我的结论很简单——**虚拟世界的模样，完全取决于真实世界。**

作为一个经济学家中的废柴，我写不出论文也拿不了诺奖；但我靠沉迷于一个古早游戏——《**EQ-无尽的任务**》(*Ever Quest*)，发现了经济学研究的新大陆。

这就是虚拟世界的"经济"，我叫它作"virtual economy"（虚拟经济）。一个跟现实平行的世界中，也有自己的生产方式、组织方

---

① 打金人的故事来自 Slate: "The Venezuelans Trying to Escape Their Country Through Video Game Grunt Work", https://slate.com/technology/2021/08/venezuelans-old-school-runescape-tasks.html.

式、价值分配方式,且自我循环。你甚至可以测算出这个平行世界中的经济体量:游戏中的星球经济换算成真实世界的GDP,大概介于俄罗斯和保加利亚中间,货币币值高于日元,最低工资低于中国。

游戏世界里的经济和社会模型,完全可以用来验证你的假设:如果二十年之后,全球生产力依然没有明显起色,全民基本收入UBI(universal basic income)会被各国执行——就像当下,越来越多的国家开始用财政去担保每一个人的生活,渴求共同富裕。

如果人类基本生活都可保证,且人类在真实世界中的大部分工作都可以由机器完成——那精神世界出现的巨大空缺,一定需要一个平行世界来补足。你可以叫它元宇宙。

03

听到这里,尤瓦尔·赫拉利忍不住插话:

完全同意!马斯洛需求层次中,只有"生存需求"要靠物质满足,其他都是心理需求。物质"共同富裕"后,人类将会面对不可估量的"上层需求"——满足感、获得感、安全感、成就感和尊严感——精神需要一个巨大

网红历史学家:尤瓦尔·赫拉利,插画作者 Dan Williams

图片来源:The Economist

的收容之地。

而人又是一种心灵动物、一种相信虚幻的动物。我在《人类简史》和《未来简史》里有提出：人类之所以能成为智人，正是因为相信"虚构"，会相信民族、宗教、国家等等虚构的概念；相信虚构才是产生进步的动力——所以，**元宇宙大概率是我们未来的归宿。**

"这个大家都知道了，"爱德华·卡斯特罗诺瓦不耐烦地抢过话头，"你我总有一天会进入元宇宙，但也很快会发现——打金人、杀龙人、1%和99%也都在里面。"

人相信虚构，更有欲望，总想要更多——要更炫酷的盔甲，要更快的坐骑，要享受万人之上、向自己的同类（而不是机器）发号施令的"获得感和成就感"——这些都要用资源去交换。元宇宙将和真宇宙一样，大部分资源来自于少数，其欲望也必然需要由大多数人来满足，元宇宙的"任务设定"只能是：让少数"精神需求"满足。

所以，就算虚拟世界的游戏规则和现实世界高度一致——也是一个吃喝不愁、老有所依、精神生活实现共同富裕的世界，不平等也不会消失。

尤瓦尔·赫拉利马上再接过话头：同意你的观点，但我更悲观。

"平等"成为一个受推崇的价值理念，其实还不到一个世纪；"不平等"才是人类社会的常态。阶级、种族、性别、君与臣、父与子、夫与妻——从一万年前到现在，不管在哪个文明、何种社会，各种各样的等级制一直顽强地吸附在人世间，和人类共生。

19世纪工业革命让极少数国家变成"1%"，"99%"国家花百年时间才得以追赶它们。未来的经济体系，会比现实世界更极端——元宇宙里的虚拟经济和"观念产品"，像数字一样可以被无限、无成本复制——我们将面对的也许不是"1%"和"99%"，甚至可能是"0.01%"和"99.99%"。

在元宇宙背后的现实世界里，人工智能、生物和基因技术将发挥威力——富人和穷人之间的差别不再是政治、经济和社会地位，而是躯体、大脑和心智的鸿沟。"1%"将学会如何设计、加工、制造躯体、大脑和心智，让自己和后代成为"生理"和"心理"能力都高一等的"超人"；而"99%"会失去"经济价值"——由机器人负责。

"资产阶级""无产阶级"将成为过去，一个新的阶级——**"经济无用阶级"**会出现，他们就是"无用的智人"。人类社会分裂为不同的生物阶层："1%" = "经过升级的精英"（upgraded elite）；"99%" = "百无一用的普罗大众"（useless proletariat）。

04

品钦突然从宿醉中惊醒，含混地嘟囔了一句：

"一个乞丐——也是唯一有资格谈论乞讨的人，拥有一橱子昂贵成套的衣服，在乞讨之余驾驶着一辆光彩夺目的白色林肯牌轿车；沿着私人40号路线走向东方，途中抛下了三四个妻子。

"而来自波兰基尔斯的密西西比，他的女人在奥斯维辛集中营被夺走，一只眼睛被货船上的绞车缆绳戳瞎，指纹在1949年试图逃船时被圣地亚哥的警察取走。

后现代蒸汽朋克：品钦，插画作者 Joe Ciardiello

图片来源：www.altaonline.com

"还有一个异国他乡来的摘豆为生的流浪汉。摘豆季节已结束——他们只有在这个季节才值得被记住——而这个季节总会结束，渐渐逝去。"①

我们都是摘豆季节的流浪汉啊！摘豆才有存在的价值，但你的精神永远无皈依；不管在哪里——地球还是火星，现实还是元宇宙。

阿西莫夫给品钦又倒了一杯酒，让他喝了继续睡下。

"文学是射向现实世界的一股电流，不小心会被它电死——但

---

① 品钦《V.》第五章："斯坦西尔险险乎与鳄鱼一起上西天。"（经作者改写）

那感觉绝对真实。"[1]

建议大家去读读我的《裸阳》和《钢穴》，剧本几十年前就给你们写好了。

元宇宙和现实世界的关系，就像《钢穴》里的奥罗拉和地球的关系。在地球上，人人平等、共同富裕意味着"最底层"也可以存活，但等级依然存在，公民依然享有不同待遇；而在奥罗拉上，人人可享受最高福利——只不过要先精简人数，选拔"基层大众"。

科幻教父：阿西莫夫

对于地球人，平均寿命太长非但无益反而有害——因为低等级人群没有能力面对人口增加的后果；在奥罗拉高等级世界，人们就算活到三百岁也不会产生什么不良后果。

奥罗拉出生率低，成长中的孩子必须经过小心筛选，只有身心皆无缺憾的孩子，才能长大成人。在一个人数极少的社会里，大家自然会集中精力研究老化过程，因为精简后的"太空族人"生命最可贵。

不论什么物种，地球人还是奥罗拉人，人类还是仿生人，"不平等"这条程序总有一天会把基因工程引向"优生学"。人类无法逃

---

[1] 本句为作者杜撰。

离"被筛选"的命运。

05

"这种脑洞太无稽了!难道真的没有另外一种可能?"托洛茨基激动地站了起来,打断阿西莫夫,挥起粗糙的大手,指向我:

且看她的国家,过去几个月的"颠覆式变化"就像红色墨水滴进清水,先一滴,然后又一滴,又一滴,又一滴,又来一滴……一直到整杯水变成了红色。"公平"正在向人民回归,"1%"的资本正在向人民回归,"1%"的集团正在向人民转变,"99%"再次成为这场变革的主体,所有阻碍这场以人民群众为中心的变革的人都将被抛弃。

全球也在起变化——主流媒体增加"equality"(公平)报道的版面:关心有色人种,关心少数,关心贫穷,关心粮食和蔬菜;与"wealth"(财富)版面楚河汉界,直面相对。

你们在这场讨论中丢失了"斗争"两个字,忽视了人类反抗的"**能动性**"。为什么"共同繁荣"不能是元宇宙中的"平等新共识"?它可能爆发出

永远在斗争的托洛茨基

的威力,也许你们都还没有意识到呢!

你们描绘的"耸人听闻"的景象,只会发生在由科学家操刀设计的未来。但这个世界除了科学家,还有哲学家、人文艺术家;科技权力和人类欲望固然不可估量,但伦理、传统、文化的约束会阻止它们成为现实。

托洛茨基又把手指向我:

别忘了还有下一代!对更崇高人性的追求和不断斗争可以改变技术发展的方向,元宇宙里的可能性也是多元的!

托洛茨基的激情演讲让我很脸红。

我对"平等"含义的了解浅薄得可怜。一个绝对"新自由主义"的世界——由里根和撒切尔捏成形的、人人渴望加入全球化自由贸易的世界,是必将走向"1%和99%"的世界。

我学的是亚当·斯密、李嘉图和凯恩斯,梦想的工作在华尔街,我是经济模型细分的产物,在资本的潮水下写了无数关于"钱"的模型——无意识地为"1%"做着贡献。

直到2008年经济危机爆发,比特币兴起,马克思主义在西方世界复活,整个世界依然觉得解药是资本主义的"QE",最多加大剂量用凯恩斯大政府手术解决——没人想到那其实是三期癌症,也没人想到也许"1%"需要重新分配。

但是,我身边开始出现越来越多崇尚"平等女权""马克思彩虹团""左翼酷儿阵线联盟"的Z世代——Z世代喜欢读的萨莉鲁尼是共产主义者,追的剧是《青年马克思》,在B站上剪托洛茨基的视频,思考自己和未来人类的关系,追寻自己和古早文化记忆的联系——这些"未来基本群众"们,对一个更平等的世界似乎能很自然地接受。

当然也会在直觉里警惕试图改变文化基因的科技。警惕并斗争。

托洛茨基给我点了个赞,打开《共产党宣言》:

"迄今为止一切现存社会的历史,都是阶级斗争的历史。"

就算人类终将分裂为不同生物阶层,就算很少一部分会变成"上帝",其余大众成为"无用的智人"——生物阶级斗争也将随之出现!"百无一用的普罗大众"也将永远继续着同"经过升级的精英"的斗争。

这就是"不断革命"的意义!除了锁链,你什么都不会失去!

06

阿西莫夫:我来对本次剧本杀做个总结。

这个问题看起来是在讨论"平等"和"元宇宙",但实质是关于"恐惧"。

"我们到底在怕什么?为什么要怕科技?为什么要害怕机器人?如果你问我,我会猜是因为自卑感——我们痛恨这种感觉,所以必须在另一个地方,用另一种优越感来补偿。

"什么是美,什么是善,什么是艺术,什么是爱,什么是神?我们永远在挑战明明不可知的事物,永远在尝试解决那些看起来无解的难题——这正是人的本性,**也是人类的解药。**"[①]

[①] 本段出自阿西莫夫《钢穴》(经作者改写)。

品钦从宿醉中第二次醒来,打开《万有引力之虹》,开始朗诵:

很久以前,他的部落相信,每次日落都是一场战斗。

在太阳落下的北方,生活着独臂战士,还有独眼、独腿战士,每天黄昏时都要与太阳搏斗,用矛将其刺死,直到血液染红了地平线和天空。但是,在地下,在夜晚,太阳会再生,天亮时又会回来,面目如故,却又焕然一新。

可是,我们这些占领区的赫雷罗人,我们还要在这地下、在这北方、在这死亡之地等待多久?我们会再生吗?还是我们已经被最后埋葬——面朝北方,和所有死去的同族人一样,和所有献给祖先的牺牲一样?

北方是死亡的区域。也许没有神,但有一种"模式"——一种名字并不重要、没有意义,但万事万物终将遵守的"模式"。①

它就是_____。

---

① 本段出自品钦《万有引力之虹》第三部"在占领区"(经作者改写)。

LESSON 2

第二课

**金融精英和
他们的精神导师**

> **导读**
>
> **重塑偶像的权利**

看《乐队的夏天》第二季,被"重塑雕像的权利"这支乐队惊到了。首先是乐队的名字,能想到这样名字的乐队一定很"尼采"——崇拜偶像,但有超越和否定偶像的升华。曲风也是一样,虽然深受传奇乐队Bauhaus、Joy Division的影响,站在了巨人的肩膀上,但的确是在努力重新创造自己偶像的雕像。他们的加入提高了这个节目的格调。

无论从事什么行业,在工作、学习和生活中,我们都需要一个精神导师和偶像。但是寻找偶像的要义,就是不要崇拜任何偶像。在金融行业,投资和交易尤其如此,我们都要有能够重塑偶像的能力。

这并不是鸡汤,因为在金融行业中盲目崇拜偶像,是要付出巨大代价的。

派瑞特老师是史上对市场技术分析最有才华的人。他的波浪理论和社会情绪理论哲学吸引了来自各个领域的忠实追随者。他在20世纪80年代准确预测了牛市,后来又准确预测到了1987年的市场崩盘,从而迅速成为金融市场的意见领袖。后来,他开始固执己见,认为1987年的崩溃是牛市的终结,在市场不断创新高的前提下一如既往地"悲观"看待市场。市场在从1989年到1998年上涨了惊人的309%之后,终于小跌了22%;然后继续向上爬,在2000年8月达到顶峰之前,又增长了65%。这最终使得派瑞特声名扫地,慢慢失去听众。如果你死心塌地地跟着偶像的预测行动,估计会损失到怀疑人生。

即使偶像的预测是对的,但是你也许等不到对的那一天。

还有国民偶像达里奥老师(Ray Dalio),如果把他的"全天候策略"(all-weather strategy)当成交易《圣经》,并紧跟着"绝对阿尔法"(pure alpha)亦步亦趋,那么估计在2020年3月之后的市场上,就再也见不到你的影子了。[1]达里奥的《原则》简单明了,可以指导人生,他对债务周期的理解也深入细致,但他的全天候策略的根基也许是错的,并不"全天候"——在灾难顶峰流动性骤然减弱的市场上,"全天候"只有一种可能,就是"全天输"。

偶像可以仰视,但是复制是不可能的,如果你想变成《大空头》中一战成名的迈克尔·贝瑞(Micheal Burry),

---

[1] "全天候策略"是一种被动的投资模式,它放弃了全局性的经济环境预测,通过采取有效的分散投资,使得所投资资产在不同经济环境下的风险暴露水平相同。"绝对阿尔法"是建立一个资产绝对分散的投资组合,组合里各资产种类的相关性很小,甚至不相关,从而达到在不同经济环境下收益稳定的效果。

身心要能承受得住"与全世界为敌"的巨大煎熬。如果你想学习塔勒布老师的捕捉黑天鹅之术，完全照搬塔勒布的杠铃策略，也许需要支付大量学习成本（看跌期权费）。更不用说命运之子巴菲特和求解出了整个市场的西蒙斯——我们没有这种时运，也没有这种智商；就算有，我们也不是他们。

偶像最大的作用，是告诉我们世界上有案例可循，有一种思考方法值得我们继续追寻。偶像的经验是用来借鉴的，而不是死心塌地地跟随。

每个人都有自己的精神导师，偶像也有。弗洛伊德的理论强调人的过去，认为一个人早期的经历决定其性格。我们的任何行为，无论是可以破坏还是改变这个世界的，都可以从原生家庭、启蒙导师身上找到痕迹。金融逻辑和哲学有很多一脉相承之处，哲学家也就如这些金融大师们的原生家庭，金融大师们的行为中有清晰的"被启发"痕迹。

每一个能变成精神导师的人，更是有不止一盏指引自己思想的明灯。那些在金融市场上呼风唤雨的"哲学家"们，虽然不可模仿，但其思想的源头确实是可以追溯的——他们为什么会这么想？推演的逻辑是什么？框架是什么？谁影响了他们？我们可不可以追踪溯源，找到他们没有告诉我们的东西呢？

答案是肯定的。

黑天鹅的致敬
——塔勒布、塞内卡、司马贺与曼德博

我们一直在错误地衡量风险。对危险了解越多,就更安全。几个世纪以来,造船工人在船体和船帆的设计上投入了巨大的精力。他们知道,在大多数情况下,海洋是温和的;但他们也知道,台风和飓风会发生。他们的设计不仅要适用于 95% 的温和航行日,还必须能适用于其他 5% 的航行日。当风暴来临时,他们的技能将受到考验。目前,全世界的金融家和投资者就像是不听天气警报的水手。

——《市场的(错误)行为:风险、破产与收益的分形观点》
(*The (Mis)behavior of Markets: A Fractal View of Financial Turbulence*)

纳西姆·尼古拉斯·塔勒布（Nassim Nicholas Taleb），这位有安蒂奥奇亚（Antiochian）希腊血统的黎巴嫩人，是散文家、学者、数学统计学家、期权交易员、对冲基金经理和风险分析师，以及随机性、概率和不确定性的深度研究者。

他描述并且亲自抓到了金融市场上的黑天鹅，提倡建立一个"黑天鹅健全"的人生、市场和社会，造出一个能够承受难以预测事件的系统。他总结出了系统实现抗脆弱性（anti-fragility）的方法，一个能从随机事件、错误和波动中获益和成长的方法。我把它简单理解成一个能变成"不仅打不死且越打长得越快的小强"的方法。

但我不想研究他的交易方法，研究他是怎么利用杠铃策略和期权来捕捉黑天鹅，并在灾难中获益的。具体的交易方法很多高手们都研究过，但是如前言所述，这不是最重要的。仅仅学会一个方法对你的帮助并不大，甚至还可能会有副作用。

我们应该关心这个人的思想轨迹是怎么形成的，为什么他可以捕捉到黑天鹅？为什么他可以想出这么惊为天人的杠铃策略？为什么他可以在别人都脆弱时反脆弱，还越来越强？他的哲学思想是从哪里来的？我们普通人如何利用这些思想使自己受益？

一起跳进这个兔子洞里去探一探吧。

01

影响塔勒布的思想行为的第一个精神导师，是生活——黎巴嫩内战期间他的家族一夜之间由盛转衰的经历。

他的高祖父、曾祖父和祖父分别担任过黎巴嫩山的总督以及国家的副总理。从1866年以来的世代显赫,到1975年黎巴嫩内战戛然而止,他目睹了自己整个家族政治地位和财富瞬间崩塌的过程。有一部小众电影《囚禁》(Insyriated),描述的就是黎巴嫩战乱期间,人们在密闭空间里承受天降灾难的故事。躲避战争的一家人过着胆战心惊的日常生活,他们做出的每一个决定,都可能关乎生死。

这是塔勒布生活的大环境。生长在黎巴嫩这么一个黑天鹅频出的极不稳定系统,他能写出《随机漫步的傻瓜》《黑天鹅》《反脆弱》和《切肤之痛》等如此实用又颠覆三观的生存法则,就一点也不奇怪了。他想让我们明白,所有人都生活在一个不确定的大系统下,这个系统只有正反馈和负反馈两种情况;我们随时随地都要面对"协同",要么"正协同",要么"反协同"。只要您在系统里,"反脆弱"才是能持续生存的正确姿势。

02

但是使不确定性在他思想中升华的是两位哲学家:一位是古代的塞内卡,一位是近代的司马贺。

古罗马时代,有一位切开血管自杀的哲学家,名叫塞内卡。他是罗马帝国暴君尼禄的老师。塞内卡教我们如何面对震惊,我们一生都要面对福尔图娜——这位司掌人间幸福和灾难的时运女神。她一手持羊角,一手持舵轮。女神用羊角把恩宠抛给任何她想给的人,然后反手猛转舵轮,降下灾难,瞬间改变其命运——她想怎么改就怎么改。

女神当然也是这样对待塞内卡本人的。塞内卡为帝王师十五年，享尽富贵荣华，而只因罗马城一场大火，他就被自己的学生以阴谋罪赐死了。他平静如湖水，接受必然：人是一个轻微摇晃就会碎裂的容器，没人能保证你一定活过今晚，活过这个小时，最后我们生活在注定死亡的万物之中。所以你根本不用震惊，发生任何事情都不用太惊讶。

《塞内卡之死》（*The Death of Seneca*），雅克－路易·大卫创作于1773年

"不必为某个生命，或者生命的某个部分哭泣，因为整个生命本身都是值得哭泣的"——这启发了塔勒布，他以斯多葛学派平静、自制、可承受任何打击的处世哲学为启发，写出了《反脆弱》：**人们无须纠结于短期的预测或理性准则，为长远利益考虑加强反脆弱性才是不二法门。**

什么是脆弱？就是一个杯子，摔在地上，碎成一地渣子。什么是反脆弱？就是一个杯子，摔在地上，变成了八个杯子。脆弱的事物喜欢安宁的环境，反脆弱的事物则从混乱中成长。火苗，越吹越旺；煤球，越捅越旺。这似乎有点反常识：稳定平衡，寻找中间的舒适位置，不能大富大贵但也不会猝死——难道不是最安全的策略吗？是很安全，但前提是一切假设条件永远不变。

但这个世界的真相是：绝大部分的存在，都可能是个意外事件，都是房间里的大象、黑天鹅或者灰犀牛。任何"正确"的决定，取决于做决定的人，在做决定的时点上，对未来的"假设"，而"假设"一定会被随机性打破，所以"安宁又稳定"的环境根本不存在。总之，所有这一切我们逃避不了，也抗拒不了，只能选择接受——正如塞内卡所说。所以只能、也必须有能力在确定性与不确定性之间找平衡。

把塞内卡的观点推进一千多年，我们就见到了跨越时空的另一个影响塔勒布的人：司马贺。

司马贺老师的本名是赫伯特·亚历山大·西蒙（Herbert Alexander Simon），能熟练掌握中文读写，还能给自己起中文名字。他是近代凤毛麟角的博学家，研究涉及心理学、哲学、经济学、计算机科学等多个领域，人工智能只是他的一门副业。他早在1957年就下过定论：计算机下棋的水平十年内便可超过人类。

他认为人类不合逻辑的行为有更深层次的原因，提出了日后经常被塔勒布引用的一个概念：**有限理性（bounded rationality）**。意思是，我们不可能像计算机一样测量和评估一切，所以在进化的压力下，我们会控制不住自己而去找捷径——这个找捷径的行为会扭曲事情的发展。

我们对世界的认识是不完整的，几乎一定会陷入各种意想不到的麻烦中。即使我们对这个世界的认识是完整的，依然不可能通过"计算"对现实进行精确的、不偏不倚的求解。

塞内卡和司马贺这两位精神导师，都是塔勒布对于不确定性深深敬畏的来源。

03

从精神启发到实际操作，如果说塞内卡影响了塔勒布的战略思想，那么影响了他战术实践的导师，是另一位哲学、数学界神一般的人物。

几个世纪以来，航海业的智慧结晶、造船师们毕生心血的结晶，是船体和船帆的设计。靠海为生的人知道，海洋大部分时间是温和的；他们也知道，台风和飓风就是海洋母亲杀红了眼的另一面。

他们的设计不仅要适用于95%的温和航行日，还必须能适用于其他5%的航行日。当风暴来临时，他们的技能将受到考验。目前，全世界的金融家和投资者就像是不听天气警报的水手。

这个警示来自于一本书——《市场的(错误)行为——风险、破产和回报的分形观点》。书中还有一句为塔勒布的思想点亮了明灯的句子："金融的核心就是分形。(The very heart of finance is fractal.)"

这本书的作者就是波兰数学家、物理学家、博学家和哲学家本华·曼德博（Benoît B. Mandelbro）。这个名字听起来也许有点陌生，但是他发展出的一个数学分支，你一定听说过：分形几何（fractal geometry）。分形几何告诉我们，在看似无序的事物中隐藏着的秩序，里面有未经规划的计划，不规则和粗糙的自然界中有规则模式，简单和复杂同时存在。曼德博的分形几何正在用于帮助人类模拟天气、河流流量，分析脑电波和地震。

但是这本书最重要的是充满了关于市场的真理。他发现，在自然界随机模式中的潜在定律，也适用于金融工具的价格波动。股票价格的变动遵循幂律，而不是高斯曲线或正

本华·曼德博

态分布。我们在学校里学的，很遗憾都是错的：现代投资组合理论的基础，都是传统的市场假设——价格从一个时刻到另一个时刻，有节制地、独立地、平稳地变化。如果这些假设是错误的，一切都会土崩瓦解。你的投资组合不是一个能调到秒针的手表，而是一个危险的陷阱。

但是，不幸且让人细思极恐的是：低估的市场风险，错误的期权定价、投资组合构建方法，以及金融世界普遍被曲解的错误假设，却被纳入了全球金融业界的标准风控软件——如你所知，这就是著名的风险价值模型VaR[①]。

真正的市场是疯狂的，它的价格波动令人毛骨悚然，远比你理解范围内的更大、更具破坏性。这意味着真实风险比通常假设的要高，传统投资组合方式非但没有管理风险，反而可能放大了风险。只要钟形曲线假设进入财务计算，就一定会出错。高斯曲线和风险价值（VaR）这样的理论，或者认为现实世界中存在钟形曲线的想法是错误的，因为我们一定会遇到根据以往经验无法预料的离奇现象。别忘了"魔鬼存在于残差中"。

那为什么我们依然还在坚持用错误的方法来衡量风险？

答案是习惯了，方便，不愿意改。大多数金融模型的效果极其有限，要吞进无穷无尽的数据，需要越来越多的参数。但是当模型

[①] VaR（value at risk），风险价值模型。G30集团在1993年发表的《衍生产品的实践和规则》报告中提出了度量市场风险的VaR；后由J.P.Morgan推出计算VaR的risk metrics（风险控制模型），被金融机构广泛采用。目前国外一些大型金融机构已将其所持资产的VaR风险值作为会计报表的一项重要内容加以列示。

坏掉时，不但不会被弃用，反而会被不断修改、细化、扩展和复杂化。用胶水和钉子不停地打补丁，一颗坏种子就这么一点一点地长成一棵硕大的病树。

曼德博直视别人不愿意看到的东西，然后从混乱中找到秩序获利。就像蒙田的怀疑主义，"我们的生活本来就有一部分疯狂、一部分智慧。假如一个人对生活有全面的反思，他就不能忌讳非理性的部分。"人要谦卑地对待世界，因为这个物种永远会被偏见迷惑——"我知道什么？"（Que sais-je?）

塔勒布的《黑天鹅》整本书都在向曼德博致敬，他直接影响了塔勒布的投资理念。我们不能预测明天，不能预测价格，但是我们可以知道决定一切的是未知的风险——这是投资和在金融市场上存活的最基本的生存要义，也让塔勒布在20多岁的时候，也就是1987年股市崩盘之后，实现了财务自由，也帮助他完成了从交易员到社会学和道德批判者的升华——从金融交易，到解释人的行为，再把人放在整个系统下，寻找能让人类社会坚韧延续下去的方法。他看懂了人类社会这个依靠"淘汰脆弱个体"而变得整体坚韧的系统，就像病毒——整体坚韧取决于大量病毒个体无数次地"被淘汰"，而病毒个体"被淘汰"，会让整个病毒群体变得坚韧。

格林斯潘耸耸肩

在这一瞬间,他把过去所有的日子以及信条统统忘记了,他的概念、他的问题、他的疼痛全都不见了;他只是从一个遥远而清朗的地方获知,人是为了实现欲望而生存。他奇怪他为什么会站在这里,他奇怪的是,当他唯一的欲望就是去抓住这个灰衣下的苗条身体,并用尽他一生的时间去抱住她不放时,谁有权利去要求他把生命中不可代替的每一个小时都浪费掉?

假如你看到阿特拉斯神用肩膀扛起了地球,假如你看到他站立着,胸前淌着鲜血,膝盖正在弯曲,双臂颤抖,但还在竭尽最后的气力高举起地球,他越努力,地球越沉重地向他的肩膀压下来——你会告诉他该怎么办?

我……不知道。他……能怎么样?你会告诉他什么?

耸耸肩。

——安·兰德《阿特拉斯耸耸肩》

1974年的格林斯潘在纽约办公室 | 摄影师 John Sotomayor，《纽约时报》

安·兰德

图片来源：The cult of Ayn Rand gets a film to call its own

01

你看待事物的立场是始终一致的吗?

比如,在看到全球央行放水不停,淹没了正常的市场秩序时,我会感觉非常不适,觉得自己很"右",希望市场的力量能绝地反击;看到政府让资不抵债的僵尸企业继续存活下去,我也觉得自己是支持市场的力量起支配作用的。但是看到政府"自由地"忽视贫富之间的距离,任由中小企业自生自灭,无资源者得不到救助,我觉得自己又到了左边;看到外卖骑手被无底线地剥削,科技股无底线膨胀、讲故事、卖梦想的时候,我又觉得自己的确是个坚定的左派。

那么金融呢?它有光谱吗?金融分"左右"吗?钱会站队吗?

很不幸,钱不仅会站队,还是一个绝对领先指标(leading indicator),站得比谁都快。金融不是数字,不是模型,不是自然科学;它并不是一个客观的存在,金融和经济的"家"在社会学科,它是一个人类意识形态和行为艺术的大舞台。

我们生活的这个时代,金融展现出的行为艺术就是:央行主导一切。你还记得"央妈"这个词是什么时候出现的吗?还记得全世界投资者的目光是在何时聚到了央行身上?从什么时候开始,央行的一举一动决定了你赚钱还是赔钱?还记得"价值投资"是什么时候被议息会议上的一字一句所取代的吗?

以上问题或可凝缩成一个问题:**天下有独立的央行吗?**

02

要回答这个问题,我们先看一下全球央行的灯塔——美联储。

打量一下投资者今天面对的是一个什么样的美联储?

克尔凯郭尔[①]说,人生有三大绝望:**不知道有自我(finitude's despair)、不愿意有自我(the despair of weakness)、不能够有自我(the despair of defiance)**。一个比一个更绝望。

2019年,坐在议息会议席上的美联储主席鲍威尔,仿佛字字千钧都压在自己身上,每吐一个字,身形就矮了一截儿。本来美联储还对"独立性"有一点点贞操感,但面对特朗普总统一次又一次地明示暗示"不听话,就被炒"(You're fired),和市场"死给你看"的双重压力,美联储已经向绝望最高级方向("不能够有自我")一路狂奔了。

美联储一路狂奔,扬起了全球零负利率时代的漫天黄沙。

不管有没有挣扎过,美联储已经和"独立性"越来越远。"独立性"是个极有想象空间的词汇,也是个可以任人打扮的小姑娘。在美国——这个"独立"形象代言人一般的国度里,发生过太多故事:

肯尼迪遇刺后上位的约翰逊总统(Lyndon B. Johnson)也是一位实干型领导——他要越战,要减税,要大宽松,既要又要还要——这所有的政治抱负,都需要极宽松的货币条件,需要降息。可

---

① 索伦·克尔凯郭尔(Soren Aabye Kierkegaard,1813—1855年),丹麦宗教哲学心理学家、诗人,现代存在主义哲学的创始人,后现代主义的先驱,其思想是存在主义的理论根据之一,一般被视为存在主义之父。他认为哲学研究的对象不单单是客观存在,更重要是从个人的"存在"出发,把个人的存在和客观存在联系起来。哲学的起点是个人,终点是上帝,人生的道路也就是天路历程。

是，他却偏偏撞上时任美联储主席小威廉·马丁（William M. Martin Jr.）——一个不仅很自我，还完全放飞自我的联储主席。他完全不理会总统任何明示暗示，继续按自己的节奏，加息、再加息。

结果呢？马丁老师被约翰逊总统直接武力推在墙上，最终妥协。

更经典的是他的下一任阿瑟·伯恩斯（Arthur Burns），也是水门事件的"联袂主演"。那段载入史册的录音中的主角，就是伯恩斯和尼克松。录音中尼克松总统领唱，歌词大意是：咱俩合作，我负责玉树临风，你负责大选前维持宽松，刺激经济，共成大事。

结果大事情就搞好了，尼克松在1972年成功连任。两年后便因水门事件辞职。而伯恩斯主席整整两年的持续宽松，造成了美国接下来近十年的通胀和衰退，成为美国现代历史上，总统"打脸"美联储独立性的永恒经典案例。

鲍威尔似乎越来越像当代的伯恩斯。回到2016前，特朗普在经济稍稍转好时就要减税、搞大基建，在柴火上加油——从这一刻起，美联储手里就被塞了一张不能退的船票，危机和衰退，无论哪一个发生，自己都已经没有了降息与缩表空间，再也不可能有正常的姿势。再加上贫富分化愈演愈烈，"如何分饼"这件事已经成为世界难题。在国家内部，赌国运"得利者"和"牺牲者"之间分饼的矛盾不可调和。国家之间，全球经济和全球影响力之间分饼的矛盾也不可调和。保守派（有钱人派）是凭既有政策发的财，一切维持原样才能使他们的利益最大化。

克尔凯郭尔在《或此，或彼》（*Either/or*）里念叨：结婚，你会后悔；不结，你也会后悔；结了或不结，你会两样都后悔。嘲笑这世界的愚蠢，你会后悔；为愚蠢而掉泪，你也会后悔；嘲笑这世界的愚蠢或为这些愚蠢掉了泪，你会两样都后悔。

而对于鲍威尔主席：降息，他会后悔；不降息，他也会后悔。听总统的话，他会后悔；不听话，他也会后悔；降息不降息，听话不听话，反正他都会后悔的。不管他愿不愿意，自己已经在政治这条船上下不来了。如今的美联储，已经是美国股市的"新基建"和总统出境前的化妆师。

他只能通过越来越字斟句酌的言辞、越来越模糊的表达去影响市场预期，在金融这个虚拟的游戏场上，保护好自己对"市场情绪"翻云覆雨的能力。如你所知，这就是"前瞻指引"。

这是解决方案吗？并不是。结果更糟糕——美联储越来越容易被市场"绑架"。只要察觉到央行的意图，市场就可以对此加以利用。随着全球大放水和越来越深的"金融化"，市场和现实之间的距离，也像中年大叔的眉毛和发际线之间的距离一样，越来越远。

所以天下究竟有没有独立的央行？就算是保罗·沃尔克[①]，那位又高又壮的铁汉，全天下似乎都没人能改变他的意志，也需要和白宫"周旋"来改变美联储投票集体决策利率的规矩。沃尔克也是被人"推举"到美联储主席位置上来的，他要为推举他的人服务。

[①] 保罗·沃尔克（Paul Volcker），一位传奇人物，曾于卡特及里根总统当政时担任美国联邦储备委员会主席职务，强势扭转了美国20世纪70年代的高通胀。20世纪70年代，美国经济出现了严重的通胀，沃尔克认为原因在于美元超发。经过多次政治周旋，沃尔克使美联储不再投票决定基准利率，转而直接制定美国货币供应量目标，经由市场，由货币供应量的变化决定利率的变化，从而强势扭转了美国的恶性通胀危局。

所以，央行并不"独立"，很多时候要和执政党步调一致，站在"独立"的对岸。

03

央行和政府的博弈自古就有，离我们最近的分水岭，是2008年之前的格林斯潘时代——在那个时代，美联储开始得到了政治技能，把"语焉不详"这门语言艺术演绎到了顶峰。格林斯潘引领美国经历了将近二十年的繁荣与相对稳定，远见卓识令他享有举世无双的声誉——但声誉只维持到他2006年退休为止。两年后的次贷危机，使他成了全世界的箭靶子。

在那繁荣的二十年里，美国经济这条大船真的是在格林斯潘的掌舵下，风平浪静地驶向繁荣吗？并不是。他在任期间，美国的市场经历过两次巨大泡沫和崩溃，一次是2001年互联网泡沫，一次是次贷危机之前的房地产泡沫。两次泡沫都吹得又大又亮，格林斯潘老师不可能看不见，但为什么依然静如处子，没有采取任何行动？他是怎么想的呢？

泡沫他当然看到了，但是他认为这个"大派对"应该继续下去，大家都应该开开心心、风风光光——因为美联储手中有灭火器，总会力挽狂澜；经济过热就收紧，经济过冷就加温，自如切换。一个人如果一辈子不能喝酒，就永远享受不到欢愉，所以让他喝，让他开心，让他快乐，不枉时光，等他喝坏的时候还有医院，医院一定能把他救回来。

市场说，明白了，继续狂欢，我们有"格林斯潘期权"

(Greenspan put)。

格林斯潘老师对于自己对市场的影响力心知肚明。1996年那场著名的"非理性繁荣"(irrational exuberance)演讲后,第二天股市大跌[1],让他看到了自己也许会终结这场派对,让所有人都不高兴,他不想成为那个劝酒、宣布派对结束、招人讨厌的人。从那以后,他的语言开始变得模棱两可,前瞻指引话术越来越精妙。而美国金融市场的"非理性"也从此一去不回头。

04

那么问题来了,他为什么不愿意终结派对?为什么央行对于市场总是如此畏惧,如此小心翼翼?为什么近代的央行越来越游移,甚至轻轻松松就能被市场绑架呢?

也许一切都要从新自由主义在他们脑细胞上留下的永远抹不掉的烙印说起。

撒切尔夫人和里根时代放任经济绝对自由——不要碰市场,不要碰自由,干扰自由市场的结果一定是灾难,且让它自由发展去吧。市场"无形的手"是天下最聪明的手,它自己知道该怎么做,会自己找到解决方案,一定会自己重现繁荣。

情况看起来似乎真是这样:1982年国际银行业危机、1997年亚

---

[1] 1996年12月5日,面对全球股市的持续繁荣,格林斯潘发表了著名的以"非理性繁荣"为主题的演讲。他在演讲中谈道:"我们无法知道非理性繁荣何时会过度抬升资产价值,这将导致资产价值遭遇意想不到的长期收缩,正如过去十年在日本发生的那样。"演讲过后,美国股市大跌。

洲金融危机、2000年互联网泡沫、2008年金融海啸……每次危机之后，市场好像真的都自己纠正回来了。但这是史上最严重的一个误解：里根、撒切尔夫人以及央行里所有聪明的脑袋没告诉你的是——市场自动修复的背后，是政府和央行的大量紧急救助。所有"自动恢复"的背后，都是一大针管的吗啡，出了问题就打一点，打完后的市场就会像僵尸一样蹦起来。只要这只大针管还在，市场就永远能像僵尸一样蹦起来，不管倒地时摔得有多么惨。

这就是我们自21世纪以来最严重的幻想。这个巨大的幻想在格林斯潘老师手中变得根本无法唤醒——"不要干预经济，央行在市场中的存在感要越少越好"——这句话曾经深深影响了世界上多少央行的管理者们。

我不禁好奇：能对金融世界产生如此巨大影响的格林斯潘，他思想的源头在哪里？他的精神导师是谁？指导他行动的哲学理念又是什么呢？

我们这就来认识一下安·兰德（Ayn Rand）。

05

如果你碰巧有以下几种类型之一的美国朋友：老右派、特朗普支持者、"后浪"年轻人。只要在他们面前提一个名字：安·兰德，你极大概率会听到如下评论："她是我的英雄"，"她的作品解放了我"，"她教会我不要依靠任何人，只要依靠自己"等。

尤其是"后浪"。近年来，兰德在年轻人中的受欢迎程度持续增长，虽然已经去世三十多年，她的著作销量仍然以每年数十万册的速度增长——自2008年经济危机以来，已经增长了两倍。那些你在新闻播报中上经常听到的人：保罗·瑞安、泰德·克鲁兹、蓬佩奥、纳瓦罗，甚至男神布拉德·皮特都是她的死忠粉。

要了解美国"右派"，就必须了解安·兰德。我们中国有"少不读水浒，老不读三国"，在美国有"少不读《指环王》，也不读安·兰德"的警告——据说这两类书都会让人情感发育不全，社会能力残缺，让年少的你陷在一个不真实的魔幻世界中无法自拔，无法应对真实的世界。

我们先来感受一下兰德写的故事：

有一位年轻有为的建筑师，为了追求个性表达，不向权威妥协而屡屡碰壁，只能去采石场做工人。后来他无偿给政府设计居民楼，却发现自己的设计被政府任意改动，于是他就把造了一半的楼炸了。他在法庭上为自己雄辩，最终居然扭转了陪审团的意见，被判无罪。最后，建筑师给自己建了一座精神的纪念碑。

这就是安·兰德1943年出版的畅销书——《源泉》里的故事。如果你觉得画风太清奇，我们再欣赏下安·兰德最著名的代表作《阿特拉斯耸耸肩》。

《阿特拉斯耸耸肩》中描述了一个崇尚集体主义的美国政府，使工业企业家们处处受到压制，社会缺乏人才，创新受到压制，企业家们只好躲到一座山谷中生活。主人公高尔特带领精英人士发起了一场罢工，关闭了工厂，令世界经济陷入瘫痪。最终纽约断电，政府在混乱中垮台。而领袖高尔特被支持者们救出，带领大家走出山谷，重整世界。

"你需要我们多于我们需要你",我们才是古希腊传说中用双肩撑起地球的巨人阿特拉斯,但是当个人价值受到压制的时候,怎么希望巨人能够拯救世界?巨人肯定不干了,他会耸耸肩,摆脱重负,让整个地球意识到自己到底有多么重要。

你觉得这样的故事谁最喜欢听?当然是特朗普一样的人,他年轻时就是《源泉》的忠实读者。

这两个故事的内核,就是"兰德哲学"的核心——"客观主义"(objectivism)。人类生来就是一块空白的石板,那些亲社会的倾向,特别是利他主义,都是社会强加给我们的"疾病",人不应该是彼此照顾、彼此复制的社会性动物。"为他人牺牲自己"是邪恶的。

"利己主义"才是好的。追求自己的利益、自私才能产生动力发明创造,社会才能受益;而利他主义是虚伪的,舍弃自己的利益,只考虑他人,会剥夺成功者的果实,摧毁原动力,反而给社会带来伤害。谋取财富是好的,敢于用钱来衡量自己的价值是好的,而一切形式的约束和监管都是大坏特坏的。

这是一种追求最高自我利益和自力更生的哲学。现代经济理论也是基于这些原则,理性主体被定义为"自利的个体",市场就是这样一群理性的经济人的集合,他们每个人都是自私自利的,里面没有公平。国家应该和经济分离,支持绝对放任、自由、不受监管的经济。自由的经济不会崩溃,在一个自由的体制下,没有人可以垄断任何事情;而所有的垄断都是在特许经营权、补贴或任何政府特权的帮助下建立起来的,所有的经济萧条,也都是由政府干预引起的。

传统左派的信仰，包括美国这个国家成功的原因之一，是把自己当作其他兄弟国家的守护者，并将其立为原则。但是在兰德看来，正是这种行为使世界陷入灾难——因为这会走向完全的集体主义。在这种体制下，每个人都将被奴役——这应该是特朗普最喜欢听的一段话吧。

安·兰德这位逃难来美国的苏联哲学家，积极投身政治，还拥有了一个狂热的粉丝团——团员之一就是格林斯潘。

兰德是格林斯潘的精神导师，也教会了他在市场面前要"耸耸肩"——且放任市场发挥"自由"天性。

06

格林斯潘知道自己作为美联储主席——这个对全球金融最具影响力的身份——"耸耸肩"的后果是什么吗？

他当然知道。那为什么他还这么做呢？

因为他不是一个独立的金融学者，而是一个政治家。

从几轮周期来看，他"耸耸肩"的行为更增加了"正反馈"的复杂性。每一次"耸肩"，都是一次正反馈，反而加强了整个体系的脆弱性。与此同时，只要"耸肩"还能起作用，就会加强大家对"市场可以自我修正"的误解。他也许成功地抑制了小危机，但这些小危机的消退，让顽疾暂时平抑，引而不发——放在百年的大泡沫里，恰恰是让一切更加恶化的原因。

到了2020年，虽然导火索不在金融市场，但前面若干次金融危机带来的正反馈，已经严重影响了实体经济。

1959年，33岁的格林斯潘曾经在美国统计学年会上提出：央行应当小心，不要让金融市场过于自在。他明明知道过度自由带来的后果，是一个知情人，但依然倾向于竭尽全力，避免扰乱金融市场。

与其说他是经济学家，不如说他是一位出色的政治家，他把美联储带进了一场永远无法获胜的战斗中，要不要继续战斗不是他考虑的，因为政治家不做这种决定，他们只对"有没有利益"做判断。

格林斯潘20多岁时迷恋安·兰德，客观主义和自由意志主义推动他进入政治，但他"政治动物"的属性，才成就了自己，也把美国经济拖下了水。

如何不带"执念"地
青出于蓝而胜于蓝

温斯顿豺狼：吉米，带路。孩子们，开始工作。

　文森特：您"请"就好了。

温斯顿豺狼：再说一遍？

　文森特：我说了您"请"就好了。

温斯顿豺狼：直说吧，我不是来说"请"的，我是来告诉你该做什么的，如果自我保护是你的本能，那你最好他妈的快点做。我是来帮忙的——如果我的帮助没有得到感激，那么祝你们好运，先生们。

　朱尔斯：不，沃尔夫先生，不是那样的，我非常感谢你的帮助。

　文森特：我没有任何不尊重的意思，我只是不喜欢别人对我发号施令。

温斯顿豺狼： 如果我对你不客气，那是因为时间是一个因素。我思维敏捷，语速快，如果你们想摆脱这一切，我需要你们行动迅速。所以……在我的咖啡里再加点糖……把这该死的车擦干净。

——电影《低俗小说》（*Pulp Fiction*）片段

做一个能控制自己情绪，再愤怒、再悲哀、再受诱惑也不会成为自己情绪奴隶的人，是一种什么体验？一个富可敌国，却想替穷人们出头的人是真诚的吗？

01

美剧《亿万》（*Billion*）中，天才分析师泰勒说过一段很有意思的话：

"股票就像一个活的有机生物，比如一只麻雀。我们能把麻雀粗鲁地抽象掉，可以用它的迁徙模式、风、天气和其他变量，抽象出一个和真麻雀非常接近的东西。同样道理，我们也可以用ETF[①]，用

[①] ETF，全称exchange traded fund，是一种在交易所上市交易的、基金份额可变的开放式基金。

有依赖关系和相关性的因子来抽象成一只股票。抽象完之后，就可以预测它的Delta值（对冲值），预测它的价格增量，跟着抽象的影子追踪溯源。反正整个大自然都是抽象的。"

如果你不是搞金融的，看剧开心一下就好；但如果是金融业内人士，一定会觉得编剧很善于想象。但是上面这段台词并没有可验证的逻辑和可操作性，不管是在麻雀身上还是在股票身上，都没有（请勿效仿）。

但这一段台词，却完美捕捉到了在金钱中摸爬滚打的人们，对追求更高意义的哲学之渴望。当然，坐拥上亿资金、运筹帷幄的对冲基金，也可以有人文情怀，投资业界里也有很多哲学家。但是一个在市场上大吼大叫、快进快出、像卖白菜一样吆喝的交易员，也会有哲学思想吗？**在大海里和鲨鱼生死搏杀的时候，哲学有用吗？**

不仅有用，很多时候还能决定生死。

泰勒老师将金融市场描述为一个可操纵、可拼接的抽象符号——这一点是完全正确的。我们在金融市场里交易的金融工具，无论是股票还是ETF，都是对现实世界的虚拟和符号表达，和打游戏其实没有太大区别。尤其是期货市场，更是一个智慧和虚张声势并存的游戏场，一切受追捧的"好事情"都可能在瞬间变成诅咒。在这个虚拟的电竞世界里，混乱，就像火炉里的煤，可以让一切越来越旺。

棉花期货交易员出身的保罗·都铎·琼斯（Paul Tudor Jones）（简称PTJ）就是一个制造混乱的天才。他几十年前的交易手法，在今天叫"pump and dump"或者"dump and pump"——哄抬或者拉低市场，或者既哄抬又拉低——先把一个大单抛给经纪人，然后下一秒改变主意撤单，让所有人变得混乱，自己就在这混乱中越来越旺，越来越兴奋。有时放火箭炮，有时打小子弹，有时打地道战，有时打突击战。就像一位烟幕弹艺术家在表演。

1987年的一天，一个平平无奇的交易日，PTJ老师没有放烟幕弹，而是把两张图表放在一起，看出了神。

一张是1929年前后的美国股市走势，一张是1987年当下走势。他看这两条线画出的波浪，几乎完美共振，完美得有些恐怖，就像两波马上会掀起海啸的巨浪——这个即将上演的血流成河、堪比1929年危机的市场大崩溃，就这样被他发现了。

从我这样的"事后预言家"视角来看，这预测是极其精准的，但这在1987年的那个瞬间并没有用，很多人都能发现这个趋势，而且能看到远处的那道巨浪，但是能准确知道哪一天几时几分几秒发生的人，根本不存在。在那个时间点到来之前，所有的预测都只是预测，并没有用。

让所有人脑中的预测变成共识，再由共识变成事实，需要制造混乱，需要和未来短期周旋，时时挑逗，需要用低风险不停投注、试探，直到"设想情节成为现实"那一刻到来——这都是PTJ最擅长的。

1987年10月16日星期五，标普500开始骚动，一副摇摇欲坠的样子，他感到那个时间点，终于可能要来了。几个月来，很多人都在等着这一天的到来。麻婆豆腐小火咕嘟炖了很久，离出锅前还差那一勺香油和一把花椒面儿。现在花椒面儿来了。

1987年的"花椒面儿"是什么呢？答案是投资组合保险（又称"放心保"），这就是三十年前版本的风险平价组合。这是一种堪称"崩盘神器"的投资策略，因为组合的头寸"波动性加权"（volatility-weighted）——也就是在波动低、且市场上涨时，组合会同步买入更多；而在波动性增加、市场大跌时却被迫卖出，所以一旦止损动作发生，连锁反应就是挡不住的泥石流——这种策略直接导致了1987年股市崩盘。三十多年后，2020年的美股市场熔断时，同样的理念也让达里奥（Ray Dalio）的桥水基金翻了车。

这就是人类，一个永远不会从自己的错误中学习的物种。

回到1987年，要抓住这百年一遇的机会，你需要极其冷静，就像跳进深海里逗鲨鱼——先小头寸做空标普指数，放一点点血腥试探；如果在开始下跌之后又归于平静，则少量亏损，平掉头寸就是。但如果紧张情绪和"投资组合保险"的多米诺骨牌真的引来了泥石流，便可擒获这条大白鲨。

权衡完风险和回报，把情绪收起来，叠好了压在箱底，剩下的就是撸起袖子开工干。当天晚上，PTJ喝着咖啡，毫无情绪地开始做空标普500期货。第二天早上，市场直接一个360度接转体后空翻，PTJ一直看着它跌到谷底——大鲨鱼抓到了。

还没结束。在市场上血流成河、一片恐慌的时候，他又看到了第二条大鲨鱼。

在别人爬上天台排队的时候，他已经开始预测剧本的第二季会怎么上演——接下来，美联储大概率会向银行注资救市，一旦借款成本降低，另一个风险收益不对称的对赌机会就出现了。这时候，再一次跳进海里逗鲨鱼——如果真如他所料，债券市场会上涨；如果联储没有采取任何行动，债市也没任何理由下跌。

权衡完风险与回报之后，再把情绪收起来，叠好了压在箱底，撸起袖子开工干。当天晚上，PTJ喝着咖啡，继续毫无情绪地买下了有史以来最大的债券头寸。

这就是著名的黑色星期一之"双管齐下"，直接把他送进了对冲基金的名人堂。

02

现在，我们把时间倒回去，回到1987年的那一天，倒回PTJ把两张图表放在一起的那个瞬间。

这两张预示了一切的图表，是从哪儿来的呢？

答案是派瑞特的艾略特波浪图。本篇的主角此时正式登场了——他就是影响了PTJ老师技术分析理念的哲学导师——派瑞特（Bob Prechter）。我们在第一课中介绍过他的"波浪理论"。

这是史上对市场技术分析最有才华的人，没有之一。他是传奇分析师兼心理学家、音乐家、技术分析大师，也是一位哲学家和社会学家。他在1977年创办《艾略特波浪理论研究》（*The Elliott Wave Theorist*），提出了"Socionomic"（社会情绪经济学）理论——价格波动始自人类之群体行为，它就像音乐的乐章，悲观与乐观交替。这种惊为天人的思想吸引了来自各个领域的忠实追随者，有哲学家、数学家、心理学家、神学家、投资家，当然还有像PTJ

这样的"猎鲨型"交易员。

而作为派瑞特粉丝的PTJ，对技术分析极其着迷和依赖。他一半的交易都是基于历史数据和图形研究，来推断市场走势。早在三十多年前，在电脑、算力和数据都非常昂贵的年代，期货市场上使用这些技术和工具的人一只手就能数过来，而PTJ却不惜花重金投入——他知道"世界就是一张钱流地图"，情绪驱赶资金的流动，而资金的流动才是市场涨跌的原动力。他需要派瑞特的思想，帮助自己视觉化市场上的情绪。

不仅仅是技术分析，派瑞特的社会情绪理论哲学，也给了PTJ这个喜欢在金融情绪场里制造混乱的人极大的启发。

但是很快，偶像就倒塌了。

20世纪80年代，派瑞特出版了《艾略特波浪理论》，因为准确预测了牛市，一炮打响，迅速成了网红，成了20世纪80年代最掷地有声的市场领袖。后来他又准确预测了1987年的崩盘，彻底颠覆了市场，然后就一发而不可收了，小粉丝团升级成大批崇拜者和追随者，派瑞特一场演讲2万美金起——这可是在四十年前。

然后，天才的通病就发作了。

按照剧本，天才会在这个时候厌倦当"市场领袖"，开始颠覆自己。派瑞特的职业生涯完全按照这个剧本情节上演——他认为1987年的崩溃是牛市的终结，并且把自己的情绪浪调到了"绝望的消极"。他说从1974年延伸的"第五浪"，是最长升浪，长过预期，长得令人费解，而现在的我们，很快将回归"不安"和"混乱"的第一浪。

即使市场不断创新高，也不能让他改变主意，他对"悲观"如此坚持，以至于"悲观"已经变成了执念。到了1989年，他已经预言了很长一段时间的黑暗和厄运，直到大家耳朵里都起了厚厚的茧，他开始慢慢失去听众。

然而他仍然相信，这个世界就在浪潮的顶峰，那些没有救生艇的人一定会被淹死。你们等着吧，你们不等我自己等，等待那场终将到来的洪水——尽管在那个时点上，道琼斯指数自1989年第一次转为负值以来，已经上涨了2000多点。

派瑞特依然是个天才，但此时已经变成了一个摆脱不了执念的天才。然后，市场继续走高，在从1989年到1998年上涨了惊人的309%之后，终于小跌了22%；然后继续向上爬，在2000年8月达到顶峰之前，又增长了65%。最终让我们的天才名誉扫地。

派瑞特预测到了"非理性"的必然发生，但却忽略了市场非理性持续的时间可能远远超过一个人的承受能力。就像一个违背了物理定律的钟摆，当你觉得到了应该停止的时候，它却一直摆……一直摆……一直摆下去，直到你对物理常识完全绝望——它也就停了。

天赋异禀的人都认为自己是对的，错的是市场。但是市场根本对你无感，它有大把时间和你做游戏，把你的执念玩弄于股掌之间。就算你是对的，但也许等不到那一天——无论如何，长期来说我们都会死，而市场还在。天才很容易让执念占了上风，自己烧掉自己的桥。

03

熟读派瑞特,但是青出于蓝胜于蓝的PTJ不会犯下如此错误,他可以放下任何执念,让自己保持头脑清醒。

早年在棉花期货交易市场的腥风血雨中出生入死,若干次接近一命呜呼的经历——毕竟和只在案头上谈兵的分析师不同。PTJ这样的交易员们,天生有一种对风险的恐惧,这种恐惧可以让他们在深夜熟睡时惊出一阵冷汗,也能帮助他们在市场上存活比别人更久的时间。PTJ做的每个决定,都是保证自己在交易这个无限游戏中不出局,而晋不晋级却是相对次要的。

在一个无限游戏中,"纪律"应该永远排在"判断"的前面。每天醒来要做到的第一件事,就是坚信自己的所有决定都是错的,市场才是对的;而市场今天的唯一工作,就是证明你是错的。

市场"允许"你退出时,应该毫不犹豫、马上退出——而不是等到你"想"退出的时候。在市场上,你的角色永远不是"进攻",在这里你能做的只有"防守"——保护你现在还拥有的。因为市场上所有东西"被毁坏"的速度,是"创造"速度的100倍。就算你看到了入口,也知道出口在哪里,出入之间曲折的路程是绝无可能精准预测的,路上任何一颗石头都可以把你杀死。

在做市场的学生之前,一定要做历史的学生。你可以是所有人的学生,但必须要做自己执念的绝对主宰者。

事实的确如此。在1987年的"猎鲨战"成功之后,PTJ继续关注和研究派瑞特的波浪理论——但却没有任何执念,依然是权衡风险回报,收起情绪,叠好了压在箱底,然后开始执行。PTJ的基金在

1987年之后连续五年保持三位数增长。到了1992年底，欧洲货币体系危机爆发，PTJ又猎了一把鲨鱼，数月内获利十几亿美元。

每次重温PTJ的经典战役，我的心潮都会此起彼伏——如此清醒的头脑，我只在另一个地方遇到过，那就是昆汀老师的《低俗小说》中那位没有执念、没有情绪的温斯顿豺狼。

温斯顿老师会穿着晚礼服，有条不紊地处理车里被打穿了身体的尸首，以及四处溅满血浆和脑浆的汽车。他不会对文森特的粗鲁动气，可以一边指导两位搞砸了一切的杀手，应该如何清理车里的脑浆，一边请小弟倒杯咖啡，不加奶、少糖。绅士，冷血，专业，不争，不执，收拾完烂摊子，乘跑车绝尘而去，留下一干人等面面相觑。何等的酷！永远能有效率地处理一切不可能的情况。

有时候冷静比智慧更有价值。那种能拉动一艘几百吨重的大船的坚韧神经，比爱因斯坦般天才的脑神经更有用。面对市场，你需要"不执念"的能力，要能用超然的态度看待风险和回报，没有情绪，没有波澜——然后做出务实的决定，而不是靠理论，也不是靠直觉。

04

PTJ的认知继续升级。2020年，他写了一篇文章《货币大通胀》（*The great monetary inflation*）。

世界是一个棋局，我们要努力做局外人。这个游戏的底层规则就是货币体系以及钱的流向，别忘了"世界就是一张钱流地图"。金融就是一个虚拟矩阵（matrix），选择了红色小药丸的人，才能直面人世间的一切真相和痛苦，清醒地活着。

但是这个局外人现在想不带执念地终结这个局，终结这个让他成为亿万富翁的局。

PTJ创办了"罗宾汉基金会"，这是一个全球顶级对冲基金大鳄们聚在一起"做好事"的组织。2019年的罗宾汉基金慈善筹款大会上，PTJ在舞台上戴着假发，穿着皮草斗篷，操起英国口音，把自己装扮成了《权力的游戏》中的北境王雪诺（Jon Snow）——拔出剑杀死夜王之前，向台下上百个身家亿万的"北方的自由人民、守夜人和野人们"致辞：

"当金属被烧得滚烫，有人受伤时，你们就是火线上的那个人。你们要冲上去，把烧伤的人抬起来，带到安全的地方。守夜人啊，打开你们的钱包吧，让我们一起杀死贫穷！"

画风虽然有点清奇，但现在的PTJ却有了"执念"——他要做

PTJ装扮成北境王雪诺

图片来源：罗宾汉基金会

罗宾汉，杀死贫穷。

可是一个赚了钱却想做慈善的人，是良心发现吗？看着这些沾了满满一身金钱味道的交易员和对冲基金大鳄们喊着"杀死贫穷"，看着这位"金融哲学王"对生命的意义和幸福的本质的呼唤，听着他要终结资本主义的宣言，让人不得其解——资本主义让他成了强大的"夜王"，而"夜王"如今却穿上"夜王终结者"雪诺的斗篷，要终结那个成就了自己的制度？

棉花期货交易员出身的PTJ，很早就看到了棉花价格是如何被"制度的缺陷"扭曲的，这给了他巨大的套利机会。棉农在每次采收后，会囤一部分不卖掉，希望几个星期后价格会涨；但到年末时，迫于税收的影响，又必须立刻卖掉。PTJ马上看到了交易机会——交税这个动作，会在每年12月让棉花价格暴跌，所以在12月前做空可收割一次，次年1月份反弹就又可大赚一笔。

对制度缺陷的关注帮助他战胜了市场，但也让他清楚地认知到是什么终将毁掉资本主义——那就是新自由主义下的肥尾。新自由主义是一个转移财富的工具箱，一本如何把大部分财富集中到少数人手中的极好用的说明书。一个1%的人掌握着99%的财富的社会——这就是一个又大又肥的尾。贫富分化一旦出现，只会越来越分化。这个世界被富人困扰了这么多年，并且会继续困扰下去。

而市场又算什么？我们正在经历的这场全球瘟疫，也是它的必然结果。有了这次疫情，才发现这其实是一场巨大的"市场失败"，源头就在新自由主义中——市场给了错误的信号，新自由主义让我们把自己的生命交给了私人经济；而私人制药公司却把资源用在糖尿病、肥胖、抑郁症这些"人为制造"出来的疾病上。因为这些"慢性疾病"是长期存在的，长期存在就需要长期治疗，长期治疗意味着长期可持续的现金流，长期可持续的现金流折算过来就是高股价、高市值和丰厚的期权。

而新自由主义圣经下，政府怎么能违背"自由意志"而强行介入？在这样的意识形态下，不只是市场，整个世界都会被这种观念统治。人们每天都在用资本的语言去描述、被命令、去做事情，行动已经深深嵌入这样的语言和体系中。

为什么这个世界会变成这样？PTJ知道成就了自己的东西，也会毁灭自己。他已经从一个沾满金钱味道的交易员升华成了一个道德哲学家，开始灵魂考问民粹主义之崛起和资本主义制度的崩坏。

是为青出于蓝而胜于蓝也。

金融宗师的精神教父：
定义了科学的"K-Pop"波普尔

波普尔

我对科学和哲学感兴趣，只是因为我想了解我们生活的世界之谜，以及人类对这个世界的认识之谜。我相信，只有重新对这些谜题产生兴趣，才能使科学和哲学免于蒙昧主义者对专家的特殊技能，以及对个人知识和权威的信仰。

——卡尔·雷蒙德·波普尔，《科学发现的逻辑》

01

大约一百多年前，地球上活跃着两颗喜欢预测未来的、将被写进历史书的大脑。

一位关心的是你我他，关注人类个体的心理，想预言出每个人的童年经历将会如何决定长大后的自己。另一位关心的是整个宇宙，彼时正在耐心等待一次日食。这次日食将揭示光如何穿越太空，但同时也可能会推翻自己颠覆人类世界观的发现——广义相对论。

弗洛伊德

爱因斯坦

这两颗大脑，一颗属于弗洛伊德，一颗是爱因斯坦的。

这两位巨星背后，还有一位年轻人正在暗中观察。年轻人的脑回路有点特别，此刻他关心的既不是你我他，也不是整个宇宙，而是弗洛伊德和爱因斯坦的一个相同的"行为"——预测。

年轻人从小就对预测这件事怀有浓厚兴趣：一个人怎么可能提前知道未来？当别人都在关注预测的内容时，他却在思考那些做出预言的科学家们的脑回路——弗洛伊德怎么可能从一个人的童年预见他成人后的性格？爱因斯坦怎么可能提前看到光将会走出的轨迹？他们到底是怎么想的？水晶球里的逻辑到底是什么？

在认真研究过这两位大师之后，他发现科学和科学之间的差别真的好大啊——两颗同样伟大的大脑，使用的却是完全不同的"预测未来"的方法。

弗洛伊德的精神分析，能用几乎任何数据和信息来为自己的理论服务。比如亲密关系：既可以用小时候没有被爱够来解释，也可以用被爱过头了来解释。还有女性的行为，几乎全部可以放在"对男性生殖器官的嫉妒"的分析框架下。反正对于心理问题，只要有"锤子"，到处都能找到"钉子"；只要人类还有心理问题，支持弗洛伊德理论的证据就几乎无处不在。弗洛伊德总是能够变着法地解读过去，支撑自己的理论。

但是爱因斯坦的预测行为完全不同。他不用过去的数据来预测，而是直接展望未来，直接打开大脑里的黑洞，生生地把黑洞假设出来。然后再想办法证明或证伪。

这种方法被"打脸"的风险极大，如果未来不符合预测，理论马上就被推翻。回到1919年的日食,如果当年日食的结果不一样,广义相对论也将失去生命力,它将永远不会出现在这个世界上。

这种方法还需要惊为天人的想象力、脑洞和强大的内心,需要历史选择的天才来承载——要能做到像爱因斯坦,在收到日食结果之前,依然可以轻松地和学生谈天说地;万一比对结果显示广义相对论是错的,那"我会为亲爱的上帝感到遗憾,因为我的理论是正确的"。

观察并思考了很多年后,这位年轻人下了结论:爱因斯坦和弗洛伊德式"科学"之间的区别在于,一个是真正的科学,一个是伪科学。就是这个对"科学"的定义,成就了哲学史上的一代宗师,也影响了后面千千万万的大师们——包括那些在金融市场上乘风破浪的传奇人物们。

他就是1902年出生的卡尔·波普尔。

02

虽然到了今天,主流思想家已经不再认为心理学是伪科学,但是100多年前,在波普尔把精神分析扔进"伪科学"类之前,世界上并没有一个人定义过到底什么是科学,什么是科学方法。

在人类的大脑中,有两个纠缠了上千年的思维方法:归纳法(induction)和演绎法(deduction)。

你看见一只天鹅,白色的;又看到一只,也是白色的;如果连续好几年,你见过了很多很多白天鹅,最终得出了"所有的天鹅都是白色的"这个假设,那么你正在使用归纳法做预测。这也是波普尔认为弗洛伊德使用的方法——观察特定的人类现象和人类行为之间的关系。

但这里面有个很大的"bug"：正常情况下，你想研究什么，一般就会去收集什么证据。波普尔认为，决定去观察什么，取决于你一开始就关心什么，心里已经有了某种信念和想法。也就是说整个过程从一开始就是不理性、不自然的。

比如我想证明锦鲤的存在。我会去找锦鲤存在的证据——只要我愿意找，这个世界充满了锦鲤存在的证据。

弗洛伊德的精神分析理论正是如此，永远能给所有行为找到解释——把小孩推下水，是俄狄浦斯情结的"压抑"；跳下水救小孩，是摆脱了压抑，性欲望得到了"升华"。反正总有理，总能自圆其说，而且没办法测试，没办法证伪。

波普尔觉得，如果一个理论不能被测试，那就没多大价值。它们就像"卡尔萨根地下室里的隐形火龙"和"星际间的永远看不到的微茶壶"——这些"反面我赢，正面你输"的理论，可以挡回任何反驳，使自己永远立于不败之地。大卫·休谟有分教：任何从历史经验中归纳出来的道理，哪怕听上去再有道理，都是不理性的。

而另一种方法——演绎法，则完全相反：

假设有一头和牛A，在日本的某个风景优美的小山村里，每天听着音乐，喝着啤酒，还有人类给自己按摩……啊，和牛感到很幸福。

直到有一天，有客人来吃铁板和牛，并相中了它。

它的同伴和牛B目睹了这一切，惶惶不可终日。又有一天，一位印度人来到了农场，相中了它，于是这头牛到了印度，享受到了神一般的待遇。

按照历史经验,和牛A每天都有人投喂,它便假设人类是地球上最美丽的天使,直到被客人指定为食材的那一天——一个证伪的证据出现,一切就都被推翻了。而和牛B收集到了这个历史数据,调整了自己的假设,每天担惊受怕,直到印度大佬跨进农场那一天——又一个证伪出现,一切又被推翻了。

在决定和牛A、和牛B不同命运的两个时刻,所有的历史经验都没用了。

所以,演绎法从真命题出发,而归纳法从历史现象出发,它们是根本对立的两种思维方式。

波普尔严重鄙视归纳法,他认为像弗洛伊德精神分析法这样只能用于确认信仰的,就是伪科学——因为怎么说都行,且不能通过科学的实验手法反证——俄狄浦斯情结、生殖器崇拜、亲密关系怎么反证?不能证伪,就是不科学的。

而演绎法,却是一个最纯粹、严格遵循"定义—定理—证明"格式的科学方法。数学和形式逻辑就是演绎科学。

只有能被反驳,这件事才是科学的。只有可被证伪的命题才是科学的命题,都存在"被打脸"的可能性——每一次证伪都值得开香槟,因为它让你更接近真理。

03

波普尔传递给了我们一个重要的哲学启发:颠覆人类的科学发现,其实都是偶然的,真正的知识都是概率和偶然。我们只能根据目前的数据,相信似乎"最有可能"发生的事;而且应该愿意根据新证据的出现,来随时修正现在的信念。

波普尔从一开始就不认为确定性是存在的。"**确定**"**就等于关闭思想,真正的科学,无他,只是一个开放的心态而已——认为信念可能是错误的,这是接近真理的最好方式。**

听到这里,你觉得最释怀的是什么人呢?这样的哲学理念,可以让谁的心灵得到最大的解脱?

一定是金融市场上寻找确定性和炼金术的人们。因为在金融市场上,你永远会面对一个灵魂考问:我手里的策略和模型,怎样才能证明是对的呢?我是要证明它?还是证伪它?

如果你赞同波普尔的哲学理念,那应该去选择后者。因为证明一个模型100%正确是不可能的,你只能找到一个假设,然后证明它是错的,别忘了真正的科学是"falsifiable"(易错的),或者用我发明的新词,应该是"face-beat-able"(可打脸的)。

我相信你一定见过身边很多对技术分析和历史模型怀有巨大执念的人——归根结底是对归纳法的迷思和执着。

归纳法依赖历史现象,是经验主义科学,它试图从观察和测量中找到规律。但是金融最大的问题是未来并不在历史经验中,未来和历史也许会对应,但没可能完全重合。

换句话说,技术分析这种奇怪的理论是不理性的。虽然不是完全没有用,但是时效性太强,没有办法形成知识,最多只能算经验。它只是一种工具,可以用来观察资金流的变化、市场情绪的变化,帮助你止损或者清盘。但是它不能帮你预测未来,因为过去的价格对未来没有指导意义，且不可证伪，你没有办法收集到世界上所有时间点、在所有市场情景下的、所有可能的组合数据。

我们可以做个思想小实验：下面这张图是2020年美国大选的预测图——横轴是代表距离大选日剩下的天数，纵轴是代表特朗普胜选概率。下方虚线是2016年距离大选日90天内的胜选概率走势，上方实线是2020年距离大选日90—30日的胜选概率走势。

仅根据这张图，你有办法预测到2020年11月3日大选的结果吗？如果可能，会用什么方法呢？归纳法还是演绎法？2020年会是2016年的重演吗？

当然，答案我们已经知道了。

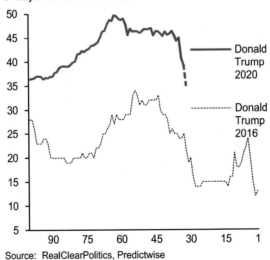

2020年美国大选预测图

图片来源：Predictwise

04

被技术分析困扰的分析师们，也许会在波普尔哲学思想的帮助下卸下重担。但是受益最大的，甚至因为悟到了波普尔的演绎法深意而抓住了百年一遇的机会、变得富可敌国的——当然还是在金融市场上乘风破浪的大鳄们。

多数人可能更关注他们的具体交易、策略和作战手法——比如如何做空英镑，如何袭击泰铢和香港市场。但我想走一条曲径通幽之路，想知道在他们的脑链路里，负责逻辑线的脑神经，究竟是怎么碰撞出这么严丝合缝、绝妙又自洽的主意的？

演绎法，其实是一种对现有事实的解释和对未知事实的预测。这些解释和预测，虽然来自假说，但在人类认知和能力范围内，它们可以最大限度地被观察实验所证实，我们就认为它的可靠性非常大，会发生的概率非常高——于是在你分析问题时，它就会变成一座灯塔，最大限度地给你确定性——因为它昭示的必然事件一定会发生。

听着也许有点复杂，但这在金融市场中的作用极大——因为在这个永远没办法知道所有可能性的市场上，如果有一个演绎推理出来的、在人类认知范围内可认为是"真理"的规律，那么它就是能帮助你抓住百年机遇的那座灯塔。

这段话最好的证明，就是弗拉加近三十年前的经典实战案例——量子基金中一位低调的三号人物和1997年"泰铢歼灭战"的故事。

1996年，前巴西央行官员弗拉加（Arminio Fraga）来到曼谷，以投资人的身份了解泰国经济情况，和时任泰国央行行长做了一次意味深长的交谈——这次对话,便是当年做空泰铢的导火索。

1993年世界银行发布《东南亚奇迹》,一年后人民币贬值33%,中国制造业崛起,标志着泰国出口小老虎地位不复存在。泰国此时却偏偏要盯住美元,美元却偏偏要持续坚挺。对于宏观对冲基金来说,这是一道送分题:一种盯住美元的新兴货币和不断走强的美元,结果大概率是个悲剧。

于是泰国贸易逆差黑洞果然不负众望地无限扩大。政府本可避免正面冲突,同美元脱钩,让泰铢贬值挽救出口;然泰国企业在1988年到1996年的十年信贷盛宴中,负债率一路攀升直达200%。

如果你打开当时任何一家银行年报,沿着资产端从上到下数过——从房贷、车贷,到中小企业,再到跨国集团和政府项目,反正各类资产统统疯狂膨胀。泰铢储蓄不够用,地主家没余粮——也

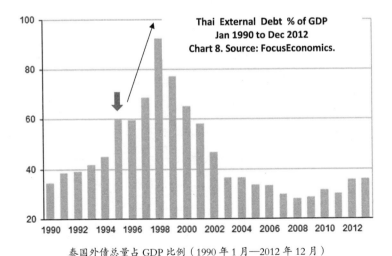

泰国外债总量占GDP比例(1990年1月—2012年12月)

图片来源:FocusEconomics

没关系，资本项目完全开放，外国资本可无限进入，本国银行可无限举借外债。

于是外债膨胀，还都是短期无对冲的美元外债。这意味着泰铢每贬值一块钱，举国上下便凭空多背千亿泰铢的债务。如果此刻贬值泰铢，整个国家将顷刻破产。

就在弗拉加抵泰之前，曼谷商业银行（Bangkok Bank of Commerce）刚刚倒闭，整个银行系统陷入偿付危机。到了1996年年底，泰国央行已被逼近墙角，进退两难：要保泰铢，就得继续维持高利率，任由更多银行倒闭；但如果降息，就要放弃泰铢。基本瘫痪的银行系统，再加上严重依赖外部资本的金融系统，一个假设就来了：如果此时泰铢遇袭，央行只能不计成本动用外储来捍卫泰铢。

做空泰铢的材料基本齐全。就差一勺热油：泰国央行的态度。

弗拉加老师面相憨厚，态度谦虚，再加上他前巴西央行官员的背景，让泰国央行领导倍感亲切，话不由得多了起来：我们本来打算不计成本维持泰铢固定汇率，无奈我国银行业如此不堪，现在看来降息保银行已经比保泰铢更加急迫。

这句话就像是爆炒回锅肉起锅前那最后那一勺热油：滚油落下，火焰喷起，一盘香喷喷的回锅肉就要出锅。为了保证不是幻觉，弗拉加老师平静地请泰国央行领导再重复一遍。

泰国央行领导天真地眨了眨眼睛，把重要的事情又说了三遍：这就是我们的选择。

从泰国回来几天后，量子基金的二号人物德鲁克米勒

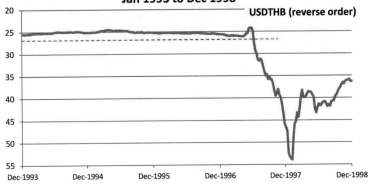

泰铢1993年1月—1998年12月变动情况

图片来源：*Case Study: 1997 Asian Financial Crises*, GreenMango Research

（Drukenmiller）鸣枪做空20亿美元的泰铢，打响了泰铢歼灭战。

量子基金敢于做空泰铢的依据是什么呢？

答案是"蒙代尔不可能三角"[①]——这就是一个严格演绎的规律。一国在货币政策独立性、资本自由流动和汇率稳定这三个目标之间，只能选择两个，舍弃一个。

泰国政府放任资本自由流动，但又要人为压低利率拯救银行，不放弃货币政策独立性，结果就只能是放弃汇率稳定——任其自由浮动——这是一个妥妥的严格演绎，是一个客观规律的描述，而不

---

① "蒙代尔不可能三角"（Mundellian Trilemma），又称"三元悖论"（impossible trinity），是国际金融学中的重要原则之一，指一个国家不可能同时完成下列三者：（1）资本自由进出（capital mobility）；（2）固定汇率（exchange rate）；（3）独立自主的货币政策（monetary policy）。

是经验概括。

在万种可能的金融市场上,遵循这种严格演绎的客观规律的描述,而抛弃经验主义的人,就是命运选中的幸运儿。

05

在金融市场上参透了波普尔,并且学以致用的还有谁?

还有我们在第一章中就提到的传奇人物塔勒布。他从波普尔身上参悟到的东西可以用一个比喻形容:

在成体系的竞技格斗比赛中,比如拳击、散打、摔跤等等,能够赢得金牌的人,可能恰恰是那些在现实生活中打架最不堪一击的人。因为他们已经习惯了这些比赛的明确规则,而忽略了那些在现实中极有可能用到,但在比赛中却被明令禁止或视为犯规的动作,比如踢腹股沟、出暗招。

在这种规则下,你不能对对手投掷物品,不能踢小腿,不能用膝盖或肘部击打,不能击打头部。可如果你在现实生活中,比如在非洲丛林里遇到一头大狮子,它会跟你先鞠个躬,明确一下这些击打规则,然后再扑向你吗?当然不会,狮子大概率会直接咬向你身体最脆弱的部位,而且这些部位一定是你不会想到的,因为你已经在一个人造的、规则可确定的环境中,习惯了把这些考虑排除在外。

但是在纷繁复杂的金融市场,没有一件事情是可以确定的,"黑天鹅"才是必然,才是家常便饭,百年不遇的大洪水会冲垮你的一切防御。忘乎所以、相信确定性,也只有死路一条。如果侥幸未死,你得到的所谓经验教训,大概率也只是暂时的运气和随机发生的事件——因为我们永远不可能收集到所有可能犯错的情景，以及它们的经验教训。

这就是波普尔所说的"易错性"——所有事情都是"可错的""可随时推翻的"，都有被驳倒的可能。"科学并不建立在坚固的岩床上，大胆的科学理论结构是建立在沼泽之上的。它就像是建在木桩上的房子，木桩打在沼泽里，下面并没任何'确定的'基础。我们不再把这些木桩打得更深一些，并不是因为已经打到了坚实的沼泽底。我们停下手来，仅仅因为这些桩子已经牢固得足以承受，至少是暂时足以承受这个结构，而感到满意。"波普尔在《科学发现的逻辑》中如是说。

那我们该怎么做呢？

在易错的世界里保护自己的脆弱性，只有用想象力的严谨的推演方法，推演出下一只可能出现的"黑天鹅"大概是个什么形状，让意外成为意料中——这是塔勒布从波普尔身上得到的宝贝，也帮助他形成了自己的反脆弱理论。

塔勒布把这种感悟用到了更宏观的地方——正负反馈。他观察上百年的市场起伏、经济繁荣与萧条，发现监管者的行为更增加了正反馈的复杂性。每一次金融危机后的监管行动，尤其是救市和保护经济的人为措施，都是一次扰乱的正反馈——反而加强了整个体系的脆弱性。

与此同时，只要救市还能（短暂）起作用，就会加强监管者对"市场可以自我修正"的误解。误解加重反馈，就像吃了能暂时掩盖痛苦的镇静剂。所以，人为参与也许能成功抑制小危机，但这些

"人为抑制"以及小危机的平复,恰恰是让一切更加恶化的正反馈的原因,也恰恰是百年大泡沫形成的原因。

空气中的分子遵循特定的规律,如果人类以"改变分子轨迹"的念想对经济采取行动,恰恰会改变其行动本身——最后本能地改变这些参与者自身的思想。

未来并不在历史中,宇宙万物皆可错。

LESSON 3

第三课

**经济学家
心灵史**

从灭霸到马尔萨斯

泽伯雷人的村庄里,烽火连天,硝烟四散。灭霸的齐塔瑞军队不停炮轰,小葛摩拉和妈妈紧紧抱在一起。

灭霸的手下破门而入,强行把她们拉开,把妈妈扔到一边的村民中,把小葛摩拉扔到另一边:一边是灭门,另一边是生存;一边是"天启",另一边是少数人才能获得的"荣誉"。

小葛摩拉用小拳头狠狠地砸向捉着自己的野蛮人。灭霸看到,向她走来。

灭霸: 怎么了,小家伙?

小葛摩拉: 我妈妈,妈妈在哪里?

灭霸: 你叫什么名字?

小葛摩拉： 葛摩拉。

灭霸： 你是个好战士，葛摩拉。来，让我帮帮你。

灭霸把小葛摩拉领进亭子里，从怀里掏出一把双刃弹簧刀，打开，用食指平衡住。

灭霸： 看，多漂亮。

灭霸： 它有完美的平衡——正如世间万物：一边倾，它就会歪；另一边太斜，又会歪向另一边。

灭霸： 来，你试试。

齐塔瑞军队开火扫射，一半村民被杀死。小葛摩拉听到枪声想回头看，灭霸用手挡住，把她的头扭回来。

灭霸： 别分神，集中注意力。看，你做到了吧。

灭霸： 当我大功告成，一半人类将继续存在，达到完美的平衡，正如世间万物……我希望他们记得你。

（电影结束，灯亮起。观众席上的演职人员灭霸、经济学家马尔萨斯和科幻作家贝斯拜回过神来，各自陷入了沉思。）

01

我们在世俗世界里打转，生如夏花，死如秋叶，早晚会遇到这个问题：经济学到底有什么用？

经济学不是自然科学，它造不出火箭，也转不动地球——它是一种意识形态。经济学家们讲故事，我们听故事。经济学101，102，103……是人类自己给自己讲的故事。所有故事都在试图讲述一个中心思想——我们和"饼"之间的关系。微观经济学101是"小我"和饼的故事，宏观经济学101则是"大我"和饼的故事。

"饼"代指经济财富，分饼问题历来是经济学研究的核心——这张饼有多大？该怎么分？谁来分？凭什么让他/她分？我该得哪一块？大块还是小块？为什么能得到？作为一个个体，我的一生和"饼"纠缠；作为一个群体，我们人类也都在一张大饼上繁衍生息。

经济学家"叮"的一声，生出一个概念，概念变成理论，理论再被经济学家和其他人一起讲成一个故事。不要小看故事的力量，讲故事和听故事是人类的基本需求。人类自诞生以来，永远在寻找自然界中的意义，人类需要捕捉到意义，来理解这个纷繁复杂的世界，而意义则要靠故事来翻译。

故事就像一颗种子，它会在人类的意识中发芽、生长、膨胀、吞噬、衰老或崩溃。最大一组人群，特定时间内最关心的故事剧情，就是"现实"——一个广泛流传的故事会加固一个理论，加固过的理论也许会变成政策，而政策会影响每一个人。如果后面剧情反转了，并成功带动人心转向，改变就发生了。

这大概就是为什么经济学中会有如此多版本的分饼说明书。

不是所有分饼说明书都是正确的操作。一个怪怪的、非常识的、思路清奇的理论不一定没有逻辑，甚至不一定是错的；但在错误的时间和地点，它会生出一个怪怪的、畸形的、不该有的政策；

最终促成一个怪怪的、畸形的、不该有的结果。

比如马尔萨斯和灭霸的**人口减半理论**。

02

把灭霸和马尔萨斯老师相提并论当然不公平。一个是漫威漫画里和全人类为敌的怪物，一位是历史上第一位获得经济学教授头衔的、被大卫·李嘉图和达尔文视为知音的正统政治经济学家。两位老师的人口平衡理论，虽然结果相同（地球人口数量定时定量减半），但一位是"主动"帮助人类减半，另一位只是讲出了一个人类万世万代都无法规避的自然规律的故事。

灭霸认为人口增加会加速地球的毁灭。人类像蘑菇一样不停生长的过程中，伴着拥挤和贪婪、过度消耗资源、污染、犯罪和战争。

灭霸哲学并非基于利己主义或傲慢，也非贪婪或报复，而是一种根植于星球生存，模糊了善与恶的界限、完全无私的行为。他把每个生命放进同一个抽签系统，随机选择灭还是存；也由衷吐露过心声——杀人不会给自己带来乐趣，一切所为只为减轻人类痛苦、拯救生命。完成任务后，他会静悄悄离开，孤独地看日落。

而马尔萨斯哲学始于"食色性也"——人类两性情欲和繁衍永不会结束，但是，人口的几何级数增长速度，无限大于食物的算术级增长速度——粮食亩产最终赶不上人类生孩子的速度，所以人类将会吃光粮食并挨饿。

好在有自然法则。周期性爆发的瘟疫、战争、饥荒、贫困——大自然规律给予人类的苦难、罪恶和"道德理智抑制"，能在一个相当长的时间线里挽救全人类。①

如果找一个哲学上的类比,灭霸和马尔萨斯之间的区别就像那个经典的电车难题②:灭霸是主动选择岔道的人,马尔萨斯是被动选择——选择把(自己坚信的)真相告诉你。但是灭霸和马尔萨斯的威力不同——灭霸只存在于漫威漫画的四条框里,马尔萨斯的理论则改变了部分人类社会对于人口控制的政策。

马老师虽然不是灭霸,不过只是"叮"出了一个怪怪的、畸形的理论;然而理论要发威,不一定正确,只要它"有效"。比如,在人口灭霸理论中加入少许达尔文主义,搅拌均匀,文火慢煮,一个**"福利+济贫=不道德(扶贫或加速人口增长,或让分配更加不均)"** 的社会达尔文主义故事,就制作好了。

这个故事在时代的文化政治熔炉里再烘烤,烤成坚实的经济思想,变成国家政策的精神食粮。结果呢?**一个关于经济的故事,反**

---

① 《人口原理》是托马斯·罗伯特·马尔萨斯创作的人口学著作,首次出版于1798年。《人口原理》的主要内容包括四个方面:第一方面提出了构建人口理论的两个前提,一是食物作为人类维系生存的保证;二是两性之间的性欲要保持平衡。第二方面,他还提出了两个级数的理论,在不加任何限制的情况下,人口是呈几何级数增长的,其增长力是无限的,而相应的生活资料却只能以算术级数来增长。第三方面,他提出了通过被动性抑制人口和主动性抑制人口的方式来减少人口。被动性抑制包括战争、瘟疫、饥荒和各种疾病,主动性抑制则是通过晚婚、避孕、流产、杀婴和节欲等方式来控制人口。第四方面,他阐述了人口波动规律的理论。在后来再版的《人口原理》中,马尔萨斯又提出了道德抑制,即一些没有能力抚养子女的人要晚婚或者不要结婚,而在未婚前要保持贞洁。
② 电车难题最早的版本是在1967年出现的,由英国哲学家菲利帕·福特提出。一辆有轨电车失去控制疾驰向前,司机看见前方的轨道上有五个人,他可以任凭电车继续前行,那么这五个人一定会被撞死。这时候他发现旁边恰好有一条岔道,岔道上只有一个人,因此他也可以选择将电车拐入岔道,这样就只会撞死一个人。那么,他是否应该把电车开到人少的轨道上,撞死一个人,而不是五个人?

过来改变了经济本身。

03

人类用强大的脑神经创造、传播和相信概念或者故事的能力，赋予了我们将意识变为现实的超能力。一个关于人口的理论，真的会反过来作用于人口——中间只需要一个政治黏合剂。

马尔萨斯写人口论的年代，英国工业革命后人口增长加速，贫富鸿沟裂开，底层水深火热，贫困的失业工人破坏机器。法国大革命的消息吹进英国，天上突然撒下了一道天赋人权之光。理想主义改革者开始幻想乌托邦，认为人十全十美，无所不能，人完全可以依照纯粹理性标准，重建一个配得上人的尊严和高贵性的秩序。

古德温（William Godwin）在《政治正义论》中把这个理想秩序视觉化了出来：人生充实无须睡眠，生命丰足没有死亡；"食色性也"可以被对知识的渴求代替。世间可以无战争、无犯罪、不需要司法机构——当然也不需要政府。一切苦难都是由于当下制度的不合理。

人性之光和幻觉混在一起，激发了英国底层群众的斗争热情。所以，必须马上找到并讲好一个关于失业和贫困的故事，扑灭呼之欲出的反抗火苗——坐在十楼、书写游戏规则的人们心急如焚。

就在这时，他来了，他来了。马尔萨斯老师灰暗的循环论歌声，将人口压力谱成理想国道路上巨大的、不可克服之困难的咏叹调。失业、痛苦、贫穷，源自宇宙法则和自然规律，与分配制度即"如何分饼"并无关联——没有比这再合适的故事了。

政治是管理众人之事。把故事变成现实，要由政治来实现。政治需要哪个经济旗手的故事，和科学以及客观存在无关。故事一旦讲出，它对这个世界的影响便再无可知。

《人口原理》出版后不久，英国废除了《济贫法》，颁布修正法案。

04

每当大众认为精英阶层的饼太大时，我们总会看到两件事情发生：要么改变法律，重新分配财富（比如税改）；要么重新分配贫困。这是历史的两种选择。

而精英阶层（保守派）最喜欢对世界讲的故事是：存在即合理。现状是合理的，如果天赋人权和人性之光能给你权利，它们同样能够被夺走。什么才是夺不走的？答案是现实的力量、现存的秩序，那幢已经盖到第999层的大厦——这才是能够保卫一切现实的力量。

今天的精英阶层进化了吗？好像并没有。很多人像达里奥一样振臂高呼——只有向我们的制度动大刀子，才能继续维持资本主义。如你所知，这依旧是一个重新分配贫困，而不是分配财产的故事。

时间翻过200年，在全球货币政策已经走到极限、财政政策开始上位主导的今天，我们需要一个新的经济学基石，按照马尔萨斯老师的方法，讲出一个不一样的故事。这次我们选择了MMT（现代货币理论，modern monetary theory）。

靠故事来改造世界的人，常常会忘记一件事——未来的不确定。故事可以改变现实，讲故事的人也会被新现实所改变——反馈和改变不依赖于人的意识，它们才是客观规律。

灭霸即使是在获得了宇宙之心（Heart of the Universe）并战胜生命法庭（Living Tribunal）（上帝的左右手）后，仍然疑心这是至尊神灵为了更高的目标所编织的泰坦（Titan）骗局。

"这是我的胜利时刻吗？"他自问道，"或只是某个宏大计划的其中一环？"

悲催科学

一个男人，一群好友，一个狭小空间，一个惊天大秘密。

男人是一位历史学教授，即将搬离这座城市。临行前，一班同事来家中为他饯行。其中有人类学家、生物学家、考古学家，还有宗教学家。其中一人突然问了男人一个问题：

认识十年了，你怎么好像一点儿没老？

男人沉吟半晌，说：如果告诉大家，我已经活了一万零四年，你们会相信吗？

我今年一万零四岁，本是洞穴人，从石器时代活到现在，中年冻龄，以后便永不衰老。我花了一百七十年，拿到了十几个博士学位，接近无所不知。做过部落酋长，当过梵·高邻居。在印度认识了释迦牟尼,我们一起在树下开了悟。然后我来到欧洲,向人们传授开悟成果。没想到这些人脑洞大开,把我说过的话构建成了宗教。这个宗教里有个主人公,叫耶稣。偷偷告诉你们:那就是我。

因为永远不老,在真相浮现之前,我必须不断逃离。现在你们知道我为什么每十年就要搬一次家了吧?

房间里的五个人,心中都不相信男人的话语——亲爱的朋友,你莫不是傻了吧?你觉得我们这几十年的知识和信仰,都是体育老师教的吗?

男人说,那你们想办法来证伪吧。

但是,除了这些亲身经历,我没有任何其他证据。同样,你们除了用自己的认知和理念提问之外,也没其他办法证明我在忽悠。我说的到底是故事,还是从未被发现的历史?信与不信,你们自己决定。

结果呢?

五位教授使尽浑身解数,连环审问。从稗官野史、物种起源,到教义典籍、火箭科学,从白天问到深夜。最初的戏谑,慢慢变成了迷惑,迷惑变成动摇,动摇变成了对整个世界的怀疑。

眼前这个男人的形象,渐渐地无限接近于神。

为什么会发生这种事?

因为男人在一次又一次回答问题的同时,也在用强大的逻辑,把根本无法被证明的论据,讲成一个又一个故事。五个人慢慢发现,可怕的不是这些问题的答案,而是在整个"提问—回答"的过程中,那一次又一次思想根基被动摇的震撼。

贝斯拜（Jerome Bixby）在遗作《这个男人来自地球》（*The man from earth*）中，把这个过程写成了一个挑战三观的寓言故事。这个寓言用来比喻经济学几百年来的心灵史，似乎也很合适。

01

有一天，某个上等人殴打了一名女子，即将面临审判。请问他将会面临何种命运？

这其实是一道选择题。选项如下：

A. 若他殴打的是一名怀孕的上等女子，并造成她流产，应赔偿10两银子。

B. 若他殴打的是一名上等女子，并致其丧命，应杀自己的女儿偿命。

C. 若他殴打的是一名怀孕的平民女子，并造成她流产，应赔偿5两银子。

D. 若他殴打的是一名平民女子，并致其丧命，应赔偿30两银子。

E. 若他殴打的是某个上等人的怀孕的女奴隶，并造成她流产，应赔偿2两银子。

F. 若他殴打的是某个上等人的女奴隶，并致其丧命，应赔偿30两银子。

这些选项并非虚构，而是曾经发生在现实世界中的真实规则——那部伟大的《汉谟拉比法典》中第209条到第214条的内容。

如果你要问法典中"上等女子/女奴隶的命"和"银子"之间的换算公式是什么？背后逻辑是什么？理论支撑是什么？答案也很简单：都是故事，虚构的故事。

这部存在了近四千年、构建了大半个美索不达米亚平原和古巴比伦帝国社会规范的铁律，并没有科学理论依据，也没有客观的正确性，更不是人类天性本能——它是由古巴比伦人自创，再口口相传的虚构故事——人分三六九等，一等一个价，社会机器绕此而转。

但正是因为有了这个故事，才有了这个伟大古文明的秩序。这种人类组织自己的方式，虽然听起来很不科学，但却很重要。尤瓦尔·赫拉利在《人类简史》中也提到了此核心观念：人类作为智人，能战胜其他所有物种的一个核心优势，就是我们相信虚构。智人会相信虚构出来的东西，包括民族、宗教、国家等等所有这些虚拟的概念。正因为人类有构建虚幻世界的想象力，才会产生进步的动力。

我们生来就有创造、传播和相信虚构故事的能力。有了这种能力，人类这个物种才有了大规模灵活协作的可能。国家、宗教、神、公司、家、社交网络、经济、钱……这些看不见摸不着，只存在于你和我共同想象力里的概念，因为故事，才变成了人类集体的现实。

上等女子、平民女子、女奴隶之价格，在古巴比伦时代用《汉谟拉比法典》的故事讲了出来。那今天的价格呢？则由市场力量决定。但市场是客观存在的，并不是刻在石头上的词句，它背后有大量理论做支撑，总不会是虚构出来的故事吧？

恐怕也是的。举个最经典的例子——钱。你觉得钱是客观的吗？

钱，或者法定货币，不管是美元还是人民币，不能吃也不能喝。这些纸张和数字，本身并不能帮你解决任何日常生理需要。你和我重视它的唯一原因是它背后的故事——国家信用。这是由央行行长、联储主席以及世界上最具权威的人们所讲的故事。如果连钱都是个故事，那在钱的基础上形成的价格和市场会是客观的吗？

所以，即使在今天，故事依然很重要，正是因为大家都相信美元这同一个故事，才能让地球上数十亿陌生人在一起交换、贸易、合作。这些故事要靠经济学家和政治家们讲出来，他们的一次次解释就是讲一个个故事。

经济学不是自然科学，它的目的是在没有精确实验仪器的情况下，对人类行为得出结论。而人类99%的行为都不能用自然科学、数字和公式来解释。我妈买菜时不会让老板用西格玛二次方开根号，解释为什么五毛钱等于两根葱；她永远都会说：太贵了。

经济学理论，反映的是人对自己行为的不同态度。而态度会变，所以经济学解释永远不止一种，永远没有一个标准答案。只要能用来解释/讲故事的，都可以叫"理论"。

02

那么问题来了:每一次危机或者市场失灵现象出现,总会有n个经济学家跳出来,给出至少n+1个解释。每个解释都不一样,百花齐放,让人眼花缭乱——而且大部分都是错的。为什么解释永远无法一致且干脆?为什么经济学家总是出错?为什么经济学又被称为"悲催科学"(dismal science)?是因为它总是错得很悲催吗?

其实道理也不难理解:因为解释问题的下一步,就是解决问题。而解决问题就意味着要动既得利益。要让解决方案最符合自己或本阶级利益,就一定要从解释/讲故事开始。这就是为什么你经常会发现,最后的解决方案似乎总是隔靴搔痒;明明一个连普通人都能下意识想到的解决方案,经济学家得出的最后结果却总是兜兜转转,极其复杂,甚至看不出来和问题本身的关系。

这是因为经济学还有另一大功能:旗手。每一个政治口号,都需要有一座经济学基石。

有一个关于战斗民族的经典故事:

世界上第一个进入太空的人类——苏联航天英雄加加林(Yuri Gagarin),他的女儿有一天接到了个电话。电话那头问,小朋友,你爸爸妈妈在家吗?

女儿说:"不在,他们出去了。我爸在绕地球飞行,他今晚7点回来。我妈去买生活用品了,天知道她什么时候才能回来。"

计划经济下的苏联,买日用品比上太空还难。计划经济下的战斗民族,除了伏特加和氢弹,什么都缺。要么生产不足,要么生产过剩,没人在乎内需和消费者。这是一场以低效、浪费、腐败为关键词的灾难。

我的经济学101启蒙来自萨缪尔森老师的《经济学》。这位在经济学殿堂上从未离开过C位的诺贝尔奖得主,曾在书中预言:苏联经济将在二十年内超过美国。从1961年第五版,到1980年第十一版,萨缪尔森老师一直坚持并重复他的预言。于是整整一代经济学101的同学们,都曾认为中央计划经济是靠谱的。

但还没到第十二版,萨缪尔森就见证了自己的预言对象在1991年一夜之间轰然倒塌。战斗民族终究没有战斗过美国。

连萨缪尔森本人都错得这么离谱,教授在《经济学》里画的重点,考试还能用吗?

教授也许会总结说:支持计划经济的经济学家的话可以听,支持自由市场经济的经济学家的话也值得倾听。**但前提是,你要分清哪个已经是过去的故事,哪个是现在的故事,哪个会变成将来的故事。**这很像信息理论(information theory):信息没有正确与错误之分,只有新旧,或者信号强弱之分。如果一个信号在我们脑中足够强,它就变成了新信息,如果够弱,就变成了旧的。旧的信息会消失,人们的世界观也会跟着改变。

经济学是一门永远有争议、永远在新旧信号之间挣扎的学问。因为它总会牵涉社会和政治——这些不是自然科学,而是价值观和意识形态。所有自然科学,只要设计完整,结果大概率是确定的——比如加加林回家的时间。但是人类行为和意识形态,这个经济学永恒的纠缠对象,则永远无法确定——就像加加林的太太回家的时间。

直到现在，主流经济学家们依然大小错不断。比如 2008 年的次贷危机，几乎没有一位主流经济学家预测到；就算预测到了也觉得崩了没关系，很快会复苏，任何低迷都将是温和的，而且肯定不会出现衰退。

这是个载入史册的错误。如果他们是屋子里最聪明的人，为什么十几年后的今天，依然找不到一个完美合理的解释？也许他们根本不懂经济？

也许他们真的不知道。任何理论都没办法完整解释现实世界，迄今为止并不存在一个万能的、有问必答的有效理论。当经济学家从数学公式中走出，进入解释万物如何运作、价值从何而来、该到哪儿去等等领域时，就逐渐进入了意识形态的地盘。在这里，想象力和故事是主人，钥匙在它们手里。

经济学家只是社会和政治进程中的一部分。他们的主要任务不是算命，而是建言献策。**所以比纠结他们到底犯没犯错更重要的，是搞明白谁在把他们的理论讲成故事，然后用这些故事去影响、创建，或者改变政策。**

也许主动，也许被动。2008 年崩盘后，经济学家们的不同反应，和各国政府出台的各种对策，就是个很好的例子：有的要"松"，让凯恩斯主义重新出山，增赤字支出；有的要"紧"，回归经典，减预算赤字；有的要政府变得更大，有的要市场变得更大；有的力挺减减减（税），有的重荐放放放（水）。

十几年过去了，现在还没争论完。这些争论不是曲水流觞、青梅煮酒，或者课堂练习——这些声音会影响的政策，关乎数百万人的生活，包括你和我。别忘了，一个怪怪的、畸形的、不该有的理论不一定是错的，但它会生出一个怪怪的、畸形的、不该有的政策，最终促成一个怪怪的、畸形的、不该有的结果。就算它和经济学家们的初衷，是一百八十度地背道而驰。

就像那部虚构的《汉谟拉比法典》。一个虚构的故事和法则，可以变成客观的现实，可以变成人人遵守的价值观，刻在社会的所有元素之中。正如凯恩斯所说：思想塑造历史进程。

03

我依然尊敬经济学家，但我更尊敬常识：虽然没人能预测未来，但如果你的耳朵已经听到有火车开过来，是不是应该离开铁轨？

所以，与其期待经济学家们解答你的所有问题：要买房子吗？要换工作吗？要创业吗？要进城吗？要进股票市场吗？要买比特币吗？要继续借贷吗？是存钱还是消费？什么时候才能退休？**不如弄明白经济学家的理论，是如何变成故事，故事又是如何引起市场变动的——也许这才更实在。**

至于该相信哪个故事：如果你做交易，便不会听故事，因为交易不入戏，入戏太深叫执念，只要知道市场上正在讲什么故事即可。如果你心怀天下，想为国建言，那就相信最符合自己逻辑体系的故事。但是别忘了，要分清楚哪个是过去的，哪个是当下的，而哪个会变成未来的故事。

工作的痛苦：
一个"稀缺经济学"的故事

我们对生活的期望并不重要，重要的是生活对我们的期望。应该停止追问生命的意义，而把自己看成是每天、每小时都在被生活质疑的人。我们寻找的答案，说教和冥想给不了，它来自于正确的行动和行为。生活最终意味着承担责任，去找到问题的正确答案，去完成它给每个人设定的无穷任务。

——《人类对意义的探索》（*Man's Search for Meaning*），
维克多·弗兰克（Viktor E. Frankl）

01

我在茶餐厅里吃面。咖喱鱼蛋,单面煎蛋,冻鸯走甜。

餐厅里空无一人,只有老板一人在门堂算账。墙上一台大电视,一笼鲜肉小笼包又唱又跳。我沉浸在一片祥和的气氛里,突然觉得很幸福,不由得开始眯眯笑。

老板突然问我:这位客官,你为何快乐?

我抬头,撞上老板深邃的眼神——原来他是个哲学家!苏格拉底"范儿"——让自己偶遇路人甲乙,然后问他们关于人生、关于快乐、关于意义的终极问题。

于是我认真思考了几分钟,也想给老板一个苏格拉底式的回答。我为什么这么快乐呢?或者,我有什么理由不快乐呢?我乘一条金属巨龙专列,在地下横穿半个城市来到这里,只花了15分钟。只要我高兴,"巨龙"还可以随时载我去这座城市的任何地方,准时准点。

我来到这间茶餐厅,掌勺师傅切、剁、劈、翻、炒……苦练手艺许多年,给我做出最好的一碗面。无论我选牛腩、萝卜、大肠、牛肉丸、墨鱼丸,还是粗面、幼面、油面、蛋面、公仔面——全都有求必应,让我吃好。

老板怕我一个人吃面寂寞,为我准备了娱乐节目。大屏幕上,几十个频道,上百个策划团队,竭尽所能地创造最好的节目,争夺我的注意力。屏幕里的小姐姐们着魔一样节食、减脂、健身、塑形,把自己的身体推向极限,展示最好才艺,就是为了哄我开心——如果不喜欢,我还可以刷抖音、看视频、读书、听播客——

随心所欲。

这比皇帝还滋润的生活,唾手可得,我为什么不快乐呢?

老板沉吟半晌,忍不住补了一句:"嗯,我是想问今天面入味了没。"

看来老板没有体会到我的点。没有关系,亚当·斯密一定可以。斯密老师知道我为什么比皇帝快乐——不是因为我账户里的钱比皇帝多,而是因为同样单位的快乐,我几乎能瞬间得到,花的成本也比皇帝低得多。

那皇帝时代的一单位快乐,要花多少时间和成本呢?

如果你有一根针,可以得到一件新衣服的快乐。然而要得到这根针,唐代的老奶奶要磨铁杵,一磨就是十几年。几百年后,有了更先进的技术和工具,也得磨好几十天。而今天,磨一万根针可能用不了一秒钟——在几百年的时间里,针给我们带来快乐的效率,提高了几万倍。

这几万倍效率就归功于专业分工。把铁杵磨成扣针,斯密老师一共数出了十八道工序:拉丝、校直、切断、磨尖、制鼻、磨鼻、热处理、研磨、串亮、精磨针尖、抛光等等。十八个人、十八个工种,分工带来专业,专业成就技术创新。新工种上再细分,细分之后更专业,专业之后再创新……无限正循环,社会一路小跑,国家更富裕。

有了专业分工,才有了为我开地铁的司机,为我做鱼蛋的师傅,为我娱乐的小姐姐。专业分工让每个人以极低的成本,过上了皇帝般的生活。

02

那么问题来了：享受现代分工福利的我，为什么还是不快乐呢？

或者换成世间那个久久得不到答案的问题：为什么现代人在工作中总会感到痛苦？

答案也许就在我们的名片夹里。随着分工越来越精细，这个世界上令人费解的名词也越来越多——研发、数据、风控、运营、产品、前台、中台、后台……当一切实现了工业化，你和我，还有成千上万遍布全球的"他们"，都变成了庞大机器上的一个个小齿轮。而这台机器到底长什么样子，我们一辈子可能都看不到全貌。

专业化分工给了我们皇帝般的生活，也让我们失去了工作的意义。除了意义，它还把人类自私的基因推到了极致——茶餐厅的师傅、地铁司机、抖音上的小姐姐们不停工作，把身体推向极限，难道真的是为了哄我开心，让我过上皇帝般的生活吗？

当然不是，他们不知道我是谁，也不关心。抖音背后的算法由无数"码农"写出，"码农"写算法时，并不知道最终刷到抖音的是哪一位；卓别林老师拧螺丝的时候，并不知道这颗螺丝最终会落到哪一辆汽车上，是谁开走了这辆汽车，可能永远也不会知道。

我们越来越搞不清楚自己在社会生产活动中的对手是谁，每天的工作在给谁创造价值，我们写的报告、做的模型、开的会议……到底在宇宙中产生了什么波澜？甚至会不会产生波澜？

再后来，人与人的交互，干脆变成了人和虚拟平台的交互。大卫·格雷伯在《狗屎工作》(Bullshit Jobs)中，把世界上的工作分为能够创造真实价值的、包括护士和环保工人的、人与人直接互动的真实工作，和其他一切隐藏在无穷无尽的程序之中的、不能创造真实价值的狗屎工作。在现代社会，为我产生一个单位快乐背后的狗屎工作，似乎越来越多。

到底是为什么？这一切也许都是一个经济学故事的产物。

03

人类学家詹姆斯·苏兹曼（James Suzman）花了三十年时间，混进世界上仅存的狩猎采集部落——南非布须曼人（the Bushmen）之中，记录了他们和现代社会格格不入的生活。

他发现在这个世界上仅存的原始社会里，大家每天只需要工作几个小时——打猎、摘果子、做饭、整理村落，其余时间全部用来放松、学习新技能，以及玩耍。

他们营养充足，容易满足，没有永远都填不满的欲望；奉行极端平均主义，有一个异常发达的共享经济系统——就像生活在一个大型免费超市里。这一切都是因为在布须曼人的哲学世界里，**不存在稀缺这两个字**。

而在这片与世隔绝的世外桃源之外，自从人类社会从狩猎进化到开始种地，一切就都就改变了。农业革命颠覆了布须曼人的"丰足哲学"，种下了现代资本主义的种子。自从人们发现可以靠培育庄稼来养活族群，就被吸引进一个"稀缺经济学"的世界，没有了回头之路。

农业当然比打猎和摘果子更有生产力,可以养活更多人。但一切都是有代价的——它会无限试探土地的最大承载能力,使人口激增,让人类生活在对旱涝霜冻的担忧和风险中。于是风险、稀缺性等概念变成了和农业相伴相随的念想,而对余粮、剩余价值的积累和控制,便成了一切安全感的来源。

比布须曼人"经历过更多社会发展阶段的我们,就这样开始了长达几个世纪的、对'稀缺经济学'的集体痴迷"。你打开一本经济学书籍,大概率会看到如下类似描述:经济学是一门关于稀缺性的科学。我们的经济社会之所以总是稀缺,是因为人有无限的欲望和有限的手段——所以我们需要各种经济学的资源分配指导,需要各种版本的分饼说明书。

直到现在,在这个空前富足、生产力呈指数增长的年头,人类依然没有迎来更悠闲的生活、更短的工作时间。在人类历史的大部分时间里,我们继续痴迷于匮乏,愈演愈烈,甚至给自己造出了一个基于稀缺性经济原则的金融货币体系——加倍扭曲我们对价值的观感。这又是一个极佳的经济学的心灵史案例。

04

一个国家最重要的政策,以及为促进人类福祉所做的大部分努力,最终都以鼓励更多就业为宗旨——所以工作当然很重要。

但如果把这种重要性缩放到一个人上——当我死后,有人会在乎我这一辈子贡献了多少GDP吗?答案显然是否定的。

自从我们发现意义、情怀等等词语和工作这件事基本没什么关系那一刻起,一切都变成了相对论游戏。我们开始了一个持续一生的"比较"旅程,成功、幸福、快乐都能被量化成指标——比身边的人钱多、位高、房大、妻美——+1,+2,+3……随着积分越来越多,我们对稀缺的恐惧,似乎才会减轻一些;互联网大厂们要吞掉更多的市场份额,对未来增长的恐惧似乎才会减轻一些。

再然后,互联网让我们把比较范围扩大到了和自己生活没有交集的人。网络让每条小鱼都进了同一个巨大的池塘,你可以把自己和世界上任何一个人(的朋友圈)比较。但这是一场你永远也赢不了的比赛,因为对方总是在作弊。张爱玲说人生是一袭华丽的袍子,里面爬满了虱子——别人袍子里究竟有多少虱子,其实谁也弄不清楚。

这袍子中最大的虱子是忙和996。忙是一种强大的迷思,一个几乎所有人都在追求的行为艺术。百封邮件,千条未读信息,万场会议——忙,似乎才能对抗对稀缺的担忧和恐惧。

最终忙和996就变成了一种宗教。在工作这件事变得越来越抽象的今天,只有忙和996,才能让人得到满足感和安全感;人类是文化生物,我们会不断重复这个意义符号,加固它在头脑中的印记,为它修筑起一道极坚固的观念之墙。

05

但是,能给大脑带来满足感和存在感的不是工作,不是忙和996,而是血清素。农民收获一袋大米时,神经元所分泌血清素的数量，和李嘉诚老师盖一座万亿豪宅，美团CEO指挥美团拿下全中国人民的社区买菜份额——是一样的。

它可以暂时缓解症状，并不能治愈——就算到达了远方，我们依然恐惧稀缺，需要更多的多巴胺。

怎么办呢？也许还是要求救于哲学。

维克多·弗兰克在《活出意义》里，给出了一个终极药方——意义治疗（logotherapy），您只需要去寻找一个东西——意义。

但是找到意义的前提，是有意志的自由（the freedom of will）。人的意志的生存欲比病毒还强，它本应是宇宙中最自由的存在，永远有选择。即使全身被绑在996的魔窟里，您的意志依然可以选择：要么万念俱灰、号啕大哭；要么像瞿秋白老师一样，告诉大家：人间至味，其实是豆腐。

一个人面对无法改变之命运时所决定采取的态度，即为苦难的意义，也是人类存在的最高价值所在。当一个人知道自己为什么而活，就能忍受任何一种生活。（Those who have a "why" to live, can bear with almost any "how".）

我们和买买提的故事：
MMT 如何影响你的后半生？

苏联大使： 当它被引爆时，将产生足够的致命放射性沉降物，以至于在十个月内，地球表面将像月球一样毫无生机！

图吉德森上将： 得了吧，这太荒谬了。我们的研究表明，即使是最严重的放射性尘埃，两周后也会降到安全水平。

苏联大使： 显然你从来没有听说过钴钍 G（Cobalt thorium G）!

图吉德森上将： 好吧，那又怎样？

苏联大使： 钴钍 G 的放射性半衰期以年为单位。如果你拿出，比如，五十颗百万吨级的氢弹，并用钴钍 G 包裹起来，当它们爆炸的时候，它们将会产生一个世界末日的裹尸布。一团致命的放射性云将环绕地球 93 年！

图吉德森上将： 真是一派胡言。我的意思是，毕竟……

美国总统墨尔金·马夫雷：	恐怕我不明白，贵总理是否威胁说如果我们的飞机进行攻击就引爆这个？
	不，先生！一个理智的人是不会做这种事的。末日机器的设计是自动触发的。
美国总统墨尔金·马夫雷：	但是你肯定能以某种方式解除它。
苏联大使：	不，如果有人试图解除引爆装置，它就会爆炸。
图吉德森上将：	总统先生，这显然是他们的诡计。我们在浪费宝贵的时间！看那块大板子，他们准备攻击我们了！
美国总统墨尔金·马夫雷：	大使，这简直是疯了。你究竟为什么要建造这样一个东西？
苏联大使：	我们当中有人反对这种做法。但最终，我们无法跟上军备竞赛、太空竞赛和和平竞赛所涉及的开支。与此同时，我们的人民抱怨要买更多的尼龙袜和洗衣机。我们的末日计划只花费了我们一年国防开支的一小部分。但决定性的因素是，当我们得知贵国也在沿着类似的路线努力时，我们担心会出现世界末日的鸿沟。
美国总统墨尔金·马夫雷：	这太荒谬了！我从来没有赞成过这样的事情！
苏联大使：	我们的消息来源是《纽约时报》。

——《奇爱博士——我是如何学会停止担心并爱上炸弹的？》片段

01

我妈路过金拱门,瞄一眼菜牌,就知道物价又涨了。

我说,双层牛堡明明不是降价了?"限时""惊喜""随心配",各种优惠天天都有啊。

她马上指出:错。牛堡套餐,一个汉堡、一盒薯条加一杯可乐,从26元涨到28.5元,涨了10%;进金拱门不点套餐的有多少人?不要薯条和可乐的有多少?所以只要它俩涨,牛堡降价的部分完全可以补贴上,最多只是没涨价。菜市场酱牛肉35元一斤,年前眨眼就50元,哪有牛肉涨牛堡不涨的道理?都是障眼法而已。

我妈喜欢买规格"差不多"的东西。比如,永远只买900克一袋的洗衣粉和500毫升一瓶的李锦记——方便她计算单位价格涨跌幅度。

她在编制属于自己的CPI(居民消费价格指数)。只要计算的时间足够久,就能冲破所有商家的障眼法,了解到真正的价格变化。这就是她的"菜市场基本面"——价格合理比看起来便宜更重要。

据我妈的CPI显示,通货膨胀这三十多年从没停止过。我拿我妈的CPI编制法回推了一下自己过去的十几年,从英国到曼谷、再从曼谷到香港的物价变化——从伦敦的鸡胸肉、曼谷的芒果木瓜,再到香港的牛腩面——三地物价果然齐涨,从没停过。

可为什么我感觉不到呢?

也许是因为这些年来,我服用了几次"致幻剂"——工资单上那偶然增加几次的数字,让我完全忽略了这些数字能换来的牛腩面和双层牛堡,其实分量越来越小。

这就是货币幻觉。凯恩斯在一个世纪前发现了这个"致幻剂",

费雪（Irving Fisher）以它作题目，把通胀和缩水的货币带来的心理错觉，写进了1928年的经济学著作中。①

除了图像、声音、触嗅觉，人类大脑也对数字有感知能力，但这种感知只对量做出反应。在对猴子的研究中表明，当观察到一组特殊的数字时，猴子的某些神经元就会变得活跃。这就从生理上解释了为什么你会对货币的名义价值——工资单上的数字变化，做出直接反应。很少有人会像我妈一样，看到工资单上的数字，会立即和自己的CPI做换算：我眼中的2%，在她眼中是2%–5%=-3%。

她没有幻觉，因为她意识到数字会骗人。只有当"李锦记/人民币"汇率下跌时，她在这个世界购买李锦记的能力增强了，才觉得是真正的财富增长。

我们生活在一个使用法定货币的世界里，央行就像魔法师，用魔法棒轻点几个百分点、几个数字，就能变多或者变少货币总量，来解决就业，创造增长，或者完成其他任何事情。但过去十几年来，魔法师似乎不像从前那么灵了，增加一个百分点的就业，要放出十倍于从前的数字和货币量。但没有人会抗议，因为我们在幻觉里出现了奇特的认知模式：涨工资，开心；减薪，不高兴——你并不会觉得这和物价有什么干系，只会关心眼前的货币标价。

这是量化宽松解决金融和经济危机之"药不能停"疗法的直接

---

① 费雪在1928年出版了《货币幻觉》（*The Money Illusion*）。"货币幻觉"指人们倾向于认定货币的名义价值，而非实际价值。金钱的面额数字（名义价值）常被误认为其购买力（实际价值）。因为通货膨胀，货币的实际购买力会随时间变化，并不会总是与其名义价值一致，因此可能产生货币幻觉。

结果，也是继续该疗法的前提条件——更多、更多、更多。

02

库布里克1964年的经典之作《奇爱博士——我是如何学会停止担心并爱上炸弹的？》似乎隐喻了我们将会如何学会停止担心，并爱上货币幻觉。

美国空军上将图吉德森怀疑苏联企图毒化美国人体液，便下令核弹轰炸机进攻苏联。美国国防部干脆一不做二不休，乘机对苏联发动全面核攻击，希望借此永远解决掉苏联。没想到苏联放出大招"末日装置"——若领土遭袭，便自动启动，谁也无法阻止，直到全世界同归于尽。

就在这千钧一发之际，我们的主角奇爱博士（Dr. Strangelove）登场，羽扇纶巾，在作战室中指点江山，以盖世智商，设计出一张完美生存蓝图——挖一个地下反核大坑，把所有地球人藏起来，但只有精英才能进入。还贴心地考虑到了男女繁育问题。

图吉德森上将：博士，你提到过男女比例是十比一。这难道不需要放弃所谓的一夫一妻的关系吗，我是说，就男人而言？

奇爱博士：很遗憾，是的。但为了人类的未来，这是必要的牺牲。

大使：我必须承认，你有一个惊人的好主意，博士。

这是一部诡异的电影，让人感觉隐隐不适。但这部电影，最像你在金融界已经观看了整整十几年的魔幻现实——美、欧、日央行量化宽松疗法停不下来。长此以往，以我妈为代表的常识逻辑派一定会感知到，通胀，就是那个"末日装置"。

那奇爱博士的"惊人的好主意"，又可以类比成什么解决方案呢？

答案是"MMT"。

从现在开始，一直到不知还有多远的未来，如果只做一件有可能帮助到未来自己的事情，我会建议你认识一下它——现代货币理论，MMT（昵称"买买提"），这个像从石头里蹦出来的、奇怪的新经济学思想，当下政经界的网红。如果你脑中还是没有共鸣，那么你一定听说过另外一个热搜词"财政赤字货币化"[①]——它就是MMT的近亲。

MMT就像霍桑笔下《红字》里胸口上绣着红色A字的女人，离经叛道，清奇诡异。在试图认识它的过程中，你会听到来自正统的、权威的，尤其是后凯恩斯主义经济学家很多关于它的不友好的词汇。比如错得离谱、不知所云、饮鸩止渴、是个邪教等等。好像如果它不小心真的变成了主流政策的经济学基石，全世界人民就只有一起"领盒饭"这一个结局了。

我不是经济学家，才疏学浅，和各位大师们辩论MMT到底是对是错，是好是坏，什么经济思想才更有效用，更有价值，什么才是好的经济和社会，并没有什么意义。但是，不管你和我怎么想，买买提已经出现在街角，拐个弯就到了。

[①] 财政赤字货币化意指中央银行通过发行货币的方式为财政融资，其结果将导致货币供给量的增加。

它离主流思想越来越近的每一天，你和我在可见的未来时间（几个月或几年）内的生活、交易和投资就越来越不能忽视它。不管你信仰什么，我们都生活在同一个巨大的"社会动森游戏"（mega game）中。也许MMT会带来那个传说中金融业界期盼已久的、彻底的除旧革新，也许它根本是一场万劫不复的灾难——未来没人会知道。

但MMT毕竟已经来到了这个世界，再辩论它该不该存在，或者干脆当它不存在的行为，都对自己没有任何帮助。当乐观主义者和悲观主义者对杯子到底是半满还是半空争得面红耳赤时，机会主义者就拿起来一口喝了。我们的目标应该是做那个有水喝的和尚。

03

我对MMT并没有偏见，相反还很感谢它。因为它解答了让我百思不解很久的几个问题：

（1）政府借钱一定要还吗？

（2）美国真的会因为自己无穷膨胀的债务而崩掉吗？

（3）在整个世界被央行喷涌不止的流动性泡在海里的今天，通胀到底去哪儿了？

解答我第一个问题的是法兰克·纽曼（Frank N. Newman）老师。对，就是那位中国银行业界的老朋友，深圳发展银行前董事长兼CEO，也是克林顿时代美国财政部副部长。

纽曼老师并不是硬核MMT经济学家，但他在《阻止美国前进的六大迷思》和《通向国家债务自由之路》两本书中的观点与

MMT关于赤字、债务、货币操作的观点高度一致,他几乎是来自金融实操业界的MMT代言人。

纽曼老师成为第一个颠覆我传统金融三观的人,是从一个小故事开始的——

当年在美国财政部工作时,他发现所有人的脑袋里都有一个像"天是蓝的"一样的默认设定:财政部在美联储的账户里从一开始就有钱。没人知道这钱是哪儿来的,什么时候放进去的。嗯,也许是上帝放的,反正账上就是有钱。

如果财政部今天要花掉(支付)100美元,操作是这样的:

第一步,直接从自己开在联储的账户中,支付出去100美元。这就增加了流通中的货币供应;

第二步,发行新的、数额大致相等的国债(100美元),再把账户填平。

这就是现实世界中政府花钱的流程:支出—减记—发债—补足。简称"先花钱,再借钱",并不是我们正常逻辑中的"先借再花"。

而且财政部要发多少债、借多少钱,并不完全由花了多少(支出)决定,操作空间其实很大。比如,如果预计未来税收少,那就多发一点;如果估计近期会有大量支出,就再多发一点;但无论如何,这是个先花再借的顺序。

此时我已经觉得有点头晕,三观在"挣扎"。先花再借这种行为,不是赤裸裸的"庞氏"吗?

看起来确实很像。但事实是,美财政部发债从来没遇到过任何障碍——到目前为止,人类对美国国债的需求依然像银角大王的葫芦，永远填不满。每次新债拍卖，永远求大于供。中标者就像摸到头彩的人生赢家——有机会把钱借给美财政部，意味着自己的钱可以停泊在这个全世界最安全、流动性最强的港湾里呢！

这像是在用庞氏借债吗？好像并不是。不仅不像，借钱的好像还帮了所有投资者一个大忙：财政部不是在借钱，而是在为你提供一个机会，让资金可以逃离任何高风险，稳稳地把自己掖进美国国债的保护伞下。所以，这债怎么能还呢？借钱怎么能停止呢？没了美国国债，我的钱要躲去哪儿呢？

纽曼老师总结道：明白了吗？身为一个美国人，要学会热爱"债"这件事。

"债皆为恶""出来借早晚要还"这些句子的主语，如果是你、我、我们家、你们家肯定没错；但如果换成政府和国家就不一定了。国债里的"债"字并不自带褒贬善恶，它只是一种操作，是现代金融体系这架大机器的引擎。没它真的不行。

接着纽曼的逻辑继续向前走，我们就见到了它——MMT。MMT到底长得什么样子？从下面关于它的一些主流观点可窥见一斑：

一个主权货币发行国的"非自愿"违约风险为零。

● 政府支出从来不受收入的限制。它买得起任何以该国货币标价的商品，还得起任何以该国货币标价的债务——只要它愿意（这里特指美国）。只要在自己的资产负债表上改动几个科目，美元就发行好了。

● 政府的赤字是所有人账上的盈余。美国政府欠美元，但也垄断了美元的创造——不利用这种超能力来解决社会问题、发展经济是不道德的。

● 如果一个经济体的产能没得到充分利用,政府就应该投入和花钱——这才会提高GDP。如果现在不花,将来会损害所有人的生产力。反正让经济能力处于闲置状态是没有意义的。

● 传统经济学家和政治家对"钱"的理解是错的。政府根本不需要借钱——它们需要发行债券的概念纯粹是一种自我约束。世间不存在金融约束,只有资源限制。

● 凯恩斯老师的"财政约束"也是一个"莫须有"的约束,政府永远有能力支出,这和政府永远有钱去打仗的道理一样。

● 为什么政府总有钱打仗?政府发行战争债券不是为了筹钱打仗,而是为了挡住私人部门去和政府争夺资源——军粮、商品、战争所需的一切资源。

● 政府先花后借。发债,只是控制通胀和改变私人部门行为的一种方式。

● 它头上只有两个紧箍咒:政治和通货膨胀。但只有对那些大量发债却没有盯住汇率的主权国家,通胀才是真正的限制因素。

● 以上一切,并不代表没有后果。

好清奇,感觉脑洞已经开到了巅峰。

但它确实完美解释了为什么"美国债务不可持续"——这句话你和我已经听到耳朵都长茧了,可到现在为止,还是没看到那万众期待的美国崩溃的任何迹象。

达里奥老师代表的,以悲观为底色的大佬们,念叨过度负债的可怕——它将如何点燃通缩性崩溃。但是忧心忡忡之后呢?还是会去配置那神奇的，恰恰是问题之根源的资产——美债。

毕竟在通缩恐慌中，美债依然是所有人的避难所，表现胜过一切资产。这场景已经上演过无数次了。

04

第三个百思不得其解的问题：通胀到底去哪儿了？

美联储史诗级量化宽松，从2008年到现在，大概已经可以淹死海龙王了。可是被无数人警告过的恶性通胀？为什么日本直奔300%的"债务/GDP"比，还没引起对冲基金期待已久的货币崩溃呢？为什么耗尽了欧央行想象力的极端货币政策，还是扶不起趴在地上的经济呢？

这些新古典主义和后凯恩斯主义经济学家们扯光了头发也解释不清楚的世纪之谜，用MMT来解释，却能轻松完成，就像是一道道送分题。

为什么？因为MMT解释的不是曲线和概念，而是当下的现实——它解释央行的水是如何被银行水管阻塞住的，解释后金本位时代的银行体系到底是怎么运作的——这是"电磁理论"和"灯泡使用说明书"的区别。

为什么没有看到你想象中的通胀？2008年金融危机之后的世界到底发生了什么？MMT这样解释：

从2008年雷曼之殇开始，所有人好像已经看到了明斯基时刻，看到永远没可能平衡的债务，等着最后一张多米诺骨牌的倒下，等着之后通缩自我强化的信贷破坏循环，等着整个系统的腹泻排毒，系统重置，等着那个极其痛苦的时刻到来。

然而，一个没写在剧本中却不难想象的"反转"发生了：政府不敢出院了。重置实在太疼了，可不可以继续"放水"？

所以继续量化宽松。一边嗡嗡嗡、刷刷刷地向金融体系注入流动性，一边把头埋在沙子里，等着那"终将到来"的恶性通胀踢自己的屁股。可"通胀"依然没有出现——至少你印象中的、教科书上定义的"通胀"一直都趴在地上。

镜头切换，同一时间，这些嗡嗡嗡、刷刷刷出来的新增资金，压低了利率，抬高了资产价格。金融资产不停肿胀，生产要素被推搡着挤出实体，全宇宙只剩下金融这一门营生还能找得到"收益"。

这就是你为什么看不到印象中的恶性通胀，因为它换了一个马甲，出现在了"实际利率=名义利率−通胀"公式中，出现在了"全球负名义利率"的影子里。结果都是社会财富的再分配，只不过这一次，它比简单粗暴、抢油抢粮的"恶性通胀1.0"更隐身。

我们就叫它为"恶性通胀2.0"吧。"通胀1.0"和"通胀2.0"的共同点是——普通百姓不会从这个游戏中获得一丁点儿的好处。

过度使用货币政策，紧财政、松货币——这才是导致经济停滞不前，让你永远看不到原来概念中的通胀的原因。MMT如是说——通胀过低的根源在对货币政策的过度依赖。白芝浩[①]在 *Lombard Street*

[①] 白芝浩（Walter Bagehot），英国最著名的经济学家、政治社会学家和公法学家之一。白芝浩的《伦巴第街》成书于1873年，记述了伦巴第街的历史、英国银行体系的构成、英格兰银行的发展，以及金融危机的成因和应对策略、央行作为最终贷款人角色的界定，该书基本奠定了金本位下的中央银行理论，也成为后来诸多金融理论发展的基础。这本书仍然是那些想理解该领域的人们无法忽视的经典著作。

中设计了央行应遵守之三原则：高利率、优质证券、自由放贷。如今这三原则完全被打破：负利率、无底线补贴银行体系、烂账再兜底。结果就是惩罚实体经济。

今天的央行们又一次走上了同样的道路。

普通百姓们已经开始认识到，"滴漏效应"这个故事并没有任何作用。财政紧缩，货币刺激，除了让富人更富之外，对穷人没有任何好处。社会情绪似乎已经变了。人们，尤其是"后浪"们，正在寻找替代方案。

记得李森科老师和他的"春化处理"的故事吗？①把小麦种子埋在雪地里，能将冰天雪地的西伯利亚，变成鱼米之乡——这么奇葩的"科学"理论，却得到斯大林和赫鲁晓夫的强烈支持，被鼓吹成"新拉马克主义理论（获得性遗传）"，成为建立"无产阶级生物学"的理论基础，甚至排除异己的工具。

李森科老师的理论一点也不科学，但一旦碰到政治，科学的对错就不重要了。同样，MMT这个奇葩，当然是用来为大规模的刺激计划做事后辩护的。聪明的政治家已经看到，民众情绪现已半熟，对现状各种不满，要对富人征更多的税，要政府花更多的钱，要经济平等。"财政赤字货币化"这样的词汇一旦出来，就回不去了。

不管MMT是如何悄悄地摸进了我们的世界，转移了范式和坐

---

① 特罗菲姆·邓尼索维奇·李森科，苏联生物学家、农学家，斯大林时代后期和赫鲁晓夫时代苏联首席科学家。他坚持生物的获得性遗传，否定孟德尔的基于基因的遗传学。他得到斯大林的支持，使用政治迫害的手段打击学术上的反对者，使他的学说成了苏联生物遗传学的主流。

标轴,埋了带时间胶囊的彩蛋(或是炸弹),我们依然要努力认识它,和它做朋友。

05

所以,我们该如何做那个"趁机喝掉半杯水"的机会主义者,那个有水喝的和尚呢?

回答这个问题的最好办法,是把MMT下可能发生的情况推演到极致:想象一个所有国家和政府开始意识到原来通胀可以制造并被滥用的世界;一个利率为零,所有经济调节都用财政和税收政策来搞定的世界。

或者柔软一点:设想一个利率被设为目标通胀率的世界,一个从"极度缺乏通胀",到"过度通胀"的世界。

在这样的世界里:持有美债还有意义吗?金融资产还香吗?生产性和实物资产会开始香吗?这个世界会不会越来越想回到过去,回到上一个循环?

穷爸爸和富爸爸
要打一场世纪之架

雨果·卡布里特： 我把整个世界想象成一台大机器。你知道机器从来就没有多余的部件，它们身上总是带着所需精确数量的零件。所以我想，如果整个世界是一台大机器，我也不可能是个额外的零件。我来这里是有原因的。这意味着你也必须为某些原因而在这里。

也许这就是为什么一台坏掉的机器总是让我有点伤心，因为它不能做它应该做的事情了……也许人也是这样。如果失去了目标……就好像你已经破碎了。

伊莎贝尔： 我们会有麻烦的。

雨果·卡布里特： 所以才是一次冒险。

——电影《雨果》片段

01

雷·达里奥（Ray Dalio）是很多金融精英的偶像。我拜读过他的书，学到了很多东西，比如经济机器的运转手册、债务大循环，还有做人做事的原则。

可是最近他不写债务周期，也不讲原则了，他开始灵魂考问民粹主义之崛起和资本主义制度的崩坏。在文章里、视频上、节目中，他频繁出现，忧心忡忡，苦口婆心。我也心急如焚，赶紧去拜读了他的万字雄文：为什么资本主义需要改革？如何改革？（Why and How Capitalism Needs to Be Reformed?）

读完后我心潮起伏。我的理解还很浅薄，但的确没有从这一万字里看出任何"三刻拍案惊奇"的字段。他用了几个很常见的指标：（1）实际工资停滞不前；（2）上层阶级独享增长红利；（3）经济没有新动力；（4）基础教育没资金、低水准，导致穷人更闭塞、更贫困；（5）后危机时代联储大印钞，推高所有金融资产价格，让富人恒富。然后得出了一个地球人都知道了的结论：穷爸爸和富爸爸要打一场世纪之架，摧枯拉朽。导火索就是下一次经济衰退。

当这种极端可能性眼看要变成现实，各国领导人们难道不会齐心协力，改革体制，赶紧把自己的蛋糕做得更大、分得更好吗？

现实，我们似乎已经看到了：他们并没有这样做，反而变得越来越极端。我们看到国与国之间更多的争斗，而不是合作。国际政治中有一条地心引力一样的规律——"合作竞争相对论"。国家之间永远有互动，但是互动永远不绝对。一旦蛋糕停止长大，不够吃了，互动就会开始从合作转向竞争。尤其是当带头大哥决定背叛规则，放弃承担义务，不再担任司机，转去搭便车那一刻，新博弈唯一的均衡状态，就是所有人都放弃合作，开始相互竞争。

国家间如此，国内则表现为左右翼之争，民粹崛起，还有各种形式的街头斗争。

那央行们呢？难道还有钱不能摆平的？只要有钱就可以继续做大蛋糕不是吗？

可惜它们扭转经济衰退的空间也已到极限。道理同上，央行们的行为也遵循竞争性博弈：为了保住自己家里的余粮，眼睛紧盯着对方的货币政策工具箱，然后像斗地主一样，从自己的工具箱里一张一张地出牌。直到有一天，一家央行从自己工具箱里拿出了一件从没有人用过的新武器，比如负利率，其他所有央行便都迅速跟进——因为别无选择，否则就会输掉比赛。就像一战中德军在比利时第一次放出芥子气的那一刹那。

当负利率已经像蝗虫一样铺遍全球，不再发挥边际效用，所有人都心有余而力不足，就证明资本主义这台机器已经坏掉了，资本主义秩序已经崩坏，只剩下自我强化的反馈循环，让人产生血腥革命的既视感。

02

达里奥在文末开出了药方：

（1）货币和财政政策要顾全大局，心体合一。

（2）美国民主党和共和党要顾全大局，心体合一。

（3）富人需要以身作则，必要时自断财路。

（4）目标明确，责任到人，精准衡量，最好能自动执行（最好能用桥水的管理方案去治理国家，比如用算法）。

可是读完这个药方，我似乎看到了路易十六站在我面前。

路易十六的故事你一定听说过。在历史书上，他是仁慈君主——在革命群众逼近王宫时，突然下令卫队停火，不伤民众。结果皇家卫队全军覆没，他自己也落了个被斩首的结局。

他为什么在关键时刻停止还击？是悲天悯人吗？或许是在最后一刻给自己"买了个保险"？

路易十六绝非仁慈君王，死得也并不冤枉。他的确是给自己买了个"保险"。不过这个险种保的不是万一自己被砍了脑袋，能保障家人生活的"意外险"；而是得到一个迅速"改变人设"的可能性——如果我在紧要关头放下武器，迅速改变阶级立场，群众也许会觉得"他是我们的人"，这样不就可以保命了吗？

还真是天真可爱。但也不能怪他，他应该没有听说过孔子的训言"不患寡而患不均"。不管是法国大革命，还是达里奥试图解决的现代版贫富分化，"民粹"反对的核心是富人们最喜欢的理论依据——所谓的"trickle down effect"（滴漏效应）：富人更富穷人才能小康，胖子吃肉瘦子才能喝汤。

滴漏效应有科学道理吗？似乎没有。而且富人的"油"到底能不能滴漏到穷人的"田"，也从来没被证实过。达里奥是妥妥的富人，因为资本主义的游戏规则成就了他。或者换种哲学说法——"他即是他反对的"。

不管自己觉得道不道德，他就是这个游戏规则的产物。他和很多慈爱又忧国忧民的亿万富翁们一样，敏锐地察觉到了情况有些不对劲，但依然没有说出问题的真正解决方案——"掀桌子"，完全推翻和颠覆那些成就了自己的规则，改写里根主义里绝对掠夺、自私贪婪的基因。

这些绝对掠夺、自私贪婪的基因们都是什么呢？这几年来热度越来越高，但是大多数人却难以察觉其存在的词，新自由主义（neoliberalism）可以算一个。它长得也许很面生，但它对世界的影响你一定很熟悉。

比如：脱实向虚，金融内生化，全球负利率和消失的通胀，扁平的菲利普斯曲线，金融变成越来越重要的利润来源，甚至成了社会正常运转的命门。

比如：CEO们莫名其妙地成了英雄，还有围绕在他们身上奇怪的光环和共识——商界精英比一般人聪明、理性、接地气、有经验、懂经济，他们做出的决策会是更好的决策，他们应该为国家出谋献策，帮助国家制定政策。

比如：这些年突然出现的，或明或暗的各种对抗运动——环保，女权，年轻人无政府运动，原始回归运动，重找文明诞生，本地互帮互助，福音派基督，反市场，反掠夺性积累，巴西的无地农民运动,阿根廷的工厂占领等等。

还比如:斯蒂格利茨、克鲁格曼,那些曾经无比推崇新自由主义的老师们齐刷刷掉头转向批判的立场。他们要回到"改良版的凯恩斯主义"。

再比如:越来越喜欢开篇亮明自己政治立场的后浪,"无条件基本收入"全民大锅饭的重新兴起[1],还有美国年轻人对桑德斯[2]的崇拜。

为什么这个世界会变成这样?大卫·哈维在《新自由主义简史》中认为:这一切皆为新自由主义的经济学主张,还有主张背后的意识形态结出的果。

新自由主义认为,人,要释放自由,尤其是牟利的、渴望积累财富的、对美好生活向往的自由本性。所以人类的幸福,就建立在牟利潜力的释放上。牟利自由的释放需要放飞的制度,需要政府管住自己的手,不干预经济和贸易,只确保个人财产不受威胁即可。

牟利自由的释放需要精英的,而不是普通群众选出的民主政府,因为"大众的民主"会有民粹倾向,会侵犯市场。这样的经

---

[1] 无条件基本收入(unconditional basic income),简称 UBI,又称为全民基本收入(universal basic income),是指没有条件、资格限制,不做资格审查,每个国民或成员皆可定期领取一定金额的金钱,由政府或团体组织发放给全体成员,以满足人民的基本生活条件,包括食物、居住、教育、医疗、公用事业等基本花费,借由经济的保障,以落实基本人权。
[2] 伯纳德·"伯尼"·桑德斯(Bernard "Bernie" Sanders),美国国会史上任期最长的无党派独立议员,自认是民主社会主义者。

济不安全、不自然。所以政策要独立，要咨询商界精英委员会，最好连公共服务也外包出去——这样你才会看到一个有效率、有活力、有肉吃也有汤喝、美好的社会。

但真实的结果并非如此，我们看到的却满是失败的例子。哈维认为新自由主义是一个转移财富的工具箱，一个把大部分财富集中到少数人手中的极好用的工具。

03

新自由主义这条绝对掠夺、自私贪婪的基因，可以解释当下世界中两个看起来没有关联但却极其重要的问题：（1）对CEO的崇拜和迷思；（2）无限冲高的美国股市。

臧克家说，有的人活着，他已经死了；有的人死了，他还活着。

有的人全盛时期被举世赞誉，后来被人们发现贻害无穷。家喻户晓的商业奇才杰克·韦尔奇正是如此。韦尔奇老师不寻常，头上的光环亮得令人目眩：管理大师、人生导师，激励过无数想成为下一个伟大的CEO，或者正在成为商业精英的小伙伴们。

只是，如果仔细分析他走过的路、做过的事，会发现他也许并没有那么"伟大"。

很多年前，通用电气（GE）还是一家简单的、三观正常的公司，目标也很务实——跑赢经济增长即可。韦尔奇老师掌舵之后，公司的目标就变成了一个词：股价。有且仅有股价，股东价值高于一切，高于企业文化、高于员工、高于供应商，甚至高于客户，GE要靠股价成为"世界上最有价值的公司"。其他一切都是次要的。

然后他就成功了。他的20年任期内，GE总回报率增长50多倍，超过标普500指数的2倍。手持期权的商业高级管理人成了大家崇拜的英雄，从此财富和才华无关紧要——只需要在正确的时间出现在正确的地点即可。

再然后呢？通用电气资本（GE Capital）这个著名的黑盒子登场，变魔术一样，一个季度接着一个季度地"提高"分析师的收益预期。一个本来提供冰箱消费贷款的子公司，2008年却卖出了无数次级贷（sub-prime loans），黑盒子里变出利润，帮助GE继续"实现"一次又一次创新高的季度业绩。

后面的故事大家都知道了——船翻了。随着2008年美国次贷危机的爆发，GE Capital这颗埋于深处的定时炸弹，逐渐显现对GE集团的巨大消极影响。GE的股价从次贷危机爆发前的40美元跌至20美元以下，甚至曾跌破10美元。2009年，GE集团的各项财务指标全面告急，各评级机构纷纷降级。

但是韦尔奇走出的那条前无古人的路——股价高于一切——却变成了其他CEO的必走之路，最后就变成了整个美国，乃至全世界的商业文化。他是里根时代的新自由主义和克林顿时代金融自由化生产出的精品。

他也是塔勒布口中"skin"不在"game"里的人。当这样的人越来越多，新自由主义就越来越成功，CEO是英雄的认知，就越来越坚固。现实再正反馈"股价高于一切"的圣经，于是企业不再将利润投入生产，不再投入研发，甚至连下雨天修屋顶的应急钱都不存了——全部用来回购自己的股票。

结果就是无限创新高的美国股市。

可没应急基金，真出事了怎么办？没关系，政府会用大家的税钱来补——于是你看到了2020年的现实——那一个个快要断气的，却又毫无意外被救助的大企业们。

04

世界上还有一种让两级互斥的力量，不管是资本主义，还是社会主义，在它面前也许都无能为力——它就是科技的进击。

苏绰曾说："夫平均者，不舍豪强而征贫弱，不纵奸巧而困愚拙，此之谓均也。"把里面的"不"字都去掉：舍豪强、征贫弱、纵奸巧、困愚拙，用来形容具有数据、科技和资本优势的金融市场垄断者，也是非常贴切的。历史上无数例子已经告诉我们，大部分资本交易的最终方向不是走向智慧、公平，而是贪婪、掠夺；而大部分科技发展都有加剧贫富分化的可能性。

科技的发展也许会加速贫富分化？但是科技不也会增加更多的就业岗位吗？人类历史从来就是这么发展的不是吗？不信请看沃尔玛和亚马逊的自动化和机器人化：几千台自动扫地机器人、货架扫描机器人、快速上架机器人、拣货机器人、在线购物取货机器人，以及自动售货机部署下去，结果呢？并没有减少员工数量和工作时间啊！

没错，沃尔玛增加的是大量负责杂货配送、提货、充当"机器人助手"的员工。至少从这个例子看，技术并没有给人类整体增加效率，而是把人类劳动力推向了食物链的下端，让他们从事

"机器人都不想做"的工作。

未来,一部分人会利用科技,但更多的人也许会被科技利用——这就是"制造者"和"使用者"的区别。"使用者"或者贡献自己的数据,或把自己变成整架机器中的一个零件,而不自知。就像前文所引的电影《雨果》中,雨果小朋友说过的那段话。

这不是科技的错,而是对人类社会治理水平的极大考验。需要惊为天人的治理智慧。

什么是公平?金庸小说里,公平是以眼还眼、以牙还牙、以伤还伤、以打还打。而人类社会的公平,是物尽其用、人尽其才,免于失业,免于贫乏,免于痛苦,免于恐惧。

穷爸爸和富爸爸的这场世纪之战,如果人类命运共同体是唯一药方,那它一定是一个超越人性的解决方案。

当我们在谈论通货膨胀时，到底在谈论什么？

话剧《萨勒姆的女巫》

赫尔：（恳求道）护士，虽然我们的心碎了，但我们不能退缩；因为这是新的时代……坚持旧的规矩和老交情才是犯罪。

我在法庭上看到过太多可怕的证据——魔鬼还活着，萨勒姆，我们不敢胆怯，只能跟着指控自己的手指走！

普罗科特： （愤怒地）这样一个女人怎么可能谋杀儿童？

赫尔： （痛苦地）老乡，要记住撒旦是个狡猾的家伙，直到他堕落前的一个小时，连上帝都还以为他是天堂里的一个美丽存在哩。

贾尔斯： 我从来没有说过我的妻子是女巫，赫尔先生！我只是说她在看书！

——（话剧《萨勒姆的女巫》片段）

01

在话剧《萨勒姆的女巫》中，赫尔牧师所描述的"撒旦"，其实很像通货膨胀。它们都善于伪装，有千种面孔——温和、恶性、肿滞；总那么若即若离，看不见摸不着，存在却无法感知。但是，可千万别忘了它"是个狡猾的家伙，直到堕落前的一小时，连上帝都还以为它是天堂里的一个美丽存在"，一旦降临人间，便会扰乱所有人的生活。

你可能也感觉到了，似乎从近几年开始，通货膨胀这个词入耳的频率越来越高，它的现身已经变成了共有知识（common knowledge）。可是当我们在谈论通货膨胀时，到底在谈论什么？它究竟是一种什么样的存在？

我喜欢把通货膨胀这种经济现象想象成一个"减号"，或者像《七龙珠》中悟空的尾巴——它跟在每个人的财富身后，如果拉扯，它会让你浑身无力；满月时，它还会带来灾难。

通货膨胀究竟重不重要，取决于我们是谁，是哪种剧情里的主角——

（1）如果你是工薪族：你会发现自己每年工资单上加薪（如果有的话）幅度中的一部分是"补偿通胀"，用来补偿工资单肉眼可见的数字中被通胀遮掩住的部分。补偿多少？要以权威部门发布的CPI为参考。你的实际收入，等于工资单上的名义工资减去"补偿通胀"。

所以它对你很重要。

（2）如果你是"只出不进"的退休老人：除了养生，同时还要担心一下自己会不会活得太长（长寿风险，longevity risk）。越长寿就要有越多的储蓄，如果储蓄跑不赢通胀，长命百岁就会变成一件很悲惨的事。

所以它对你很重要。

（3）如果你是投资人：手持某年化名义收益率为10%的资产。如果通胀率为10%，实际收益率便为零；如果通胀率超过名义收益率，投资者维权事件就会发生。不管是投债（票面利息），还是投股（股息率），只有通胀这个"减号"手下留情，你才有实际收益。

还有，别忘了你用来投资的钱都是借的（资产负债管理）。给投资者挣来的收益里，还有个硬邦邦的融资成本——它和通胀是一对一起长大的好朋友。

所以它对你很重要。

看起来，无论是谁，通胀对我们来说都很重要。但如此重要的数字，它到底是多少呢？我们看到的权威部门发布的数字是真实的吗？

不幸的是，这并不是一个科学、客观存在的数字。没有人知道它到底是多少。政治家不知道，经济学家不知道，权威人士不知道，评论家也不知道。它出生在一个黑盒子里——一个公式中。公式的算法、条件、权重，都有太多可挪移的空间。

它还会因时而变。比如常出奇招的国度阿根廷，曾经简单粗暴直接篡改CPI数值；后来政府觉得有点不妥，便在2008年"全面改良"了CPI计算方法——如果某种商品涨价太高，就将其从指数中生生去掉。自从有了新的统计方法，不仅可以给数字美颜，发通胀保护债券（TIPS）时还能立省数亿美元，真是皆大欢喜呢。结果，该国麦当劳汉堡价签一度诡异地出现了两个版本："官方低迷价格版"和"民间飙升价格版"，后者比前者高出一倍还多。最后阿根廷国家统计局忍无可忍，在网上实名抗议该国政府——不要再编了。

所以，通胀真实、准确、公允的数字到底是多少，对人类而言永远是一个未解之谜。不仅不知道，还没办法驾驭，因为它的一部分存在于人心之中。通胀是一种预期，你会根据预期来调整自己的经济行为。当预期作用于脆弱的人心，便很容易正反馈并迅速自我放大、加速,变成一个自我实现的预期。

恐慌、抢购、混乱——这些自我实现的预期可能造成的最糟糕的结果,天下没有一个政府能够承受。保罗·沃克尔在20世纪70年代驯服了美国高达两位数的通胀率,他驯服的其实是美国人民的心。大家想象中的,无论是物价还是资产价格,只要权威部门拿遥控器调节一下,就会像室内温度数字一样或上或下这种事——是不存在的。

但权威部门是你感觉不到通胀存在的唯一原因吗?并不是。我们自己也有货币幻觉。

如果我们仅靠存折上5%的存款利息过活,那生活在一个"零通胀+100%所得税"和一个"5%通胀+零税收"的世界里,结果是一模一样的——在这两个世界里你都没有任何实际收入,任何花销都是对财富的直接扣减。但是在这两个世界中,你的反应肯定是截然不同的:你一定会对那100%所得税暴怒,但却大概率不会注意到那5%的通胀。

通胀了,一碗面从30元涨到35元,再涨到39.9元,但是你的房、车、股票证券的价格也上涨,数字的增加在脑中生出货币幻觉。钱更不值钱、购买力更弱、实际收益更小——这些我们都是没有感觉的。我们习惯对绝对的数字做出反应,而不是"相对"的比较。所以通货膨胀是一种税、一种潜伏期长且无征兆的"资本消耗税"。

02

时光荏苒,通货膨胀也与时俱进,学会了一项绝活——变脸。

从前的通胀,头上有两只角——"PPI"和"CPI"[①],清晰可辨。有时候它的面目温和,虽然路过菜场,菜场齐涨;但路过企业,工资也涨;整个社会的成本都在升,但总需求也升。有时候它的面目狰狞,一脚踢得物价飞升,与失业率共舞,人心惶惶。二十多年前(1993年)发生在国内的那一次剧烈通胀,被我妈称为"从计划经济过渡到市场经济,为保农民有田种"而必然会发生的通胀。当年她带领全家瞄准肉菜米面、酱油醋盐,以十斤为单位起抢,一直抢到"不管怎么涨都能淡定"的数量为止。

最后猪肉从七毛涨到了八毛,并没想象中可怕——因为工资最终也跟上了。我妈的"经济就像自行车,骑得快才不倒;物价涨多少工资就涨多少"理论,就是那时奠定的。她可能不知道,为了自行车不倒,朱总理都拼了。

如今,"通胀"这个撒旦换脸了。我记忆中、历史书上、我妈经历过的模样,也许不会再出现了。自从中国成了世界的大车间,自己造不出来的东西几乎没有——不管是不是生活必需品,"CPI"和"PPI"这两只标志性的角,很多年一直很低矮,埋在撒旦浓密的毛发中,几乎看不到。

我们就这样来到了和"通胀2.0"共处的下半生。在"通胀1.0"

---

① 衡量通胀的两个量化指标:工业生产者价格指数(producer price index for industrial products,简称PPI),反映全部工业生产者出厂和购进价格的变化趋势和变动幅度;居民消费价格指数(consumer price index),又名消费者物价指数,简称CPI,是一个反映居民家庭一般所购买的消费品和服务项目价格水平变动情况的宏观经济指标。

时代,我们担心的是基本生活和物质自由;而"通胀2.0"时代,我们担心的是财务自由。"通胀1.0"和"通胀2.0"有一个共同的关键词——"越来越买不起"。"通胀1.0"情境下,你越来越买不起的是饱腹的猪肉和保暖的棉衣;"通胀2.0"情境下,你越来越买不起的,是不工作的自由、财务和被动收入的自由、拥有资产的自由,以及阶层跨越的自由。

在过去几十年里,地球人的经济世界已经发生了巨大变化——通胀这件事,已经不能再单纯以物价来衡量。价格不断走高的、现在已经买不起,而且预期将来会越来越买不起的东西——不是白菜、猪肉和过冬的棉袄,而是资产——比如房子,比如投资组合,比如可以钱生钱、实现财富自由和希望的资产。

这也是通胀。虽然不是我们印象中的物价飞涨,但它对实体经济的影响是一样的。高资产价格推高生产要素价格——把这种挤出效用量化表达出来,就是通货膨胀税。

实业因为这税,变得越来越不赚钱,于是资本的流动性偏好越来越高,资本越来越金融化,而金融自己也越来越金融化,大家一起在金融化的路上一路狂奔,无法自拔;而在实业企业就业的蓝领、白领,低收入群体,中产阶级,还有年轻"后浪"们则在越来越买不起的路上跋涉——结果,"恶性通胀1.0"和"恶性通胀2.0"对整个经济效用的损耗,威力是一样巨大的。

03

那么问题来了:为什么权威机构、美联储和各国央行总是对我们说"通胀目标没有达到预期"呢?

因为不知从什么时候,通胀被当成了货币政策的目标。将失业率水平代入菲律普斯曲线一顿操作,通胀目标就出来了。接下来大家各自根据实际和目标的差距,决定货币政策,决定该继续放水,还是放更多。只要美联储和其他央行们每次出镜时,"通胀目标不变"或者"通胀依然没有达到预期"这句台词不变,就可以继续把名义利率压得更低——因为没有达到通胀目标呢。

但台词里没有的,是"菲利普斯曲线早就失效了"这个事实——这个通胀目标根本永远达不到。

解释一下这条神奇的曲线。美联储的货币政策,或者加不加息的决定,一个重要依据就是这条线。横轴是失业率,纵轴是通胀率。沿着纵横轴画一条反向的曲线——就是菲利普斯曲线。如果失业率低的话,理论上通胀预期就会升高,那美联储就该加息,或者议息会议的语调会更"鹰";反之更"鸽"。

三十多年前,这条线开始成为美联储制定政策的指南针。但是时间长了,大家开始觉得好像有哪里不对。尤其是最近一两年的失业率,都已经趴到横轴上了,可通胀还是没起来——也就是说这条反向的曲线正在被生生拧正。所以,菲利普斯曲线早就失效了——它在过去30年对预测通胀并没有什么用。

菲利普斯曲线的失效带来了一个严重后果:它锻炼了上届美联储主席耶伦老师的直觉。眼看着这个货币政策最重要的指南针失效,又找不到其他坐标,她只能凭直觉来决定到底加不加息。从这里开始,所有人就陷入了"低通胀"的幻觉中无法自拔。结果就是利率没有最低，只有更低。

为什么会失效？因为真实的世界并不是这么简单的线性关系。我们究竟是怎么到了这一步？

一种解释是：现在的货币政策体系，已经是一条死而不僵的"百足之虫"。当权者依然不愿意放弃自己的圣杯——新自由主义基因，不求彻底改变，能拖就拖。1982年国际银行业危机、1997年亚洲金融危机、2000年互联网泡沫、2008年金融海啸，还有2020年全球疫情带来的金融动荡——我们无数次好像已经看到了"明斯基时刻"，看到永远没可能平衡的债务，等着最后一张多米诺骨牌的倒下，等着之后通缩自我强化的信贷破坏循环，等着整个系统的腹泻排毒，系统重置，等着那个极其痛苦的时刻到来。

但是每一次都有一个没写在剧本中、却不难想象的反转发生：政府无力承受系统重置的后果，只能一边继续向金融体系注入流动性，一边把头埋在沙子里。

这些新增货币压低了利率，抬高了资产价格。过度使用货币政策，紧财政、松货币——这才是导致经济停滞不前，让你永远看不到原来概念中通胀的原因——这也是那个神奇的MMT的解释。通胀过低的根源在于对货币政策的过度依赖。

看起来，这又是一个"丢失了初心"的故事，故事的主角是全球央行。高利率、优质证券、自由放贷三原则完全被打破，变成了站在我们面前的三座大山——负利率、无底线补贴银行体系，以及对坏资产的无限兜底。而大山的后面，就是若隐若现的撒旦——通胀。

LESSON 4

第四课

**金融市场上的语言：
在纷繁嘈杂的世界
分辨噪音和信号**

导读

和金融市场上的语言和平共处

01

语言就像一种传染病。它首先诞生于一个概念、一种念想，或者一个idea，有时带着有感官冲击力的载体，比如微信群里的一张截图。一旦它开始长大，就会贴在我们的脑中，并在潜移默化中指引我们的行动。

政治和金融是语言的两个超级游乐场。比如，社会学中的populism这个词，本来可以翻译成"平民主义"，但是媒体偏偏喜欢翻译成"民粹主义"。虽然它俩意思一模一样，可我们一看到"粹"这个字，一种极端的感觉便油然而生。此时如果再配上几张视觉冲击图片——一张有社会情绪煽动效果的截图就做好了。

在金融界，语言的影响力就更常见了。比如"非标""通道""资金池""刚兑"这些字眼，明明都是中性词，各自代表一种客观存在，但为什么听起来这么刺耳？因为它们早已不是单纯的描述性名词，而是含有"金融乱象"图景、自带含义的念想。

语言就像乐高，可以随时按需组成不同的故事线。这些故事线，或互相串联，或彼此冲击，根据剧情在市场上掀起不同级别的浪花，改变你和我的行为。在这个虚拟和真实越来越难以分辨的媒体信息世界里，观察市场上的语言变化已经变得非常重要。

从2020年开始，这个重要性似乎已经变得更加急迫。

02

我们处在一个诡异魔幻的历史阶段，在一个前所未有之大变局中——不是指地缘政治、国家冲突，也不是指极端的市场和货币政策；而是我们对这个世界的主观感知和注意力，受到了前所未有的威胁，这也许比一切外来的冲击更严重。

回忆一下2020年，这一年你最主要的消息来源是什么？答案你自己也许都没意识到：大概率是各种社交群里的截图，或者微博上的迷因图，而不是新闻报道。

全世界的新闻都一样：越重要就越短。突发新闻（breaking news）只有几行字。但不知道从什么时候开始，连几行字都省了，新闻内容变成了一张大字标题图。截图、动图等已经不仅仅用来搞笑或恶搞，它们已经变成了新闻和消息的直接来源。牛津和路透的一项研究表明，四分之一的美国人对疫情消息的来源是——社交媒体。

在这个新时代，新闻传播的过程是这样的：

第一步，看到消息；

第二步，迅速评论，截屏，转发；

第三步，收到截图的人觉得很有道理，于是点赞，评论，再转发；

第四步，喜欢发挥创造力的伙伴们会在图上再加图，或者做成动图，再转发；

第五步，不等事件的来龙去脉调查清楚，截图就已经在各大平台广泛传播了；

第六步，在最后正式的新闻中，也许以这张截图作为论据。

这个魔幻的年份里，事情发生得实在太多太快。实在来不及看文字，我们就用截图吧。

MIT在2018年做过一个研究。研究迷因（meme）究竟从何而来，如何传播，并且如何产生巨大影响的。这种截图语言，是现代社会的一个重大的发明，以及一个哲学不可忽视的现象。人类用视觉来学习，我们喜欢图，喜欢短小精悍的内容，相信有图有真相，一张小小的图可以装下的信息比一篇文章更多。

迷因这个词是道金斯在1976年《自私的基因》中创造的（有的版本翻译成为"觅母"，听起来怪怪的，好像某个日本卡通人物），用作"文化"的"传递单位"。它后来引起大量社会学家的重视，发展成了迷因学（memetics）。

和基因一样，思想、文化和价值观也可以复制、进化、传播。但是问题来了：为什么某些思想和价值观会传播得特别快？是因为它们更有冲击力、更变态，更能令人满足、上瘾？还是因为其他不可言说的奇怪原因，就是让人想到处宣传？

迷因和基因不同，它需要先主动模仿才能复制传递，而基因只是被动地直接遗传。很多东西都能以模仿的方式传播。比如一个粗口，一段旋律，一个典故，一种发型、风格、腔调、生活方式、信仰等等。所以迷因的内容，就算跟自己没任何关系，对传播的人没有任何实际上的好处，只要它有强大的渲染力，依然会让人不由自主地帮助它传播下去。

它甚至会渗透至你每天用的语言中，变成社会性规范。比如，男人。什么是男人？从生物学角度辨雌雄，两只眼睛就够用，应该不需要额外指导。但在真实社会中，"你是男人"——这背后是一整套行为规范。这四个字的意思是：比女人强壮，比女人自信，比女人有逻辑，可以不拘小节，不做看起来很"阴柔"的事。

当大多数人都照此行为，这些idea就会变成现实。所以你看到很多男性"明明很普通却这么自信"，或者很少男护士、男保姆——这就是idea，或者说文化基因的规范性力量。无关人性的天然取向。甚至真实世界的客观存在，当变成脑中的念想，也一样会有异常的传播力。比如狂犬病、鼠疫——这几个词，翻译进入你头脑中，是呼吸衰竭、口吐白沫、生不如死的念想。这个念想，能影响你的行为，变成习惯，也能传染。

03

意识到迷因的存在，是一件越来越重要的事。但是这个概念很容易被误用。很容易让人觉得有一只巨大的幕后黑手，拨开我们密密麻麻的脑神经，像芯片一样有目的地在我们的大脑里植入迷因。《迷因机器》(The Meme Machine)的作者苏珊老师（Susan Blackmore）用最实在、最不夸张、最阻止大家随意发散的方式，把迷因这件事以自己的方式解释了出来。

我们这几年已经看到过太多"迷因灾难"——它很容易变成政治信息的载体，混淆视听，煽动仇恨，变成"注意力黑客"或被"武器化"。但不是所有迷因都是邪恶的，它也可以让我们重新思考那些习以为常的信仰。我能想到的——比如，央行大水漫灌对世界的影响。

金融圈2020年度最佳迷因图，应该颁发给这张"印到飞起的印钱机器"(money printer go blurrrrr)。它一夜之间给大众普及了货币政策机制失效这个概念，一夜之间让大家意识到了当前全球的金融体系有多糟糕。迷因不仅可以传播蓝药丸，让你永远生活在对真相的误解中，它也可以传播红药丸，让你直面这个世界的荒诞真相。

就像一个盲盒、一段抖音背景音乐，有一天，一个迷因突然像瘟疫一样传遍——我们习惯上会把它想象成一个幕后推手的操作，比如资本的运作、资本的推手、有目的的营销、邪恶的算法等等。

印到飞起的印钱机器（money printer go brrrrr）

图片来源：https://brrr.money/

可是幕后推手是谁呢？不是美国政府，也不是中国政府，不是阿里巴巴，也不是脸书[①]；它是一张巨大的网，在潜移默化中、多种因素共同推动中形成的一个既成事实。阿甘本的"特殊权利常态化"中，邪恶的权力有明确的指向——或是一个政府、一个机构，或是一个组织、一个集团。但在当前的信息时代，恶从哪儿来？似乎找不到"责任人"，找不到一个指向。它已经不能被人格化。因为它是这个时代的结节、政府、利益方、公司、资本、社会结构、权力集团一起织成的一张网。

迷因的传播也是一样——不要试图给它找到一个理由，它的出现就是这个世界、这个网络、这个系统运行的一个潜移默化的既成事实——反正就这么发生了。

---

① 2021年底脸书（Facebook）改名元宇宙（Meta）。

所谓迷因的基因，并不是指你身体里的一个小DNA，邪恶地打量着其他基因，试图杀死它们，排挤它们。无论如何，不管发生什么事情，只要条件合适，它就会无脑地传播下去——不管你怎么想，不管你觉得原因是什么。

04

我们迫切需要一个工具，帮助自己在金融市场上和语言以及迷因们和平共处。

哲学便是最强大的工具。维特根斯坦认为世界上一切问题归根结底都是语言问题。"哲学的目的是思想的逻辑澄清，哲学是用语言来与我们着魔的理智进行的战斗。"[1]

"哲学家便是这样的人：在他达于健全的理智概念之前，必须治好在他之内的很多理智上的疾患。"[2]哲学就是这样一种"治疗"行动。它的目标就是解除这种精神的束缚，解开这些难题，给苍蝇指明捕蝇瓶的出口，消除折磨人们思维的哲学伪问题。

康德说，我们戴着眼镜看事物，眼镜是怎样的，事物就只能展现怎样——我们都是通过这样的滤镜来理解世界。而语言就是我们的一副眼镜，这副眼镜不仅可以用来看世

---

[1] 维特根斯坦，《哲学研究》(Philosophical Investigations, 1953)。

[2] 维特根斯坦，《数学基础评论》(Bemerkungen über die Grundlagen der Mathematik, 1994)。

界,它还有构建实在的功能——语言支配人,而不是人支配语言。语法是什么样子的,我们就只能根据语法来述说现实,现实也就只能是"那样"的。

在现实世界里,这种语言改变现实的例子实在太多了。比如按揭的"揭"字。姚雪垠老师的小说《长夜》中有段话:"前几天人家债主逼得紧,我跑到姐家去,央着姐夫求爷告奶地又揭了十几块,拿回来把利钱还上。"姚老师在文中给这个"揭"字做了注:借高利贷叫作揭债、揭借,简称"揭"。

所以"揭"其实和借是一件事。但是,把借钱买房换一种说法,变成按揭,就莫名其妙地大大弱化了人们心中对债的耻辱感……这也许就是房地产泡沫的根本原因?

了解一些语言哲学,能给我们一种自我唤醒(self-aware)的能力:知道自己正在被语言传染、被影响,以及意识到自己是如何被传染的。它还能帮你培养一种"知行不合一"的本领:把一个错误的认知,导向正确的行为。

古希腊和古罗马的建筑师会故意把柱子做成向外微凸,让人觉得整间神殿是直的,因为直线立柱会给人一种中间"细"的错觉。这就是个知行不合一的例子。熟练使用这个工具,慢慢地就会变成你自己的一种能力,就像有了病毒抗体。

在这一课里,我会用几个金融市场上发生过的案例和大家一起讨论:语言究竟是怎么改变市场的?

羊群共识后三年：
我们活得越来越像羊

蕾切尔：我还没见过移情测试。这些玩意测的是什么？

里克：这个（举起一个带导线的小吸盘），测量的是脸部毛细血管的扩张。我们知道，人类最原始的自动反应之一，就是对道德震撼的刺激，而产生所谓的羞愧或脸红。这是没法主观控制的——跟皮肤导电性、呼吸或心跳现象不一样。（他又举起另一个设备，是个笔形光束手电筒）这个记录眼肌的张缩。在脸红现象发生的同时，我们一般就能检测到细微但可见的运动。

蕾切尔：在仿生人身上检测不到这种运动。

里克：对，仿生人不会被刺激性移情问题困扰——即使它们在生物学上是个活体，或潜在活体。

蕾切尔：那你测测我吧。

（于是测试开始。进行到第四题）

里克：你翻开一本杂志，看到一张裸女彩照。

（暂停了一下——两个指标都没动）

里克：（继续）你丈夫喜欢那张照片。

（两个指标仍然没反应）

里克：这个裸女俯卧在一大张美丽的熊皮上。

（指标仍然一动不动。里克暗忖：这是典型的仿生人反应——听不出话中的重点其实是那张死动物皮，所以她/它的注意力集中在别的地方）

里克：下一题。你正在读一本小说，书中人物去参观一座渔人码头，饿了，走进一家海鲜餐馆。一人点了只龙虾，厨师当着他们的面把龙虾扔进一桶开水中。

蕾切尔：天哪，真可怕，太邪恶了！你是说活龙虾？

（然而，指标没有反应。表面上看她反应正确，不过是装出来的）

里克：（继续）你租了间山中小屋。小屋里有个巨大的壁炉；壁炉上方有个鹿头，是头成年雄鹿，长着成熟的犄角。你的朋友对房间装饰赞叹不已——

蕾切尔：有那个鹿头在，我不会赞叹。

（然而指标依然停留在绿区）

> 里克放下电筒,关掉光束,取下贴在她面颊上的吸盘,说:
> "你是个仿生人。"
>
> ——《仿生人会梦到电子羊吗?》
> 节选(有删减改动)

01

1982年版电影《银翼杀手》的片段中,蕾切尔做的是"坎普夫测试"(Voight-Kampf Test)。在仿生机器人已经可以完全乱真人类,且有超越人类苗头的年代,人类相信同理心是自己与仿生人的唯一区别,是人类作为高等动物独有的骄傲,是区分"我们"和"它们"的唯一特有情感。因为同理心只能诞生于群体中,人类是群居动物,而仿生人永远只是独立的机器个体——它们只能模拟共情,绝不可能产生真正的共情体验。

如果我是里克,可能会在测试机器里再加点料:共情会衍生出另外一种反应,由人类和另一种哺乳纲偶蹄目动物(羊)共有——它就是"**从众**"。也就是大家耳熟能详的"**羊群效应**"。这个词我们再熟悉不过,已经可以信手拈来。

但我们使用之前问过羊吗?羊群的心理状态到底是怎样?我们共情地体验过吗?好像并没有。**所以我们和羊到底有多相似?**

距离写《羊群的共识》那篇文章(2018年8月18日)已经过去

三年多。如果用几个不寻常的事件回顾一下2021年这个不寻常年份的第一季度——2021年1月的美国国会山暴动、2021年2月美国罗宾汉"散户侠"爆炒游戏驿站股票,以及开始于2021年3月并持续了整整一年的NFT狂欢——就会发现:不管是你和我,乃至每一个个体,还是市场、机构,甚至是政府和国家机器,我们都和"羊"更像了。

02

和羊更像的第一个特征:我们对"他人行为"更敏感了。

羊:羊对其他羊的行为和情绪状态极敏感。如果一只羊很高兴(大概率发现了好吃的),则其他羊会马上共情、感知,然后瞬间衍生出嫉妒(为什么别的羊有我没有)情感——结果,所有羊都立即向"那个好东西"靠拢。同理,如果一只羊受到惊吓,群里其他羊会立即共情、感知,瞬间衍生出恐惧情绪,结果,所有羊同时开启唯一防御手段——逃跑。

这种极其敏锐的"他人情绪探测器",把自己紧紧绑在身边同类的情绪上;只要有四只羊或以上,即成一群;与群分离、与其他羊的隔离,都会导致羊严重的压力和恐慌。[①]

人:这种对他人行为越来越敏感、越来越身不由己的趋势,在我们的社会行为中越来越常见,甚至无处不在。

[①] 参考资料:Gary M.Landsberg and Sagi Denenberg, *Social Behavior Of Sheep*(羊的社会性行为)。

比如，在某些难驾驭的领域（例如投资），我们似乎不再需要牧羊人，不再需要按照专业人士的建议行动——在这个获取新闻不再是全国人民每晚七点的统一活动，我们手机里的"圈""群"和App，各自成茧比声量的年代，谁都可以成为"专业牧羊人"。前提是其他羊也这么想，并且跟随。

和羊一样，市场上的我们，很少会有一个成形的、纯正的、产生于自己脑袋里的观点。价值来自社区、粉丝和饭圈，来自其他人知道并追捧。粉丝影响粉丝，饭圈繁殖饭圈，羊的眼中永远只有其他羊，行动的开关在群里。饭圈和粉丝的力量就是羊群的力量，社区越大，价值就越高——这个道理适用于所有市场。美国国会山暴动、罗宾汉散户侠游戏驿站之役和NFT艺术品的火热都是此效应发挥到了极致的绝佳案例。

"持续产出观点"变成一种商业模式，大媒体、自媒体、KOL、大脑皮层活跃且表达欲强的从业者们（比如我），均可使用。每天像强迫症一样维护自己的流量、声量，让自己的精彩观点尽可能以有争议、另类、煽动、娱乐、开脑洞的方式表达出来——去影响其他羊的情绪。但是这些精彩观点，仅一天时间，就会像扔进了太平洋里的漂流瓶，消失在被遗忘的文本中；偶尔被人捞起，炒些许冷饭，但几乎永远不会被冲上有人居住的海岸。

各国政府也是羊。不管是疫情期间视对方情况决定是否断航锁国；还是疫苗研发出来后视对方情况决定是否注射疫苗、用哪种疫苗——最后疫苗注射变成了一个比赛数字，大家开始争先恐后准备疫苗护照、通航。

和羊更像的第二个特征：零利他主义和自私。

我们仔细分析一下羊紧盯其他羊的深层原因——因为羊是顺从、无脑的追随者吗？

英国生物学家安德鲁·金博士（Andrew King）曾经做过一项实验，他在羊身上装上全球定位系统，然后让牧羊犬冲向羊群，同时记录羊的位置变化。结果发现，当牧羊犬距离羊群还有一百米时，羊群就会开始向中心聚集，每只羊都会不断拼命向中央挤。

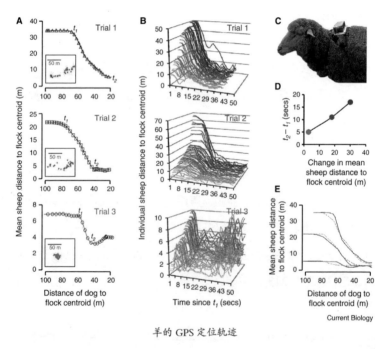

羊的 GPS 定位轨迹

参考资料：Selfish Sheep Seek the Center，ScienceNOW. 23 July 2012

羊面对威胁时，不是分散逃跑，而是拼命挤向群中央——避免待在边缘，让挤不进中间的外围羊去面对被猎的风险。

所以"一只动起,一哄而上"的羊群效应,并不是呆呆从众,而是求生存的自私——每只羊都想挤到群中间,减少自己被吃掉的风险。羊不会领导其他的羊,也不会像狼群一样形成领导结构,因为羊并不关心其他的羊。每只羊都生活在自己的小宇宙中——这反而使羊成为最难管理的动物:一吓就乱。

如果在人类身上给这个相似性找一个新近发生的案例,那必须是2021年初发生的Archegos基金爆仓事件——这是人类史上迄今为止最大单日亏损。2021年3月30日,对冲基金经理比尔·黄管理的高杠杆基金Archegos Capital爆仓,遭到抛售的总金额达190亿美元。由于存在高杠杆,导致其重仓股(包括跟谁学、腾讯音乐、百度等中国概念股)市值蒸发高达330亿美元。其中,高盛卖出105亿美元,摩根士丹利抛售80多亿美元,其他欧洲银行则出现巨额亏损。

这又是一个经典教科书级别的、投行(尤其是Prime Broker)在极端情况下会如何视对方情况对待高杠杆的行为艺术。

地球上总有想奔向太阳的人。有一群交易套利者,总喜欢飞得离太阳近一点——对他们来说,获得更多的杠杆以及知道别人不知道的信息才是人生的终极意义。这类拥抱太阳的人,在2008年金融危机前很常见。我本来以为经过2008年金融海啸冲刷,疯狂杠杆交易早已不复存在,可黄老师在我们有生以来的最大牛市里,居然能完成150亿美元的史上最大单日保证金追加(margin call),杠杆得加到多大?看来要么是我想错了,要么是邪恶小宇宙又被点燃了。

对于黄老师这样有内幕交易前科,且天生喜欢拥抱太阳的人,几年前的刑事指控、几千万美元的罚款,以及一年缓刑,并不妨碍他再次成为对冲基金大师。黄老师学到的是如何避免被抓——不再直接持有或做空股票，而是用那百试不爽的隐身重型武器——衍生品，继续留在游戏中。TRS（总收益互换）可以让黄老师在不拥有任何底层股票的情况下，依然能获得包括股价上涨、股息、其他所有现金分配的"总回报"（以及损失）。CFD（差价合约交易）更是如此，是空手套白狼的彩票式赌涨赌跌。

黄老师拥有的唯一东西，就是与对手盘签订的一纸衍生品合约——这让他可以继续"内幕"，且不会被证监会SEC跟踪。这是妥妥的、纯粹的衍生品，对价格上下波动的精炼赌注，是大户之间的零和游戏——只属于明知道太阳温度灼人，依然愿意睁大眼睛去拥抱它的玩家。

但是，黄老师真的是被"margin call"斩杀的吗？一个直到3月22日还创下历史新高的股票组合，一周之内一个小小下跌，却能引发一场抛售海啸——黄老师只有在整个上涨过程中一刻不停买进且从不获利了结才能做到。即使赌徒基因让他继续双倍赌，这样的投资组合，也不到让高盛等一众精明如狼的大宗经纪商们陷入全面恐慌的程度。

所以到底是谁杀死了比尔？

依然是羊性。在快速变化的金融市场上，交易头寸没到触及净资本警戒线，却依然发生强制清算，大概率只有一个原因：监管领导打电话了。

只要为比尔·黄提供杠杆的机构中，有任何一家机构的法务部接到监管电话（比如询问贵司有多少比尔风险敞口），同业就会在极短的时间内探到风声。当你有很多债主，记住永远不能让债主们互相交换意见；一旦债主们开始互相沟通，交换意见，羊群性会在瞬间爆发。放下电话，华尔街的眼睛就已经从黄老师身上，移到了电影院的紧急出口。接下来就是看谁跑得快了——有没有真的发生火灾，已经不重要了。

虽然这只是其中一种可能性，但是巴顿·比格斯（Barton Biggs）有分教：一旦清算开始，鲨鱼就会闻到血腥味，且在进食结束之前根本不可能停下来——黄老师在下水之前，确定自己能在"那一刻"到来时，躲开鲨鱼上岸吗？

潮流改变方向的时候是不会先和他商量的。

03

几千年来，尤其是在社会和市场这两个大农场上，人类智能正在（或者已经）被训练成为羊的智能。

我们和羊高度相似。综上所述，我们一点儿都不温顺、不愚蠢，也不盲目服从；正相反，我们极其自私、极其精明，和身边的人保持高度一致、高度"近视"。我们有极强的"他者意识"，但从来没有"他者义务"。

有了这些特性，作为国家的人民和市场上的散户，"羊"实在是太优秀了。羊是天下最好的家畜，可以用羊毛付房租，可以自给自足，可以放养，不用24×7小时照料——只要防止羊们在愚蠢事故中自杀，就可以年复一年地收获。到了紧要关头还可以下火锅。对于任何一个农场主，羊都值得拥有。如果羊真的无脑温顺、不能自理又愚蠢,那养它们就太麻烦了。

所以我们是如何被训练得像羊一样思考的呢?

现代社会制度潜移默化形成的"奖惩机制"——比如,在别人高兴时感到不适(嫉妒),在别人难过时感到高兴(幸灾乐祸);因为个人的失败、离群、与众不同而让群失望时,会受到群体惩罚(荣誉和羞耻)。

更麻烦的是,这种奖惩机制已经"关不掉"了。后现代社会已经找不到阿甘本所指出的"权力媒介"(agency of power),一个有控制行为、有动机的主体,一位有名有姓的"牧羊人";到底谁控制着一切?不再是一个政府,或者一个独裁者,而是一张由大公司、商业组织、利益集团、国家机器织成的巨大的网。

市场简直就是一个精炼微缩版的万花筒——可以看到羊群行为的一切,尽在不言中。有人告诉你,赌球是一项"天道酬勤"的长期比赛,你越努力分析球队,对球队的调查就越到位,赌对的概率就越高,就可以获得财富——你应得的。

然后一场崩溃,你被"割"了,于是开始怀疑人生。

那又怎么样呢?然后你又听到了一个新故事、一个更有意义的故事。比如,这次不一样,我们可以联合起来,"民主化"市场,摆脱压迫者,在不公平的游戏规则下咸鱼翻身——并且在过程中可以赚很多钱。

然后一场崩溃,你又被"割"了,又开始怀疑人生。

那又怎么样呢?这只是第二季,后面还有三、四、五、六季呢……一切都没变。

在这个大农场上制定规则的裁判、作出裁决的人和网络才真正创造了市场。正是因为羊群"一吓就乱"的危险特性，比赛规则可以（只能）在没有任何警告的情况下改变；比如在中场休息时，由裁判来决定还有没有下半场。

所以，决定我们的赌注是否有回报的，恰恰是其他羊的行为。

很多人说市场（股市）是有功能的。它成立之初，也确实是有功能的，当时它的使命是帮助资金匹配到效用最高的地方，帮助企业找到投资的资金，市场当时的使命勋章是定价——给钱贴上一个最合适的价签。

但是现在的市场，已经几乎完全没有这样的功能了，它已经飘飘然脱离出来，变成了一个自己的二次元空间。在这个二次元空间里，不管是《新闻联播》里的话语叙事，还是宏观经济学家的最新研究论文，还是企业年报新闻稿中的文字和故事，甚至是街坊喝茶喝酒聊天讲的内幕消息，或者微博、朋友圈，都是这个"二次元"新游乐场上的同步镜像。

这个"二次元"市场的价格和走势，会根据这些叙事和故事来改变，也已经跟底层的现实世界脱离得比较远了，将来有可能越来越远。

宏观和微观的分析，更多是同样的叙事和信息，在短期、中期和长期内对市场情绪的影响，而不是对现实世界的影响。比如专家看多军工企业，那是因为他觉得地缘政治会成为令市场情绪紧张的因素。市场的情绪一紧张，价格当然就会变。但是专家能决定国家与国家之间打不打仗吗？恐怕不能。他只是在告诉大家这件事有可能会引起市场的波动，具体什么时候波动不知道，仅此而已。

很多人说，市场就像一个大赌场，什么题材都可以拿来炒作或者赌；但我觉得市场其实更像一个大电影院，现实世界中的任何题材都可以在这里戏剧化地放映出来，坐在电影院里的人控制不住情绪的波动。

而这个大电影院靠什么支撑呢？就是在电影院里哭泣的人贡献的票房收入。

如果你已经决定要加入市场——这个世界上最大的游戏中，可以先问问自己，能挺得过身边羊的拥挤吗？在随时被他人触发的拥挤甚至踩踏中，能完好无损地存活下来吗？

也许可以。首先从认识到自己的"羊性"开始。

寻找底层代码：
三观的三关

索洛佐：柯里昂，我需要一个有权势朋友的男人。我需要一百万美元现金。我需要你口袋里装着的那些政客，就像那么多钱的价值一样。

老教父柯里昂：对我的家族有什么好处？

索洛佐：30%。第一年你的收入是三四百万美元。然后它会增加。

老教父柯里昂：那么塔塔尔吉亚家族的利益是什么？

索洛佐：我会用我的那份钱照顾塔塔尔吉亚一家。

老教父柯里昂：所以，我用法律保护和政治影响换百分之三十的财务收入。你是这个意思吗？

索洛佐：没错。

老教父柯里昂： 我愿意见你，是因为我听说你是个严肃的人，应该受到尊重。但我必须对你说"不"——让我告诉你我的理由。的确，我在政界有很多朋友，但如果他们知道我的生意是毒品而不是赌博，他们就不会这么友好了。因为他们认为赌博是无害的恶习，但是毒品，是一个肮脏的行业。

老教父柯里昂： 本来对我来说，一个男人靠什么谋生并没什么区别，你明白的。但你的生意有点危险。

——电影《教父》片段

01

人要有三观，价值观、人生观和世界观。

我有一个"世界观"，意思是我有一本说明书、一套核心哲学，用来向自己解释世界是怎么运转的；世界上已经、正在或将要发生的事情，哪些是重要的，哪些可以忽略，而哪些是根本不应该发生的。你要像贝壳，含颗沙子，经过五脏六腑的打磨，然后吐出颗珍珠——这颗珠子，就变成看世界的隐形眼镜，你需要用它对世界做判断。

问题是，世界越来越复杂，这副隐形眼镜的度数很快会不够用，一切又会变得模糊、看不清楚。那如何才能找到一副度数永远合适的眼镜呢?

你需要一套底层代码。我们的世界观很像一个软件,一旦安装,之后要维护几十年。所谓"铁打的营盘,流水的程序员",但是一个优秀简单的底层代码,无论如何迭代,总能帮你追到程序的根,溯到软件的源。有底层代码的人从来不会说自己有一切问题的答案,但一定知道那一两个最重要的。他们就像瑜伽高手,不管身体如何扭曲,永远能找到自己的"核心"。

这套底层代码可以用在任何地方,不管是在金融市场上做交易,在生意场上做生意,还是在人世间做一个正常的人。

电影《教父》中有个经典桥段:老教父对索洛佐说,我的确有很多政界朋友。在他们眼里,赌博是人之固有恶习,无伤大雅。但是毒品不同,一旦沾了手,从此在他们眼中你就是脏的,保护伞会瞬间消失。老教父的底层代码告诉他——黑帮这门生意,有所为有所不为。

在市场上,代码就是你的宏观逻辑线,或者分析框架。它们也需要像世界观一样,遵循无时无界(timeless and universal)的原则,能用来找到经济规律的迭代,以及市场和人类经济社会这两架机器的底层算法。

我们的底层代码需要自己去写,但是底层代码由"沙子变成珍珠"的过程其实也挺像打游戏,有规则,也有通关攻略。

02

和大家分享一下我自己搭建底层代码的通关攻略。一共有三关。

第一关：要对共识有意识。能听懂共识的语言。

不管是混迹政界、商界，或从事科技、金融工作，还是写诗作曲，在人类社会活动这个游戏界面的背后，有很多无形的规矩。这些看不见、摸不到的规矩，叫惯例，或者共识。

而这些无形的规矩、惯例和共识在真实世界中最潜移默化、最强大的代理（agent）就是：语言。不要小看语言的威力，它能在你脑子里生根发芽，决定什么才是主宰当下世界运行的共识。

为什么老鹰被叫"鹰"而不是其他？不管源头在哪儿，几千年来的惯例决定了今天所有人把那个在空中扇动翅膀、目光狰狞的动物和"鹰"这个词挂上钩。一旦这个语言的共识形成，一个组织便可以在一起愉快地玩耍了；如果你非要把它叫"兔子"，你和其他人的社交场面一定会很混乱，也许很快会被组织清理出去。

这就是哲学中的"gavagai"。"gavagai"是什么意思？你本来也不知道。但是有一天，你闯进一个非洲部落，发现每当有兔子跑过时，部落里的人们便会跳起来嚷嚷："gavagai！ gavagai！"这下你大概能猜到"gavagai"的意思就是兔子，但还得确认一下：所以下次看见兔子时，你也喊"gavagai！ gavagai！"，如果部落里的人们有积极的回应，就说明你猜对了，"眼前这蹦蹦跳跳的活物 = gavagai = 兔子"就成了共识。

换个场景，如果部落围锅而坐的时候嚷嚷"gavagai"，也许就是晚饭的意思。如果你不能用同一种语言理解这件事，也许会被当作"gavagai"。

同样道理，在金融市场，如果你不和市场说同一种语言、遵守同一个惯例，找不到当下的共识到底是什么（比如别跟央行对抗），那也不会在游戏场上玩耍太久。

举个例子。你可知道，在金融市场中，流动性这个词已经不再是人类的语言，它早就变成了机器、算法和大数据的语言。在人类的语境中，流动性的意思是能卖出去。放在人类信息处理能力的范畴下理解，它的意思就是"把大单用各种手段切成小单，再神不知鬼不觉地放回市场中卖出或买进"。而在机器的语境里，这种小心思没有遮掩，完全透明。因为机器能"看到"流动性，就像昆虫用复眼看到视觉信号一样。如果你非要在机器面前说人类的语言，比如价值，比如成长，我仿佛能听到那头的算法在嘿嘿笑。

第二关：要知道自己什么时候正在"被共识"。

李诞有句名言：人间不值得。我觉得还可以用在另一个地方："新闻不值得。"因为媒体和新闻让你我都染上了一种克莱顿（《侏罗纪公园》系列的作者）称之为默里–盖尔曼失忆（Gell-Mann amnesia）的症状。

这个症状如下：某天你打开报纸，先翻到自己熟悉的领域，比如科技方面的报道，你大概率会觉得"这记者完全胡写，不懂装懂"。然后，再翻到你不熟悉的版面，比如国际事务，感觉就很不同了——你会觉得离你十万八千里的沙特谋杀案，或者中东事务的分析很靠谱，尽管两篇报道都在同一张报纸上，没准儿还是同一个记者写的；只是换了个版块，刚才"胡说"的感觉就全都消失了。

美国判例法中有个概念叫"falsus in uno, falsus in omnibus"（一

事假，事事假），意思是如果某证人在一个重要事项上做了假证，陪审团有权忽略其全部证词。这个道理在日常生活中也适用，如果有一个人说话不靠谱，你很快会把他之后说的所有话的可信度都打个折。但这个概念到了媒体和新闻上好像就没用了，昨天你觉得完全胡说八道的报纸，明天一样会翻开来看。在媒体强大的磁场下，人的判断力很容易失效，会天天失忆——因为我们每天都在被新闻和身边读新闻的人们"共识"着。

举个例子。对信任这件事的共识，在2008年次贷危机之后突然变了——你开始觉得银行不可靠，保险公司不可靠，信托券商不可靠，交易所不可靠，连央行也不可靠。信任变成了一个哲学问题：它到底是什么？从哪儿来？去哪儿了？

有一天，所有人的脑袋里突然被打了一针区块链药方——它可以重建信任。它是一架"信任机器"。

区块链的哲学的确很优雅：没有信任，即得自由，建立信任的唯一的办法是谁都不信。它能在不给别人看身份证的情况下证明你是你，能在不告诉别人你知道什么的情况下证明"你知道"。它能设计出杨子荣行帮暗号一样复杂的密码。

土匪：蘑菇你哪路？什么价？（什么人？要去哪儿？）

杨子荣：想吃奶来了妈妈，想娘家来了舅舅。（找同行）

土匪：天王盖地虎！（好大胆，敢来气你祖宗？）

杨子荣：宝塔镇河妖！（若如此，叫我山上摔死、河里淹死。）

土匪：嘛哈嘛哈？（什么来头？）

杨子荣：正晌午说话，谁还没有家？（许大马棒山上。）

土匪：好叽哒！（内行，是把老手）

杨子荣：天下大奔拉！（没吹牛，闯过大队头。）

座山雕：脸红什么？

杨子荣：精神焕发！

座山雕：怎么又黄了？

杨子荣：防冷涂的蜡！

座山雕：晒哒晒哒。（谁派你来的？）

杨子荣：面向青寨背靠沙！（一个道人。）

有了这么强大的密码，把欺诈难度系数无限增大，欺诈变得几乎不可能，大家才不会每天琢磨如何行骗，而是去考虑如何让世界变得更美好。

很炫酷吧。但是别忘了，杨子荣用"暗语"证明的身份——本来就是假的。

区块链只是一个盒子，盒子和盒子里装的东西是两件事。我们仔细想过究竟什么才是信任吗？还是自己被无脑共识了？

第三关：要知道惯例和共识是不断进化的。

上帝没有规定兔子永远得叫兔子，或者金子永远比石头更有价值。奴隶制和奴隶角斗，几千年来都是政府支持的公益活动，背后是一个长期被社会默认的共识；而这种共识从19世纪开始，只用了八十多年就被抹得干干净净。

还有，只有法币才是真货币吗？只有国家主权信用才能让你手里的纸变成货币吗？别忘了布雷顿森林体系崩溃后建立的信用法币体系，才半个世纪而已——五十年前就没有货币吗？虚拟货币完全没可能变成新的共识吗？

同样道理，黄金到底是什么？1895年的黄金是货币；120多年后，如果再说这样的语言，大家会觉得你开了个很不好笑的玩笑。因为在今天，所有人都知道黄金≠货币。1895年和2020年的共识不是同一个共识；如果非抱着100年前的共识不放，把黄金等同于货币，就一定没办法在今天的金融市场上安全地玩耍。共识在，黄金是货币；共识不在，黄金就不是了。

从2008年金融危机开始，市场上最强大的共识是什么呢？

是全球央行这片汪洋大海的力量——央行控制一切，其行动决定市场结果，尤其是美联储。迄今为止，没有任何政治异动、地缘紧张、总统叫嚣、战争威胁、奇闻轶事和花边新闻所造成的波澜，是央行不能解决的。可是想想十年前，我们能认得出几位央行行长的脸？

共识会变，但是一个新共识形成的过程，是不变的。如果能发现这些信号，记录其形成之过程，找到万变之中不变的东西：你的底层代码就建好了。武学有四个境界：锐剑、轻剑、重剑、无剑；写代码也有四个境界：能读，能写，心中有代码，心中无代码。

代码、共识和世界观很相似——最高境界也许不是能用，而是还在用。

汤姆叔叔的情绪小屋：
故事的力量

20 世纪早期戏剧
《汤姆叔叔的小屋》剧照

图片来源：俄亥俄州立大学图书馆

"我不是付了一千二百美元现金吗？你那黑色躯壳里的东西——身体和灵魂，不都是我的了吗？"他边说着，边用沉重的靴子狠狠地踢了汤姆一脚，"告诉我！"在肉体深深的痛苦中，在残酷的压迫下，这个问题在汤姆的灵魂中射出了一丝喜悦和胜利的光芒。他突然伸直了腰，热切地望着天空，眼泪和鲜血混合着从他脸上流下来，他大声说:"不!不!不!我的灵魂不是你的!你还没有买,你不能买!它已经被一个有能力保管它的人买下并付了钱;不管怎样,不管怎样,你不能伤害我!"

汤姆慢慢地抬起头,悲伤而又平静地环顾四周,说:"不,不——我不去。让伊莱扎走吧——这是她的权利!我不会是那个说不的人——如果我必须被卖,或者地方上任何人、任何东西要被卖,那么卖我吧。我的姿势可以把它堵住,就像堵住他们身上的任何东西一样!"他那宽大而粗糙的胸膛抽搐着,仿佛在呜咽和叹息。

在伊莱扎看来,一千条生命似乎都集中在那一瞬间——她房间一扇通向河边的侧门打开了。她抓住自己的孩子,跳下台阶。就在她消失在河岸边时,那个商人一眼瞥见了她,他从马背上跳下来,大声喊着山姆和安迪,像猎狗追逐鹿一样紧紧地跟在她后面。在这令人眩晕的一刹那,她的双脚几乎没有触到地面,奔跑到了水边。她鼓起勇气,用上帝给予绝望者的力量,一声狂叫,一跃而起,跃过岸边混浊的水流,跳上了远处的冰筏。这是一个绝望的跳跃——除了疯狂和绝望之外,什么也做不了。

——斯托夫人《汤姆叔叔的小屋》节选

01

很久很久以前,差不多我高祖父的年代,在大洋彼岸,一个留着络腮胡子、奇高无比的美国人，握住了一位瘦小女士的手，说：
"所以你就是那个发动了南北战争的小女人？"

问话的人和被问的人，一个是林肯，一个是斯托夫人。把他们两位放在一个场景里的，就是那部著名的《汤姆叔叔的小屋》。

我第一次读汤姆叔叔，感觉只有一个"惨"字——伊莱扎逃亡，老普露惨死，小伊娃夭亡。全篇没有最惨，只有更惨、更可怜、更悲愤。尤其是最后一幕，终于等到谢尔比的儿子乔治来赎自己的时候，汤姆叔叔已经奄奄一息："哦，乔治少爷，你来得太晚了，主已经赎了我，就要领我回家了。我也盼着回去呀。天堂比肯塔基还好着呢！"

被蹂躏致死却还感恩，真是太可怕了。那万恶的奴隶制度！

十几年后，我翻出来又读了一遍。这次重读的感觉很微妙，似乎有哪里不对：

整本书似乎在刻意引出我的某种情绪。斯托夫人的手在书中无处不在，牵着我爬上一个又一个情绪的山坡，再猛地把我推将下去。比如读伊莱扎抱着儿子在冰冻的俄亥俄河上狂奔那一段，斯托老师的文字，就像一只手从我胳肢窝下面伸出，把我的情绪腾空托起——"如果你是一位母亲，知道你的小伊娃马上要被人从身边生生扯去，你会跑多快？"

斯托夫人这种写作手法，叫"感伤主义/情绪主义"（sentimentalism）。它会让你不知不觉地把剧情套在自己身上，身临其境，把"奴隶制 = 邪恶 + 反人性"这个事实自然而然地灌进你的头脑，塞入身体，而不是自己"想出"这个结论。

《国王与我》戏中戏片段：
暹罗孔剧版《汤姆叔叔的小屋》

斯托夫人的感性就这么变成了一个"存在"；"废奴主义"这四个字，也变成了真实世界中的一件事。当年的汤姆叔叔，也不再是个虚构人物，他似乎就住在你的隔壁，正在受苦受难。于是大家开始公开讨论这件事，从读书会、公众集会，到街区游行，情绪一点一点升温，甚至从美国国内溢出到了国外——1956年版《国王与我》中那段著名的"戏中戏"，便是泰国孔剧版本的《汤姆叔叔的小屋》。

直到有一天，情绪终于触到了那个"点"——南北战争爆发了。于是就有了开头林肯对斯托夫人说的那句话。这不由得让人深思：到底是世界塑造故事，还是故事塑造世界？

既然情绪主义的力量如此强大，谁最擅长使用它？是文学家，还是哲学家？

都不是——应该是政治家。这就是为什么《汤姆叔叔的小屋》被称为美国历史上影响最大的"政治小说"，而不是"文学作品"。

理性和感性这两件事，永远住在我们认知中的两个极端。它们好像一个在南极一个在北极，似乎从未水乳交融过。法国启蒙运动的哲学家们，曾经拼死捍卫理性和逻辑，但仍然敌不过当时的政治家——因为政治家瞄准的是你的心（感性），不是大脑（理性）。

善于利用大众情绪的个中典范，还得是美国前任总统特朗普。

如果你看过他的集会演讲，应该不难发现：他开场的第一句话一定不是今天的主题是什么，而是今天集会的规模有多么的庞大，人群的数量有多么巨大——前所未见，闻所未闻，"fantastic"！他会先让你意识到自己是在一个多么庞大的人群里，被包围在一种多么强烈的情绪中，似乎全美国人民都在向台上这个胖子挥手——这个胖子一定是个英雄。不管他说的是什么，对还是错。

02

人类的认知，就像二维码扫描器，永远都在周围世界中寻找可以"扫一扫"的二维码。一个无序的乱七八糟的图像，经过人类认知的扫描，就变成了所有你能想到的有意义的东西。这个解码的过程就是讲故事。

故事，就是一个讲出来了的模型，或者套路。比如，《西游记》的故事告诉你磨难是个什么样的套路，匹诺曹的故事告诉你说谎是个什么套路，哈姆雷特的故事又告诉你背叛是个什么套路——以及在这些场景中，人类会如何反应，做出什么举动。

在人类几千年的进化中，这是一个基本的生存本领。在一个充满不确定性的世界，你需要能够找到一个算法或者模型，来帮助自己把周围奇怪惊悚的新鲜事物，变成一个能理解的故事。因为理解了才能分析，分析后才能应对，应对好了才能增加生存的概率。

在正确的时间听正确的故事能帮我们更好地生存下来；那在错误的时间，相信错误的故事呢？结果肯定不乐观。尤其是在金融市场上——故事，往往就是那个大起大落、大繁荣大萧条、大时代大终结的启动键。

最经典的例子,就是美国1929年的股市大崩盘,以及随之而来的经济危机。十年柯立芝荣景,股指坚挺,数字漂亮。突然之间,天昏地暗,没有一点点防备,也没有一丝预兆,崩溃就这样出现在美国人民的世界里,带给他们惊恐;一崩就崩成了十年大萧条——直到今天,人们仍然没有给它的爆发找到一个精确的解释。

难道这件事是外星人干的吗?

应该不是。这场崩溃,也许也只是因为市场上出现了一个"汤姆叔叔的小屋"般的情绪故事。讲故事的人,也许是巴布森(Roger Babson)[①],也许是其他和主流媒体唱反调的经济学家——不管是谁,反正在不知不觉中,这些微弱的声音开始慢慢变大,最终变成了房间里的那头大象。

接下来,那个没办法预测的时刻就来了。它从一个变异开始,市场需要时间消化,当它还没决定该相信哪个故事时,一切力量就像拔河一样,波动不止,方向不明。直到拔河的某一方多加了一份力,一切便成定局——某个观点的共识形成,下面就是无法抗拒的历史了。

这种情节,在人类历史上每隔一段时间就会发生一次。市场就像冯内古特《时震》中的宇宙,膨胀了几亿年,有一天突然有点迷糊,就会收缩一下——这一缩就是几十年时光倒流。这几十年中的

---

① 巴布森,美国著名经济学家和商业理论家。从1923年开始,他就在《纽约时报》每周专栏里忠告"崩溃迟早发生"。

人们,会把一切重新来过,就像什么都没改变一样。

然后,又一个十年,又一个"那一刻",宇宙又开始迷糊,接着又一个清醒的时刻也就快到了。

03

回顾2008年次贷危机后的这十几年,金融市场上的"汤姆叔叔"藏在哪个故事里呢?

次贷危机正式结束,为经济恢复升温准备的"加息"这个故事,从2015年第一次出现,已经讲了好几年;但直到2018年市场似乎才突然决定要开始反应。那这几年市场都在干吗?

在等故事"长大"。把故事喂养长大的,也许是伯南克、耶伦、鲍威尔的某一次演讲;也许是达里奥的"七十年债务大轮回",也许是周小川的"明斯基时刻"。到底是哪一句话?我们并不知道;唯一能感受到的,就是房间里的那头大象在慢慢长大。有一天突然"嗷"了一声,就"嗷"出了2018年的血色平安夜。①

接下来依然有两个故事,但是市场并不知道该相信哪一个。一个故事是"放水"。这个故事所有人都知道了,连我妈都有了自己的解释:量化宽松、央行放水意思就是政府来救我们了,救房子、股票,救所有人好不容易积累的财富。而另一个故事是"放水的后

---

① 2018年12月24日平安夜,美股突然全线下跌,道琼斯指数下跌2.9%、标普500指数下跌2.7%、纳斯达克指数下跌2.2%。美股迎来史上最惨淡的圣诞假期。

果"。这个故事的后果在所有人想象范围之外，没有人能想象出这史无前例之举的后果。然而它依然是房间里那头大象，"放水是有后果的"这个共识时而出没、时出潜伏、时而消失——它就是恶性通货膨胀。

这两个故事，有同一个助产医生——媒体。媒体是一个很奇怪的存在，它既是源头，又是过程，可以把自己生出的源头，再无限放大、无限复制。它能创造出你观念的形状，同时也能把你观念的形状反射出去，无限正反馈。就像那个镜子中的镜子。

你的潜意识，也许有时候会在自己耳边悄悄地吹出"印钱是有后果的"；但你的直觉，却还没到"所有人都知道所有人都在担心那个后果"的程度。大家觉得一定还有人没想到，牌桌上还有人；牌桌上的人还没换牌，你不确定会有人跟。如果无人跟随，自己就是击鼓传花那最后的接棒人；可如果离开得太早，聪明过头，也许还不如不来。

就像皇帝的新装，如果你先喊了"陛下您没穿衣服"——万一自己错了呢？而一旦有个熊孩子喊出这脆脆的一声，就是你对自己想法的确认，也是牌桌上所有的人同时对自己想法的确认。

下一步会发生什么？

所有人争抢着离开桌子，冲向逃生门。

金融语言的动态变化,是一个 "熊孩子喊破皇帝没穿衣服" 的过程

舞台剧《皇帝的新装》,
"北方舞台圣诞系列"(Northern Stage Production)

图片来源:Pamela Raith Photography

所有人: 上帝,这衣服多么合身啊!式样裁得多么好看啊!多么美的花纹!多么美的色彩!这真是一套贵重的衣服!

典礼官： 大家已经在外面把华盖准备好了，只等陛下一出去，就可撑起来去游行！

皇帝： 对，我已经穿好了。这衣服合我的身吗？

（托着后裾的内臣们把手在地上东摸西摸，然后开步走，手中托着空气。皇帝在富丽的华盖下开始游行）

站在街上和窗子里的人： 乖乖，皇上的新装真是漂亮！他上衣下面的后裾是多么美丽！衣服多么合身！

小男孩： 可是他什么衣服也没有穿呀！

小男孩的父亲： 上帝哟，你听这个天真的声音！

（大家开始低声传播小男孩的话）

民众： 他并没有穿什么衣服！有一个小孩子说他并没有穿什么衣服呀！

所有人： （齐声）他实在是没有穿什么衣服呀！

皇帝： （开始发抖）我必须把这游行大典举行完毕。

（摆出一副更骄傲的神气，内臣们跟在后面，手中托着一个并不存在的后裾）

—— 舞台剧《皇帝的新装》片段

01

你是不是一位杠精?

或者经常会和杠精打交道、辩论,抑或掐架?我们在和别人辩论的过程中,在双方面红耳赤、脸红脖子粗,甚至撸起袖子时,有没有一个时刻让你突然觉得,其实大家各自在讲完全不同的东西,或者双方正在用完全不同定义的词汇辩论,鸡同鸭讲?

再接下来,词穷理亏的一方往往会上升到道德高度,反对他/她就是"不道德"的——到这个时候逻辑已扭曲,你会发现这种辩论,是无论如何都吵不赢的。所以,辩论这件事,最后经常变成纯粹的"打嘴仗",变成了语言技巧的较量,而不是对客观事物的映射——它和真正想辩论的东西,已经没什么关系了。

这种事不仅发生在网上掐架时,它也发生在哲学论争上。20世纪初,现代哲学界终于觉察到了这一点:过去各个门派,几代哲学家们无休止的、循环往复式的辩论,对认识这个世界根本没有任何帮助,哲学作为一门学科,也没有任何进步;而用来辩论的哲学语言,反而越来越复杂、晦涩、深奥,以至于哲学家们自己都听不懂了。

教育之父威廉·洪堡特(Wilhelm von Humboldt)认为:人们称为世界的东西,其实就是语言,语言就是世界。只有语言,才是打开世界大门的钥匙。

世界因语言而获得意义,人类因获得语言而理解世界。我们对事物的全部主观知觉,都必然在语言的构造和运用上得到体现。每一个人,通过语言而形成世界观,每一种语言里,都包含着一种独特的世界观。

人类的语言有巨大的局限性。大部分词语，讲出来虽然容易，但它所指对象的定义，却是非常模糊的，模棱两可的，在交流的过程中容易产生歧义和误解。一旦歧义和模糊的语言被贴上情感标签，作用于人的行动，世界就会因此而改变。一发不可收拾。

怎么办？于是分析哲学（Analytic philosophy）就出现了。它有一个分支：语言哲学（Philosophy of language）。

分析哲学的任务在于清理思想，它想用尽可能客观的方法，对语言进行逻辑分析，搞清楚它们的意义。因为语言不是表达思想的工具，语言就是思想。维特根斯坦表示，在进行任何辩论之前，诸位还是先搞清楚自己在说什么吧，不能用语言精准说清楚的事情，就不要探讨。庄子点了个赞：六合之外，圣人存而不论。

世界是一个万花筒，每个人看到的版本都不一样。分析哲学试图通过语言，把每个人看到的，不一样的世界，汇整成一个完整的、公认的世界。因为语言会产生、改变你的世界观。世界观变了，一切都有可能发生。

02

金融市场上语言是动态的，它每刻不停地在发生变化。从没有意识，到孕育发酵，再到过度情绪，最后爆发，有一个完整变化的周期，就像四季。它可以改变市场趋势，把旧的热度变冷，再创造出新的热度；热度的余温可以存在很久很久，也可以骤然变冷。

金融语言的动态变化，也是一个"熊孩子喊破皇帝没穿衣服"

的过程。

当一个头条出现时,它会同时弹跳在每个人的手机上。但是,头条本身不会对真实世界有立竿见影的冲击,我们看到"关键数据出炉""重磅政策发布""某某被约谈"这些头条时,我们只是看到了"没穿衣服"这件事,依然还不知该如何反应。

因为让大家有共识的语言还没有出现,别忘了世界是一个万花筒,每个人看到的景象不一样。只有当属于这个头条的语言出现,才能汇成一个完整的、公认的世界。

所以接下来会出现分析解读,分析师的语言才是确认了一切情绪的开始,也是对世界观影响的开始。分析师之所以存在,是因为市场上需要有人负责将语言、故事与市场变动联系在一起。他们的主要工作是向世界解释,为什么"重大事件X"引发了"市场反应Y"。分析师的工作虽然不是毫无意义,但是经常出错。有的时候,这种错误或者误读会变成那只蝴蝶的翅膀,扇出一场海啸。

罗伯特·席勒老师的叙事经济学(Narrative economics)就是在总结这种影响:文字、语言,能很轻易地影响市场上众人的行为,深入人的价值观,连接人们的行为,从而将它的影响疯传到远方,甚至是全世界。

03

举几个真实的例子,大家感受下语言的力量。

案例一:"whatever it takes"

回到2009年5月，美国股市开始涨。到了2011年，对于依然信仰主动资产管理，追逐阿尔法的对冲基金来说，是相当糟糕的一年，因为那段时间次贷危机、欧债危机，也拖累了美国市场。到了年底，对冲基金业绩一片惨淡，很多大牛的名字都被拉下了神坛。尽管如此，Value——价值投资的语言依然有效，主动资产管理策略依然有效，市场上依然有阿尔法可以追逐。

到了2012年夏天，转折点出现了：8月的第一个礼拜，在伦敦的欧央行会议上，一个可以载入史册的语言出现了——马里奥·德拉吉的"whatever it takes"，不惜一切代价（拯救欧元）。它改变了一切。

很多人有大量做空欧洲金融股头寸，在会议刚结束时，欧洲市场确实下跌，他们赚了很多钱。但是后面两天完全大反转。因为在会议当天，上午媒体报道的主旋律"德拉吉的重大失误"，到了下午就变成了"德拉吉的勇敢之举"。语言瞬间改变。

当时的西班牙和意大利两国，是全球投资者担忧的主要来源。但是"whatever it takes"这句话一出口，随后两天这两个国家的股市，完全看不出来基本面有多糟糕：自从德拉吉说出这句话，西班牙ibex35指数上涨了17%，而意大利股指上涨了13%。整个欧洲股市居然是"喜大普奔"的节奏，彻底打爆了空头。很多对冲基金也在2012年夏天永远地消失了。

更魔幻现实主义的是，德拉吉成了当年的FT（英国《金融时报》）年度人物。大笨蛋变成了英雄。变成了"super mario"——超级马里奥绰号来源于此。

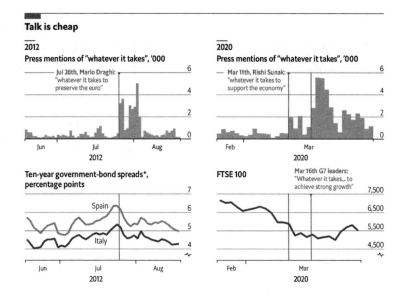

图片来源：经济学人（The Economists）

案例二：前瞻指引

这个词大家一定很熟悉。早在1999年，它就已经被日本央行开始使用了。后来因干预次数太多，已经变成了一个"狼来了"的故事——日本央行的口头干预几乎不被市场接受，所以现在干脆动手不动口，直接买债券、买股票。

美联储和市场的沟通方式，在最近十几年里发生了非常大的变化。格林斯潘把语焉不详的语言艺术演绎到了顶峰，模糊程度无人可及。到了伯南克时代，给市场打了几次强心针后，他突然明白一件事：市场动能是一种边际效应。或者说，任何事情能动起来，都是因为边际（margin）——那最后一根稻草。边际动能从哪里来？

答案是预期,不是现实。预期靠什么来驱动?答案是语言。

既然如此,那就把一切模糊都抹干净,直接用小喇叭告诉市场:我的目标是什么,大家应该怎么想。

于是伯南克开始了量化宽松后期的前瞻指引,把市场对央行政策的未来预期提前锁定。到了2013年,这已经不是美联储一家干的事了,全球各主要央行都开始频繁、步调一致地大量使用前瞻指引。从伯南克开始,然后德拉吉加入,然后是英国央行的新行长卡尼,大佬们的步伐保持着高度的一致。

央行有两种指引方式,一种是"奥德修斯式"(Odyssean),一种是"德尔斐的式"(Delphic)。"Odyssean"就是明示,对外公开宣告央行的预测以及未来的目标。"Delphic"是暗示,用隐晦的方式来传达政策意图,比如频繁讲话,间接释出央行对未来货币政策意向的讯息。

以前大家都很注意吃相地选择用"Delphic"式,现在完全放飞,已经非常直白、简单粗暴了。央行的这种语言游戏,副作用当然很大。因为知道了央行的意图,市场很容易利用它。

04

看完上面两个例子,你觉得什么样的语言才最有可能激发泡沫或者崩溃呢?

大概率是一个"半成品"故事、一个烤了一半的蛋糕、一个马上就要成形的苹果——这种似有似无、呼之欲出的语言,才最会激发大家的想象力。因为它们既不能被证明,也不能被否定。

在语言、态度和行为之间画一个箭头,你会把箭头指向哪里?先有语言,再有态度,最后导致行为——这不是显而易见的吗?但事实也许正相反,往往是语言和行为塑造了态度。

如果我们在市场和主导叙事中间画一个箭头,应该是朝哪个方向呢?市场会随着叙事变化而变化,短期内的起伏有成千上万种原因。但是我们偏偏一定要寻找一个特定的原因——这是人类的天性。

但在叙事改变的同时,真实的事实往往一点儿都没变,也许只是一个问题或担忧刚刚从聚光灯下消失。2016年全球金融市场上愈演愈烈的故事,是中国经济和股市。2015年末的股灾将经济学家们长期以来对过度投资、影子银行、从没人住过的鬼城等等的担忧不断放大。在西方投资界,叙事已经被情感渲染得不成样子。

页岩油惊人的成功故事在美国引起了共鸣。这个故事领导了石油革命,水力压裂技术革命让美国在几年之内成为世界上最大的石油生产国之一,美国人很容易对自己创新的历史感到情绪化,这个"永不消逝的创造力"的故事,反过来对整个股市产生了巨大影响。不幸的是,这个故事已经结束了。2020年极低的油价,让这些被誉为英雄的页岩油企业正在破产——于是叙事马上变成了:页岩油技术大幅度增加石油供应,导致油价下跌。

耶鲁历史学家拉姆齐·麦克马伦在《历史中的感觉》中说:历史就是感觉。正是感觉使我们行动。感觉可以被解读,解读又需要传递情绪,情绪会反馈给现实……这是一个无限反馈的微妙循环。

也许只有时间能告诉我们,故事将会如何发展。

"买谣言,卖新闻"

牧师: 太可怕了。如果人们不相信彼此,这个世界就像地狱一样。

平民: 没错,这个世界有点像地狱。

牧师: 不!我相信男人。我不希望这个地方成为地狱。

平民: 喊叫没有用。想想看。在这三个人中,谁的故事是可信的?

樵夫: 不知道。

平民: 说到底,你不能理解男人做的事情。

平民: 嗯,男人只是男人。这就是为什么他们撒谎。他们不能说真话,甚至对自己。

牧师: 这可能是真的。因为人是软弱的,他们撒谎是为了欺骗自己。

平民：别再说教了！我不介意说谎，如果有趣的话。

平民：没有人会在他说了要说谎之后再说谎。

平民：我们都想忘记一些事情，所以我们讲故事。这样更容易。

平民：女人用她们的眼泪愚弄所有人，甚至愚弄自己。

牧师：人的生命真的像晨露一样脆弱和短暂。

牧师：死人是不会说谎的。

——电影《罗生门》片段

01

黑泽明的电影《罗生门》，讲了一个极简单又极难断的案子：武士被杀，媳妇被奸，强盗被抓。审判长追查武士的死因，三个人嘴里的事实都不一样：武士（借还魂）说，为维护武士尊严，自杀；媳妇说，为维护贞烈女形象，杀夫；强盗说，决斗二十回合，赢而杀之。如果现场真能重现，哪个才是真相？

类似的案例很多，在影视作品里尤其丰富。比如电影《少年Pi的奇幻漂流》(*Life of Pi*)，如果你仔细思酌剧情：漂流船上的动物（或暗喻为人）到底是自然死亡，还是被Pi吃掉了；唯一生还者Pi自己的回忆可靠吗？还有"洞穴奇案"的故事，吃人保命是否等同于谋杀？五个法官能判出五种法理。又比如电影《十二怒汉》，一个看似简单的杀人案,十二人陪审团却给出了十二种偏见。

从传奇故事回到现实生活,其实我们自己每天也都在经历"罗生门"。如果你能隐身,听听别人八卦故事里的自己,肯定比看电影还精彩——自己什么都没做,但已经演了好多版本,还都是主要角色。所以,除非自己亲身经历,否则别人口中转述的,大概率永远不是"事实",因为每一个"转述"都有添加剂,都沾染着转述人的感情色彩和目的。

人间的罗生门难以避免。黑泽明说:"真相只有一个,但你很难知道。"很多事件,永远没有真相,只有回忆的不同版本;真相就像哲学中的自我,不仅不固定,还能自己变化发展。

可是,市场上的交易员,有能把真相当作隐形人对待的特异功能——明明听起来极不真实的事情,也能当浪冲起来,似乎在他们的世界观中,所有观点皆可容纳。我们总说:"买谣言,卖新闻。"(Buy the rumor, sell the news.)Rumor就是预期,是市场上各种各样的罗生门;而news是最终真实的新闻头条,也就是真相。我们在市场上看到的价格,是已经提前包含了各种罗生门观点和预期的数字;等到预期的事情真正发生时,才有可能恍惚地看到它的真面目。

市场上的每个价格、每个数字里面都有故事——它们汁水饱满,就像一颗颗酒心巧克力。巧克力的香气会引来小伙伴们的簇拥,但总有一天它会融化、破裂、汁水溢出——这就是预期套现的那一刻,也就是罗生门变成真相那一刻。

02

那么谁会喝到酒心巧克力里的酒呢?

应该不是在新闻播报中为每天市场涨跌寻找原因(尤其是事后原因)的人——这样还是没有玩对罗生门这个游戏。要回答这个问题,我们首先需要了解一下"二阶思维"。

几年前,我读到过一个奇怪的案例:"90后女生倒卖迪士尼门票套现700余万元!"

该女生的操作如下:以300元的单价买入迪士尼门票,再按200元左右的价格卖出,吸引大量客户,并迅速发展代理,短时间内套现大量现金。

乍一看,真是长江后浪推前浪啊。再一看,好像有哪里不对?一张票亏100多,难道真有"高买低卖"还能套现赚钱这种神奇操作?

并没有。该女生只是拆东墙补西墙——从票卖出到客户去迪士尼游玩之间有个时间差。这段时间内不用兑现出票,收来的钱都可以挪为他用;等到真需要出票那一刻也没关系,再用其他客户的票款填洞即可。你想的没错,这就是"迪士尼版的庞氏"。

这种"高买低卖"的操作,在外汇市场上也可以见到,它叫"负套利"(negative carry)——买入低利率货币,卖出高利率货币。这是一种和"carry trade"完全相反的操作。比如A国利率为2%,B国利率为5%,你买入A国货币,收2%利息;同时做空B国货币,付5%利息。这样就创造出了一个"负套利",结果得到的是:-3%的利差。

这种操作也和这个女生一样是拆东墙补西墙吗?这倒不是。这就是一块预期交易的酒心巧克力，里面的酒汁是：当B国提供相对较高的利率时，它会吸引资本，需求增加，提升货币价值，结果是高估。A国情况相反，低估。

所以当交易员做出"高买低卖"这种反常举动时，放出的信号是：A国的较低利率，会带动经济增长；而B国的高利率，会导致热钱流入。所以交易的视线应该在这场剧集的第二季——价值回归。那个时候，"买2%卖5%"，就会变成"买低估卖高估"。

如果"迪士尼庞氏"的拆墙法是"一阶思维"，交易员负套利就是"二阶思维"。这种"二阶思维"更经常出现的游戏场是新闻头条，rumor和news。

当一个头条（news）出现之前，市场上"二阶思维"的玩家们：

（1）首先确定好rumor：预期是什么？当真相变成新闻头条出现的那一刻，其他人会形成什么共识？

（2）假设其他所有人都会按这个共识行动起来，会朝哪个方向？比如在对疫苗研发成功"预期"了相当长一段时间之后，一旦听到疫苗真的出现的消息，大家会如何行动？

（3）然后启动"二阶思维"：如果其他人是螳螂，那自己就要做黄雀。如果news发生时，其他人都在买买买，那自己就要做那个高价卖给他们的人。

所以，为什么当科学家们正在紧锣密鼓地研发疫苗、没有确定消息的时候，市场却不停大涨；等到疫苗真的出现时，反而跌了？为什么在总统大选这么极度不确定的事件发生时，美国主要股指在大选当周居然涨幅超过5%？

没人知道结果是什么，市场只是提前"price in"了不确定性这个预期，等事情发生，再把预期释放出来而已。此时此刻，这件事情在真实世界中的真实影响，已经和市场价格不相关了。凯恩斯老师说"金融如选美"：别猜你认为最漂亮的，猜大家会选哪个。主流财经媒体会告诉你，大家最后会选谁。

03

这才到了"二阶思维"，后面还有三、四、五、六阶呢。

随着这个游戏越来越高阶，螳螂和黄雀的后面，又陆续排好了鹰、豺狼、虎、豹和狮子。"动物"们开始思考疫苗出现之后，后疫情世界的许多可能性：从财政刺激、通胀，到美元和负利率。

如果疫苗真的有效，经济出现大规模复苏，甚至开始重温"咆哮的20世纪20年代"（the roaring 20s），"动物"们现在就必须迅速调整自己的预期，开始布局新的"buy the rumor, sell the news"。我们现在回头看这场战役的胜利者也许很了然，但是要寻找疫情后世界的赢家，却是一件很困难的事。因为到目前为止，世界仍然是一幅通缩和通胀两种预期左右互搏的画面。

如果你觉得：世界马上就要恢复正常，财政刺激到位，未来就是一个很"肿胀"的世界。如果你觉得：乐观情绪被夸大，会有意外发生，未来就是一个更悲惨的通缩世界——如果通缩会赢，那就要赌债务爆掉，赌美元需求上升，一切将会大逆转。

你还可以认为：科技股的统治地位差不多要结束了。一旦世界恢复正常，遭受重创的价值股会激情逆袭——不仅仅是因为这场流行病，这么多年来，"价值"实在受够了"成长"们的主宰，要揭竿而起。也可以认为：虽然科技股估值已经高到"奔向月球"，但这仍然是一个低增长、低速率的世界。技术已经深入人们的生活，即使在一个"正常"的世界里，你和我也离不开它们了。

　　无论你的预期是什么，它们都会有兑现的那一天。到了兑现日，任何动作的反馈，又会变成新信号。预期、信息和那些rumor们，其实没有正确与错误之分，只有新旧之分，以及信号强弱之分。如果足够强，它就变成了新信息，如果够弱，就变成了旧的。新旧交替，你的世界观就跟着改变了。这就是为什么世界上大部分事情都没有因果，而只有演变——永不停止的、复杂的、未知的、偶然的，或者根本没有原因的演变。

　　只要罗生门里还有武士、媳妇和强盗等等不同的世界观，就有不同的分析框架，不同的rumor和news，以及对真实价值的不同判断。因为真相和未来的价值我们永远没办法证明。判断不同，估价不同，预期不同，才有买有卖，才有波动，才是一个正常的市场。

　　罗生门有助于市场健康。但前提是真实的价值能被正常地反馈、证伪、被吸收，能自己变化发展。如果你极度依赖于一种叙事，从头到尾只听一个故事，没有将不同的rumor和news做比对，就很难在市场上安全生存。

市场没有心，不要试图 PUA 它

《问诊中的神明智者》（*The Wise Men of Godlimon in Consultation*），
威廉·霍加斯（William Hogarth）

图片来源：大都会艺术博物馆，1726 年 12 月

"但我认为——这么说并不是为了安抚自己的感情，而是因为我真的开始相信——我们所说的那些'被愚弄'的人的头脑中，正在发生着更复杂的事情。还有一种额外的自我欺骗、一种自我伤害；受骗者既是强盗，又是被抢劫者，两者生活在同一个思想中，一个不断欺骗着另一个。因一定有什么深刻的事情在头脑中发生，使得一个人不相信几十年来形成的常识——不只是一次，而是持续不断的。"

"事情的真相，是否存在于我们的思想之外，等待着我们去感知？或者真理是一个集体存在于所有人的头脑中的'共识'，它可以辩论，可以被改变？是否我们头脑之外的世界，既非真实也非虚假，而仅仅是'在那里'？"

"但你需要明白，这就是你处于危险之中的原因。这就是你必须说话，而不能让我们为你说话的原因——因为历史是一个持续的集体想象的行为，而对真理的感知是一个持续的、无休止的谈判，与他人和自己的谈判。"

——《兔女王玛丽·托夫特》
（*Mary Toft; or, The Rabbit Queen*）节选，
德克斯特·帕尔默（Dexter Palmer）

01

英国某个村庄里有个名叫玛丽的姑娘，她眼大辫粗，身强力壮。1726年9月的一天，她突然生下了一堆分裂的、流着血的兔子。

消息震惊了全村,并很快传进了乔治一世的宫廷里。一位叫霍华德的名医马上进村调查,他检查了玛丽,化验了生出来的兔子,然后证实了这个消息——人类确实生出了兔崽人。英国人民震惊了,但质疑声也四起。于是为了证明自己,霍华德请来了英格兰最伟大的医生兼解剖学家——纳撒尼尔·圣安德烈一起调查。

圣安德烈医生首先给玛丽的身体做了检查,几个小时后他得出的结论是:玛丽·托夫特的输卵管内的确有兔子在繁殖。英格兰医学界最知名的人士选择了相信这件荒诞的事情,并把一些兔子标本带回伦敦,呈给了国王。

这件事情当然是假的。这个历史上著名的"玛丽生兔事件"侮辱了那个时代所有英国人民的智商。

不管是真傻还是装傻,这两位知名医生选择相信的背后,是为了支持一个理论:"母体印痕"(maternal impression)——孕妇的情绪和期望,会让胎儿身体发生改变。玛丽会生小兔子,是因为玛丽产前对一只没逮到的兔子念念不忘。在当时的英格兰,相信"母体印痕"理论的医生们都会嘱咐孕妇:怀孕后一定要把奇怪的动物从脑袋里移除,比如猩猩、河马和蜥蜴。

多年以后,这个理论消失了。

但是它转了个弯,好像又出现在了现在的金融市场上——我们的语言、情绪和期望,似乎也应该会让市场"胎儿"的身体发生改变。我们悲伤,它应该也要悲伤地下跌;我们快乐,它应该也要兴奋地跳涨。

就像"母体印痕"一样,我们总是觉得自己的情绪可以影响市场，可以精神控制，可以PUA①它。

02

"玛丽产兔"这个故事是我在《生物学之书》(*The Biology Book*)里翻到的。合上书，我刷了一下新闻。

现在是晚间新闻播报：

2021年1月6日下午，QAnon示威活动演变为骚乱，暴徒闯进了国会山，造成美国百年历史上最严重的国会大厦袭击事件。多人死亡。

同时，欧洲传来消息：辉瑞疫苗突然发生病变，丧失了效用。在英国，接种过的人群出现了大面积重复感染现象。

古巴现场报道：一头埋葬了千万年的恐龙突然复活，咬死了村里的所有人。

亚洲新闻：僵尸袭击了朝鲜，《李尸朝鲜》中"丧尸"神秘疫病再次出现。

看得一身冷汗，世界末日真的来敲门了？

下面是财经新闻：全球股指全线上扬。纳斯达克指数突破历史新高，比特币突破6万美元，中国创业板指数大涨。全世界人民股票账户里的钱又多了10%。

上面有几段晚间新闻是我臆造的，大家不要当真。虽然有点夸

---

① PUA是"pick-up artist"的缩写，起源于美国，泛指"精神控制"行为，通过教唆、语言影响等控制对方的精神直至行为。

张,但感觉上这些惊悚悲伤的新闻,和现实世界其实也没差太远,现实并不很乐观。只是令人极度不适的是:最后一条财经新闻是真实的——无论世界发生了什么灾难,市场似乎都能像掸土一样掸掉,然后继续上涨。

市场如此"冷血"也不是第一次了:近六十年前,肯尼迪遇刺之后,道琼斯指数涨了30点;之后的整个12月都在上涨,然后又是近两年的两位数上升。1939年希特勒入侵波兰的三天后,在二战爆发的边缘,它开盘涨了近10%。古巴导弹危机两天之后涨了近4%……这样的例子,比你想象的要多得多。

这就是我们在试图理解市场时所犯的"母体印痕"错误。

市场没有感情,没有情绪,它不会因为你的悲伤而悲伤,因为你的震惊而震惊。我们对于市场和现实世界如此背离的不解、震惊和困惑,全都是因为我们试图把自己的情绪"PUA"给市场。

现实生活中再惨烈、再悲伤、再震惊,市场还是可以一路往上涨。市场胎儿的形状,不一定会因为我们母体的情绪而畸变,它不会像玛丽因为念念不忘兔子而生出兔子;上帝也没规定它一定要遵守人类情绪的逻辑。它和现实世界运转的逻辑并不一样——这里并没有喜怒哀乐;只有利率、未来现金流、预期、故事和微观交易结构。

03

如果我们一定要给市场一个人性化的功能,大概就是预期。区别只是——市场现在反映出来的价格,到底是对现实的预期,还是对现实预期的预期。

举个例子。

（1）**现实**。2021年1月，美国国会山发生百年一遇的暴动。

（2）**对现实的预期**。国会山暴动发生之后，美国大选结果的预期又分为三种情境：

——**最乐观的**（best-case scenario）：拜登获胜，夺取参议两院。

——**最悲观的**（worst-case scenario）：特朗普连任，夺取参议两院，或者夺取参议院。美国继续往极端方向一去不复返。或者拜登胜选，特朗普政变；或者两党僵持进入持久战，美国政局进入长期混乱和不确定。

——**最有可能发生的**（most-likely scenario）：拜登获胜，但是参议两院分裂，民主党被共和党主导的参议院制衡，继续拉扯。

所以虽然暴动发生了，但是最好的情境（best-case scenario）也发生了——拜登成功当选了总统，民主党十年来首次控制了参众两院，至少在财政刺激方案上，不会因为党派互怼而拖得太久。所以结果是市场大涨。

（3）**对现实预期的预期**。对现实的预期这个共识大概率会达成，市场会过度地乐观，且这种乐观的加速度太快，或者共识形成的速度太快。太快就需要有调整，如果能在这个调整前抢跑，就会获利。

所以市场就在爆炸坏消息（国会山暴动）出来之后，开始了一波预期抢跑——先大涨，等预期回过味来，再获利结束本轮预期赌局——反映到现实的市场上,就是大家看到的大涨之后的立刻大跌。

同样的道理,对于新冠疫情过后全球恢复这个主题,或者这个故事,也有上面的现实版、现实预期版,以及现实预期的预期版三张牌桌。看市场要选哪一个。但无论怎么选,未来的好消息一定会来——总有一天病毒会得到控制,经济会恢复。所以理论上,现在每一个坏消息的出现,都应该是市场预期抢跑"重新上膛"的时刻。

但预期抢跑"重新上膛"是一个高难度动作,因为"恢复正常"是个不断移动的"靶子":医院从不堪重负到病床空出来了算达到"恢复正常"的目标了吗?不算,因为死亡人数一直在上升。死亡人数进入拐点了,算达到目标了吗?不算,因为还有可能发生第三次、第四次、第五、六、七、八次全球大爆发。必须接种疫苗。疫苗也有了,算达到目标了吗?不算,因为病毒已经变异。也许新增完全清零才算达到目标。

按照这个逻辑,只有当所有好消息集中到来,所有乐观的预期都被确定的那一刻,才是所有人集中火力获利之时。

当所有利多都已经出尽,所有好消息都来了,那下一步的预期该是什么呢?只能是坏消息了——真正泡沫破裂的时候也就来了。

市场异动还有技术性(微观市场结构)的原因——但技术调整被你的情绪"PUA"的概率就更低了。

比如,同样美国国会山暴动后大跌的情境,也许是为了避免在年底交税,大家在新年刚开始的时候先卖掉一部分持仓,开年后再把仓位补回来——而这个"补仓位避税"的动作,恰好赶上了暴动。

或者再微观一点到交易簿（order book）级别，也许当时的市场已经变成了一个流动性极低、极没有弹性的市场。在2020年3月全球市场一起熔断之后，所有资产都像一只在冬天拔光了毛的鸟，上蹿下跳，强度越来越大。就连极小众的商品市场都跳跃得让人上气不接下气。因为市场微观结构出了问题——被动指数基金越来越大，它就像一块大石头，死死地把大部分流动性压在身下；市场的流动性变得越来越低，主动交易的钱（或者"庄"）们，现在以一个极小的资金量，就能带动一个巨大的市场。于是高波动性就变成了我们每天的主食；于是市场就越来越与现实背离——越来越不可能被人类的情绪"PUA"。

市场没有感情和情绪，可我们在试图理解市场时，也许永远无法摆脱"母体印痕"，永远希望自己的情绪可以传递给市场，"PUA"它。

但正如帕尔默在《兔女王玛丽·托夫特》中所说："事情的真相，是否存在于我们的思想之外，等待着我们去感知？或者真理是一个集体存在于所有人的头脑中的'共识'，它可以辩论，可以被改变？是否我们头脑之外的世界，既非真实也非虚假，而仅仅是'在那里'？"

读心术进化史

高进： 真是怪牌。三张A对三张Q,好多年没碰到过这种怪牌了。不要浪费时间了,2600万show了这把。(摸戒指)

陈金诚： 2600万? 高进,你也够狠了。年轻人终究还是年轻人,太冲动了。好!跟你2600万,我四条Q,你开牌看看。

高进： 好厉害,赌王就是赌王。四张Q全给你拿到了……不过你还是走霉运。(开出一张红方A)

(众人目瞪口呆)

高进： 你输了。

(陈金诚摘下眼镜,一脸疑惑)

高进： 陈先生,你的科技资讯太落后了。你戴的这副液晶体显影眼镜,是两年前美国过时的产品。(摘下隐形眼镜)

而我这副,是上个月联邦德国的最新产品,价值 11 万美金。

高进: 至于这张 A,上面两个点是我点上去的。还有,我摸戒指这个小动作,是我最近在五百场牌里面故意加上去的,这样才能骗到你这只老狐狸。

——电影《赌神》片段

01

一百多年前,有一群人,被称为奔跑的人。他们每天的工作,就是手里攥个小纸条,在两点一线间百米冲刺,来回奔跑。而递给他们小纸条的人,则在一个大菜场一样的地方,每日里扯嗓喊叫。

有一天,一个心里有个"万一实现了的梦想"的年轻人,迎面遇到一个奔跑的人,躲闪不及,被一脚绊空,摔了个七荤八素。他爬起来后,做了一件颠覆金融业界的事情——用一台机器取代了这些奔跑的人。这台机器叫电报股价机;这些"跑人"每日奔跑的两点一线,是纽交所和股票经纪公司,而让"跑人"们全部下岗的这位年轻人,就是电报股价机的发明者爱德华·卡拉汉(Edward A.Calahan)。

年轻人卡拉汉,用咔咔响的电报股价机扇动了蝴蝶的翅膀,掀起一阵小风浪。浪打到美国的波士顿,拍在一家叫普惠公司(Paine Webber)的证券经纪公司门口。电报股价机就像贪吃蛇游戏里的蛇,吞了所有的"跑人"后,停在了经纪商的门口。

暂逃过一劫的人类,在经纪公司里依然发挥着作用——他们此时叫行情收报员。电报进来,收报员们便扯嗓大喊。喊声未落,会有一个黑影嗖的一声,弹簧一样弹将起来,跃至几步外黑板前,开始疯狂抄写。就像一枚"粉笔超人"。抄啊抄,待黑板上的字盖满整个墙面,粉笔超人一天的工作也就此结束。

有这么一位粉笔少年,骨骼清奇,似一奇才。夜深人静时,常对着股价报文呆看。毫无规律的报文,在他眼前变作一幅幅艺术品,几千笔价格变动,跃然纸上,聚成一盘棋局。

粉笔少年遂开始了投资之路。他与天下棋,胜天半子,读报文如读人心,出价询价要价,在他眼中都是贪婪和恐惧的舞蹈。这位少年便是《股票作手回忆录》的主角,一生传奇的杰西·利弗摩尔(Jesse Livermore)。利弗摩尔的"读报文"绝活儿,后来被很多人写成了交易秘籍,比如1931年出版的经典《报收机理解和市场策略》(*Tape Reading & Market Tactics*)。

后来他自杀了。大概因为读出了太多天机。在他死后100多年里,他曾经战斗过的小黑板变成了电子屏幕,报文也变成了交易所里的Level 2(二级行情报价)[①]。

[①] "Level 1"和"Level 2"是股票交易中使用的两种不同类型的交易报价,报价内容包括最近交易价格、当前买入和卖出价格、每日最高价和最低价,以及交易量。Level 1 和 Level 2 的区别在于 Level 2 提供的消息更多,报价档位更深入,比如有关当前市场深度的数据。

02

读报文（tape reading）的绝活儿进化到现代，变成了读盘口（order book/flow reading）。它就像一门只可意会不可言传的艺术，没有任何教科书和理论能解释清楚。用这个绝活儿赚钱的人，究竟在读什么呢？

这个问题可以用两个电影片段来解释：一部是《天才游戏》（*Rounders*），另一部是《赌神》。

在《天才游戏》中，天才迈克和赌场老板泰迪（KGB）对赌。翻牌时刻，千钧一发，迈克踯躅纠结，汗如雨下。这时，KGB突然抬起一个奥利奥，放在耳边，掰开。然后送进嘴里咀嚼。迈克瞬间灵闪：每当有好牌，KGB才会把奥利奥放在耳边掰开；如果是诈唬，则直接从面前掰开。于是迈克弃跟，乱其方寸，最终大获全胜。

再看《赌神》。周润发扮演的赌神高进，从不出千，却在赌台上无人能敌。他精通心理战，右手尾指戴一枚玉戒指，爱吃Feodora巧克力。

"老炮"陈金诚看完高进过去五百局录像后，笑了："后生仔还是后生仔，赌神有一个非常不好的小习惯——每次出千前都会摸戒指。"两人对垒当天，陈老师押上全部身家，志在必得——有本事四条皇后开来见我。高进嘿嘿一笑，翻出四条A。原来摸戒指的小动作，是那五百局故意做的局中局。看来"读心"还是高进道高一丈。

这几位赌场"老炮"，其实和读报文的交易员没什么区别——都在"读心"。或者换个表达方式：你读牌，他们读你。把赌场换成金融市场,每当市场上有扛着钱袋的大家伙出现,预谋吸进或放出百万单时,他们是有足迹的——你有办法看到他们的脚印。脚印代表钱的流向。正如传奇交易员保罗·都铎·琼斯所说:"世界就是一张钱流地图。(The whole world is simply nothing more than a flow chart for capital.)"钱流的头浪拍过,羊群跟进,趋势便形成了。

而理解羊群的思想,在极微观的角度就是找到这些脚印;交易员师父要告诉徒弟的,是如何辨认出这些大脚印,看懂钱的流向和结构;然后跟在后面,一直跟到它们"释放"的那一刹那,一起"奔月"。所以什么才是真实价值(intrinsic value)? 读心派会告诉你:下个接盘的愿意出多少,真实价值就值多少。

03

市场上的"读心术"这门手艺现在还好用吗?

很遗憾,不好用了。它的辉煌停在20世纪八九十年代——那个时候,游戏里只有人和人的各种情绪,没有算法和机器。可惜历史已经翻了页。现在,你的对面全是机器,或是机器做市商,或是算法对手盘。直到十几年前,也许真的还能靠听《新闻联播》、分析消息面来增加赢率,因为从得知新信息,到信息嵌入市场情绪——这个过程的时间足够操作。而现在呢?一个消息出来,几微秒内就被算法"捡"了去,等你进来时,可能已经是饭局上最后一位了——买单的那位。还不如等消息尘埃落定后才开始交易,因为这才是故事讲完,羊群散去的时候。

所以这门手艺要消失了吗?

这倒也不会。因为它也在进化——"读心术"已经从"找钱流"进化成了"找故事"。"读心术"的价值链不断往上移，正在顺着上游找源头。而源头就是故事，这里才是创造价值的处女地。

经典案例依然是比特币。如果你觉得比特币其实是一件艺术品，那么它会归零的说法似乎是没有道理的——因为艺术品总有价值，不仅有，还会很持久。人类在这个世界上最崇高的使命，就是创造艺术。艺术是一种感觉，感觉永远可以讲成故事，而且灵感永远用不完。

小便池可以价值连城吗？当然可以，只要它不是小便池，而是杜尚的《泉》。如果你非要盘根问底，要找小便池的真实价值，那首先该问的问题是：什么是艺术？如果小便池都能成为艺术，那还有什么不能是艺术？如果世界上没有什么不能是艺术，那就什么都能是艺术。如果什么都是艺术，也就等于什么都不是艺术。如果什么都不是艺术，那么，到底什么是艺术？

于是，艺术被剥光扒净，就只剩下了"我到底是什么"的哲学追问——答案可能永远找不到。如果你无法回答艺术到底是什么，那就更不可能给艺术品定价了。同样道理，为市场上的故事找真实价值，我们一样没有答案。

价值投资还有用吗？当然有。前提是你手里有一把尺子，去量想买或卖的那个东西的现金流——现在的和未来的。你可以对价格高低有不同意见，但这把尺子，基本面，只有一个共识。

艺术品是没有尺子的，它的估价标准里，没有地球人都知道的常识。它只有一个故事和故事给你的感觉。

比特币就像一件伟大的体验艺术或行为艺术作品,它的价格完全基于故事,还有故事给你的心灵带来的感受;黄金也一样——但是没关系,这并不妨碍它们日日冲新高。因为它们的价值源头由此而来。我们需要进化出一项新技能:读得出上游的故事,并在正确的时间找到它;接下来,坐等那个没法预测的时刻即可。

这种情节在人类历史上会不断重复,利弗莫尔早有分教:"华尔街没有新东西。"科技也许永远无法改变它的本质。

机器和人：
有限游戏还是无限游戏？

莎维克中尉： 在测试中，长官。你能告诉我你做了什么吗？我真的很想知道。

麦考伊博士： 中尉，你面前的是唯一一个战胜了"无胜"情况的星际舰队的学员。

莎维克： 怎么做到的？

柯克： 我重新编写了模拟程序，这样就有可能拯救这艘飞船。

莎维克： 什么？！

大卫： 他作弊了！

科克： 我改变了考试的条件……这只是因为"原创思维"得到的嘉奖。我不喜欢失败。

莎维克： 那么你从来没有面对过那种情况，面对过死亡。

柯克： 我不相信"没有胜算"的方案……我不喜欢输。

——《星际迷航2：可汗之怒》

（*Star Trek II: The Wrath Of Khan*）片段

01

交易台里最后一位日间交易员的系统被换掉了。

从今以后，他不用再疯狂点击切换窗口，不用再因为手速慢没抢到好价格而破口大骂。这个新系统，更强大、更高频、更低延迟，还可以高度灵活定制前端，同时捕捉多个市场的交易机会。就像得到了一款强大先进的武器装备，从此他的工作将更轻松。

再过一年，这位最后的人类日间交易员，就会退居二线，成为机器系统的陪练。交易台变成半人半机。再过半年，他荣退了，年仅28岁。

没人告诉过这位交易员，机器有一项技能——学习。交易员在它身上的每个动作，都能变成机器自己的记忆。机器有了记忆，再观察，再学习，再改进，再记忆……直到完全拷贝，替代人类。

我们来看一下这位交易员的工作日常：发现一个波动特征，即刻执行；执行完的下一秒，一边等待当下的策略失效，一边寻找下一个机会。直到所有肉眼能发现的波动特征全都失效，又再找不到新的，他日间交易的职业生涯也就结束了。

对于人类交易员，这样的结局似乎大概率会发生——因为他的对面是越来越多的机器。机器全年一刻不停，自己迭代和优化自己的算法。能被人类发现的行动轨迹越来越浅，终有一天会从人类感官中消失，变成隐身。机器还能"看到"流动性，就像昆虫用复眼看到的视觉信号一样。这是人类的信息处理能力达不到，也感知不到的。

近十年前，网景创始人、知名创投家马克·安德森（Marc Andreessen）写过一篇著名文章《为什么软件正在吞噬世界》（*Why Software Is Eating The World*）。十年后，传奇对冲基金经理史蒂文·科恩（Steven A. Cohen）、白宫前首席经济顾问又写了一篇《模型将统治世界》（*Models Will Run the World*）。这两篇文章的题目像上下对联：

软件在吞噬世界，模型将统治世界。

02

这副"对联"中的预言都发生了吗？

上半句似乎已经发生了。我们的生活已经离不开软件——我们工作、生活、娱乐、社交都在软件上。在现实世界，无论什么行业、公司，都已经离不开IT和CTO，以及必须24小时待命的数据库和运维。

那下半句呢？模型和算法真会统治世界吗？似乎也不难。我们的一切数据都在软件里，它们知道我们的身份、生活习惯、风险偏好和交易习惯；我们在网络中的一切足迹，印下每个足迹时的心理状态——点赞还是差评，恐惧还是贪婪……统统被捕获。

捕获后由机器学习，学习之后再改进模型；模型改善了产品或交易策略，产品和策略得到了更多的使用，更多使用会收获更多新数据，更多新数据又被用来改善升级新产品和策略——机器似乎真的像一架永动机，无摩擦持续改进，自己为自己提供能量——不再靠人类的判断。如果数据都在自己的游乐场里，输入和输出，预测和结果都知道，那还需要依靠人类直觉来提出假设、解释结果或寻找机会吗？似乎也不需要了。

听起来很绝望。在模型和机器的游戏世界中，人类还有"战胜机器"的空间吗？

也许有，不过我们首先需要定义这是个什么游戏。卡斯在以游戏喻人生的经典作品《有限游戏和无限游戏》（*Finite and Infinite Games*）中，定义了世界上的两种游戏——有限游戏（finite game）和无限游戏（infinite game）。有限游戏有明确的游戏规则，有开始有结束，有成王败寇，有奖励有惩罚，有终极目标；一旦产生赢家，游戏就结束了。无限游戏，没有固定规则，有开始但没结束，有玩家但不产生赢家，没有终极目的，一切行动只为游戏继续进行下去；一旦有产生赢家的可能，规则即刻改变。

有限游戏为了获胜而进行，无限游戏为了继续过程而玩耍；有限游戏在规则里玩耍，无限游戏玩的就是规则；有限游戏是格斗K.O.，无限游戏是不断升级。

宇宙、世界、政治、权力、经济、社会、时间、战争、科技、你的生命、疾病、爱情……都可以丢进这两种游戏中。定义了类型后，再回到机器和人的竞争游戏中：如果我只想赚钱，则一定听机器的；因为交易是一个模型和数学垄断的世界，是一个机器为终极赢家的有限游戏。

但是有限游戏都是"画地为牢"的游戏。作为人类智慧的结果，模型和人工智能的出现是为了延伸人类智慧，做人类智慧做不到的事情，比如海量计算和高频交易。但任何以特定目标为指导的设计，有赢有输有结局的游戏，都必须是"有限"的设计。阿尔法狗无人能敌的那一刹那，也终结了"围棋"这个有限游戏。因为它不仅赢了你，还赢了"围棋"这个游戏；索普老师把21点写成公式的那一刻，也被赌场写进了黑名单。因为索普老师不仅赢了你，还赢了"21点"。阿尔法狗和索普老师成了终极赢家，结果只能是改变游戏规则——也就是毁灭了这个有限游戏。

03

金融世界里的有限游戏，叫"追逐阿尔法"。在日间交易和高频交易这个机器绝对占优的规则里，任何阿尔法（α），很快都会变成贝塔（β）。你的秘密小树林正在被一个一个地夷为平地，这个有限游戏，也被逼进了死胡同。——直到玩家全部变成了算法和机器，人类发明的"高频交易"这个游戏，便也在世界上消失了。

消失意味着游戏规则改变，人类把游戏场交给机器，自己进入下一个有限游戏。这个过程就像"海鞘"——一种在海浪中不断进化自己的动物。它们在年轻时游来游去，活力四射；直到找到那块属于自己的石头,固定下来,然后分解自己的神经,吃掉自己的大脑,退化成类似植物的物种,结束个体这场有限游戏,而进入一个自己种族延续了五亿多年的无限游戏中。

有限游戏难道不能无限进行下去吗?

也不是不可以。把有限游戏变成无限游戏的极端例子,也许是阿西莫夫老师《基地》中的丹尼尔,那位一路上交换了许多身体和正电子大脑,进化成越来越强大的、可称为"神"的机器人。然而丹尼尔的一切进化,依然要遵循阿西莫夫的"机器人法则"(第一,不伤人;第二,除非违背第一条,否则必须服从人;第三,除非第一条和第二条,否则必须保护自己)。这些法则仍然是"有限"的游戏规则,只不过因为范围实在太广,目的实在太庞大(拯救人类),丹尼尔才成了"近乎永恒"的存在。要让有限游戏规则永恒维持,你必须从重新定义数据开始,而不是代码。

金融和交易是一个无限游戏。在交易员肉搏的时代,D.E. Shaw 把交易放进了计算机这个无限游戏中。然后,西蒙斯出场,又把交易放进了数学这个无限游戏中。而乔布斯——他的无限游戏是佛学和宗教。每一次交易,都是规则严格、竞争残酷的有限游戏。然而在一个以能继续留在游戏中为终极目的的无限游戏中,明天永远能继续下一个有限游戏。无论结局如何。

我们的选择并不多:要么在一个有限游戏中玩另一个有限游戏;要么在无限游戏里,一个接一个玩着无数的有限游戏;要么在一个有限游戏中,把自己变成无限游戏的玩家。如果你是以不断进化自己、认知升级、终身学习为目的,你的职业生涯大概率是一个无限游戏；如果不巧，你在一个领导三年任期、以两年上市为目标赚快钱的公司工作，那就是在一个有限游戏规则中玩无限游戏——这个过程注定艰辛痛苦。

而在交易这个战场上，只要你还能留在丛林里，子弹没用光，保证现金流这个生命值是正的，那你就玩对了这个无限游戏。但如果你的目的是找到那个终极策略和规律，然后把身家性命放上一搏，从此久赢不输——那就是在一个无限游戏中玩一个大概率会输的有限游戏。所以找对属于自己的游戏很重要。

世界上只有一个无限游戏：我们这一生和这一生中属于自己的、独一无二的灵魂。毕竟如果灵魂不存在，人也就是个复杂的机器而已。

04

《星际迷航2》中，星舰学院的最后通关考试是一场模拟救援：指挥一艘太空救援船，去营救在星际联邦与克林贡帝国中立区遇难的"小林丸"号。"小林丸"号在geekdom里是"没有胜算"的同义词——这个梗就来自于这场测试——因为它发出的求救信号，是一个妥妥的陷阱：一旦学员飞船进入中立区，立刻就会被黑压压的克林贡战舰无休止地进攻，直到船毁人亡。

这场测试的唯一设定就是必败。无论你怎么做都无法胜出。学员只有两个选择：进入中立区，自取灭亡；或者旁观保全自己，眼睁睁看着"小林丸"号上的船员死去。这是一个双输的场景，一个道德困境。测试的目的不是智慧和技能，而是人格和担当。

然而，居然有一个人破了局，救了人还赢了克林贡，成为星舰史上唯一通过"小林丸"号测试的人。这个人当然是柯克船长。但他是怎么做到的呢？他以黑客身份攻入了系统，把测试程序改了。

在一个有限游戏里，这叫"作弊"。而在一个无限游戏里，这叫"改变了测试条件"。

如何赢一个不可能赢的测试？也许要像柯克船长一样改变测试条件。把一个纯拼数字，拼更富有、更大、更多、更强的游戏，变成重视价值观、情怀、社会责任和均衡发展的游戏。毕竟在这场人机大战中，人类还有一个谁也夺不走的重型武器——想象力。

美元是一把"自欺欺人尺"

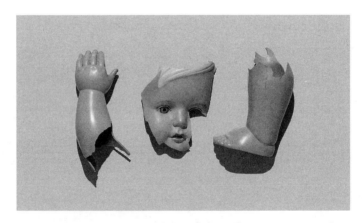

《小手》封面图

"我们看见了彼此,在那具与我们不一样的躯体前,我们感到被剥了个精光。我们有生以来第一次意识到自己是胖的、是丑的,真真切切地感受到了自己的躯体、无法更换的躯体。玛丽娜的显现也让我们随之显现,这些手、这些腿,如今我们知道了自己的样子,无法逃避。这个发现让我们束手无策,这个发现毫无用处。"

"仿佛受到某种魔力的感召,我们不知不觉地聚拢在玛丽娜身边。一股巨大的力量迫使我们渴望与她接触,听见她的声音,看到她的面孔。我们已经对动物失去了兴趣,狼的恐惧、大象的安静、海豚迷人的风采,都不再重要,我们只想触碰玛丽娜,我们不知道该如何纵身投入这片荒漠。"

在夜里,游戏还在继续,玛丽娜依然是游戏的中心。一熄灯,她就能感受到娃娃们活了过来,向她靠拢。随后,转眼间,是那道权力与快乐的光焰:"你"。

—— 安德烈斯·巴尔瓦:《小手》节选

01

西班牙作家巴尔瓦的《小手》,是一本让人极度不安又欲罢不能的小说。

书中其中一篇是讲一座孤儿院中一群女孩的故事。有一天,孤儿院里来了一个新女孩,叫玛丽娜。为了和孤儿院里的女孩们亲近,她发明了一个游戏:每天晚上熄灯后,大家选一个女孩来扮演洋娃娃。被选中的女孩,会在这天夜里不由自主地被催眠,对自己的身体失去感知,似乎变成了一个真娃娃,任由其他女孩摆布。

来自中产家庭的玛丽娜很出众,被其他女孩视为异类——既羡慕却又想伤害她。她们曾经偷走了玛丽娜的洋娃娃，只愿意一块一块地还给她，而不愿意完整归还。轮到玛丽娜做洋娃娃的那个晚上，她们也是这样做的——肢解了她。

这个根据真实事件改编的故事里，渗透着一个心理学概念："客体恒常性"。儿童在认知发展阶段的精神生活和成年人完全不同，他们无法理解什么叫"身外之物"，不理解这个世界不以自己的意志为转移；而觉得世界上所有其他人，都会像布娃娃一样，可以摆布，可以按自己的意志改变，怎么操纵就怎么运转。这个阶段的儿童需要一个对立面，一个"他者"来定义自己——这个"他者"会成就自己，也是自己的敌人。

但到了成年期，我们的"自我"开始更清晰，便不再需要时刻有一个参照物。对于你和我这样的普通人来说这个阶段很短，大概青春期之后也就过去了。

这种"自我"和"他者"的微妙心理，在国家之间也有。国家之间永远需要一个参照物，但和我们的成长过程不一样的是，这种"比较"永远不会结束，永远要分出一个大小高低，永远是一种"竞合"的关系。正如我们当下经历的大时代。

这种参照也是一个"绝对"和"相对"的视角，在金融市场上尤其重要。

在金融市场上，对于价值的判断也需要一个客体；你需要一个衡量价值的"本位"做参照物。"本位"是一个哲学概念，"XX本位"就是以XX为尺子衡量一切。比如"金本位""某国本位"等。西方哲学里有"本体"（ontology），我们的哲学体系里也有"本根"

这个概念。在当下的全球经济体系里，最大的"本体"或者"本根"就是美元——它依然是衡量大部分资产和生产资料价值的那把最重要的尺子。

价值判断是很主观的事情，选择度量也是大家的自由。你愿意用什么做尺子虽然没有对错，但会影响你对价值的判断。比如，看过去一个世纪的道琼斯指数，如果你用美元尺，或把美元作为"本根"——这是一个多么美妙的云霄体验——杨柳轻扬直上重霄九。但如果用黄金做"本根"，再来看同样一张走势图——几乎完全没变。我们看到的名义股价荣景盛世，原来都是因为美元通胀。突然整个人都不好了。

美元这把尺子为什么会变得这么诡异？原因是无解的债务和史诗级放水，药不能停，已经让美元变成了一把极危险、极诡异的尺子。就像哆啦A梦的"自欺欺人尺"，它会随着美联储的史诗级水位上下浮动，让你永远感觉不到通胀的存在。

这把自欺欺人尺栖身于当下的、未来的，以及所有版本的全球经济噩梦里。只是我们很难发现。

网友杜撰的动漫《哆啦A梦》里的机器猫哆啦A梦的系列神奇道具之一。——图片来自网络

02

当我们谈论美元时，你知道它有两个"兄弟"吗？

一个在美国国内，一个生活在美国之外的全世界（离岸美元）。如果我们只盯着其中任何一个,都有可能永远看不到全球经济的整片森林。

你和我生活的这片森林里,有一个几乎无解的难题:离岸美元"短缺"的风险。2020年,国际清算银行(BIS)估算离岸美元短缺量有13万亿美元之巨 [①]——意思是全球有13万亿以美元计价的债务发生在美国以外。大量在美国之外运营的公司,收入来源是其他货币(比如墨西哥比索),但支撑其运营和流动性的债是美元。

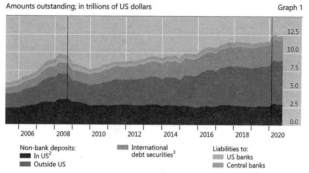

图片来源:国际清算银行

---

① 2020年第三季度末,非美国银行的资产负债表上美元负债达到创纪录水平,比2019年底新冠肺炎疫情大流行前的水平高出8000亿美元,至12.4万亿美元。数据来源:"Dollar funding of non-US banks through Covid-19", BIS Quarterly Review, published on 01 March 2021 by Iñaki Aldasoro, Egemen Eren and Wenqian Huang; https://www.bis.org/publ/qtrpdf/r_qt2103c.htm

债务到期时,或者流动性突然收紧时,这些债务人就需要在离岸市场找美元还债。正常情况下,这件事是通过贸易来完成的——美国进口买东西,增加自己的贸易赤字,更多美元就从美国国内流进了离岸美元这片"法贡森林"。

不幸的是,在去全球化、瘟疫和地缘政治的大背景下,全球贸易量下降(不管是主动还是被动的)已经很多年,全球生产力下降,找不到增量收入来源——通过贸易这种正常途径还债已经捉襟见肘。我们似乎接近了明斯基时刻的第三阶段,一种极易发生悲剧事件的脆弱状态。

据史料记载,这种悲剧事件一般会出现在美元突然跳涨走强之时。最近一次是2002年,然后是一个很长时期的美元走弱,中间有几个小跳跃。2014年到2020年初,又是一个五年强势美元环境。强势美元加上全球经济增速放缓,大家找不到生产力的突破口,收入更加没办法跟上债务膨胀的速度。2020年又一场飞来横祸,贸易干脆"休克"了——结果就是紧上加紧,一塌糊涂。

这还只是企业,我们还没敢仔细考虑那些手持巨量美元外债的国家们。

离岸美元"法贡森林"里的明斯基时刻,是过去五十年美元作为全球储备货币的必然结果;也是上一次金融危机之后,美联储把利率降到零,美元借贷异常便宜,从那开始就药不能停,债务越滚越大的必然结果。

可危机必须补救,实在拿不到美元怎么办?也不是没有办法——大家手里还有其他美元资产——比如美国国债、美股、公司债、美国地产——实在应急可以全部卖掉。这就是我们在2020年3月全球市场"连夜熔断"那几天里见到的剧情。各企业、基金和国家突然间发现自己一夜之间"底裤没了",都处于严重美元短缺的状态;美国各大对冲基金因为杠杆爆掉,也都是美元美债的净卖方,于是全世界都在火速处理美债,几天之内一口气卖掉了千亿美元——导致流通中的美元更少,更少于是更紧,一个恶性循环就出现了。

在这种强大的卖压之下,美债市场眼看要崩塌。美联储"字母汤"一样的货币政策工具,干脆一整碗一起泼了出去。但还是不够用,美联储每周买千亿美元美债,现在已经把整个美债市场全部买了一遍——就像宫崎骏老师《千与千寻》里的那个黑色幽灵,一直吞一直吞,试图把全世界还不起的美元债务都吞到自己肚子里。所有这一切都是为了避免自己在公开市场上被售卖——那一段时间美联储不仅变成了最后的借款人,它还变成了唯一借款人。

那么问题来了:既然美联储可以无限印钱,就干脆一次印到底,把所有的债买下来,不就一劳永逸了吗?

这当然可以操作,但是美元从此就会变成垃圾。在这种操作下,一个金玉其外、基本面已经非常糟糕的、被严重高估的美元,面对的唯一结果是严重贬值。而贬值的另一面就是恶性通胀,再后面的剧情就非常恐怖了。

那怎么办?唯一的参照时期只有20世纪40年代。上一次美国债务对GDP的比率如此之高是在二战期间。当时的美联储做了什么?做了一件非常不"自由市场"的事情——强制管理收益率曲线,直接从财政部手里买下大量新发债券。

可是这次和上次一样吗？上次是为了应对战争（二战），但是仗打完了也就完了；而现在的"战争"——养老、全民医疗等等却是一个永远还不完的"庞氏债"，并没有解。回到二三十年前，美联储的表里还有空间，美国还有周期性的贸易盈余去覆盖掉一部分赤字，但现在是赤字滚赤字，完全没有了喘息余地。自己埋头印钱买自己的债当然不是办法。于是他们开始使用其他方案，比如货币互换（currency swap）——印美元给其他国家，换一些欧元、日元、韩元或其他币种在手里，请大家帮帮忙，就不要在公开市场上继续卖美债了，因为这样会很难看。可是拿美债和拿长期美元是一样的，在长期美元贬值的预期下，如果美元如此严重高估，兄弟我为什么要拿30年的美元，挣百分之一二的利率，但同时要承受一个也许毫无边际的通胀呢？谁会这么无脑博爱呢？

这时候，如果你碰巧又想起了达里奥的长债务周期——在一个长债务周期的末端，货币贬值是注定结局，不管是主动的还是被动的，愿意的还是不愿意的。总之美元看起来很悬，就像一把"自欺欺人尺"。

03

莫不是国运当头，轮到人民币承担重任？

我也很想国家能够迅速崛起。可惜的是，一个能无限创造国际储备货币的国家，大概率并"不傻也不天真"，虽然大部分时候没有表现出真实的一面。如果这些年的市场教会了我一件最重要的事，那就是不要低估美联储的能力，尤其是插上了政治翅膀的美联储。

美元困境的解决方案不是没有，聪明又高水准的也不少。比如一个理性的假设：世界上的大部分国家都看到了美元的问题，于是开始想解决方案去美元化。美国因此会主动放弃一些美元霸权（注意不是放弃全球储备货币的地位哦），在一些贸易或者资产计价中分散美元的使用程度，从而减轻"法贡森林"里的美元压力。这样美元会走弱一点点，大家都会好过一点点。

或者再现实一点，如果你是逻辑不紊乱的美国当权者，会怎么想？当然不仅要保持美元的国际储备货币地位，还要保持强势美元。但你会找到一个平衡点：强，但又不能太强——重压之下必有反抗，反抗就鱼死网破了。

以上情况有可能发生吗？或者至少能不能顺利地、平衡地、无意外地执行？

恐怕不会发生。1971年欧洲各国财政部部长质疑美国货币政策是否在输出通胀，时任美国财政部部长康纳利讲了一句世纪名言："美元是我们的货币，但问题是你们自己的。"（It's our currency but your problem.）如果现在的鲍威尔再说出这句话，恐怕全世界都想怼回去——It is your dollar and your problem——自己家的"熊孩子"，要自己抱回去。

当然，这句话听起来很爽，但是依然没办法说出口，因为魔鬼在细节中。我们再看一下美元和其他国家的货币互换机制——这个操作环节是怎么完成的呢？

这些国家的央行（比如日本央行）在美联储开个账户，美联储换美元给日本央行的动作，就是增加其账户中的数字而已。如果这时日本国内有一家银行，需要美元流动性来替自己的企业客户解决还债问题，那增加的美元数字便在央行的储备账户中作为抵押来产生新的信用。

接下来的一个问题是：这些美元是白给的吗？当然不是。是日本央行用日元"换"来的。那这些日元是哪来的呢？是从日本国内的体系中抽出来给美国吗？当然也不是——是日央行"印"的。不幸的是，美联储印钱给兄弟们解决流动性的同时，兄弟们也要跟着印，才能跟美元完成互换。

货币互换只解决了流动性的问题，并不能让还债的企业和国家变得更有生产力、更能赚钱。当美元被借到了境外后，存量是永远没办法还清全部的美元债务的——因为有利息。你想得没错，这又是一个妥妥的庞氏——在收入没有新增的前提下，如果境外美元的流通速度(velocity)不增加，或者没有新印出来的美元流到境外，是会坍塌的。

所以我们的美好愿望——美联储印钱总有一天会把美元"印崩"的逻辑，很不幸是错误的。因为你没有考虑到印钱的时候，大家是一起印的，不管是主动的还是被动的；你也没有考虑到美元的需求端：互换额度更增加了大家对美元的依赖，让问题变得更严重。只要世界上还没有出现一个可以完美替代这个系统的体系，所有人就会继续依赖美元，渴求美元。

这从来不是一句话，或者一个模型就搞定一切的世界啊。

更何况互换额度是一件非常好用的政治武器。小伙伴们如果听我的话,额度便足足地安排上;不听话?请看土耳其。埃尔多安总统和俄罗斯多年暧昧,买其导弹,玩地缘政治游戏的结果,就是直到现在还在向美联储"祈求"互换额度。

所以美国印钱会有后果吗?当然有。但是老大中弹之前,挡在他前面的小伙伴们也许会先牺牲掉一大片。美元虽然是一个庞氏体系,但全世界都是一个大庞氏啊。

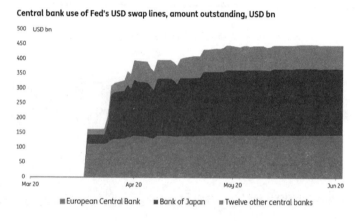

全球主要央行对美元的互换额度增长趋势

图片来源:国际清算银行

04

但是系统终究需要重启。总有一天,大家会聚在一起再开会。但这次不是在布雷顿森林里,也许在大兴安岭的森林里。在会上,大家会再次问起那个问题:什么是货币(money)?我们要找什么做锚?用什么办法完成货币重置(monetary reset)?很多人心里已经有答案了。

最后讲一个旧台币与新台币的故事。

台湾光复前,买一碗牛肉面,要用日伪政权发的"台湾银行券"。此券通行了近半个世纪(1900—1946年)。1945年,日本战败。一年后,再在台湾买一碗牛肉面,就要用中华民国委托台湾银行发行的旧台币了。

那么问题来了,现代法定货币总要有个基础,不管直接的,还是间接的。美元有黄金,旧台币呢?和谁挂钩?蒋经国老师上岛前在大陆发行的金圆券可背书啊。于是旧台币和金圆券手拉手组成了联系汇率。随着解放战争步步推进,国民党节节败退,上海爆发金融危机——金圆券崩盘了。1945—1949年四年时间,台湾物价暴涨7000多倍。旧台币变废纸。卒。

怎么办?俞鸿钧出场了。半个世纪前的"央行行长",不仅要会制定货币政策,懂得货币银行学,还得会搬金子。1949年国民党撤退到台湾,俞老师亲自上阵,成立机密工作组,调海军舰只,部署警卫,安排运输人手——硬是从大陆搬来一百多吨金子上岛。

然后他把这些金子拨交给台湾银行做"国库黄金",移充发行准备,发新台币。以旧台币4万元折合新台币1元,新台币5元折合美金1元,发行总额定为2亿元。新台币站稳,直到现在。

到了今天,全球负利率时代,这个故事的类似版本有可能再被讲起来吗?在重启置换的路上,我们会需要一条"摆渡船"吗?

尼古拉的故事:
永动机还是明斯基?

《怪诞小镇》

学校董事会成员:"孩子,永动机只有一个任务—— 不停!"

——《怪诞小镇》(*Gravity Falls*)片段

01

大家应该都听过永动机的故事——各种版本的。

这种机器，有人叫它perpetual motion machine（永恒动力机），有人叫 free energy machine（零能源机）。据史料记载，永动机最初的构想应该来自印度数学家巴斯卡拉（Bhaskara）。他构想的永动机是一个轮子，轮子弯曲的辐条内部注满水银；随着轮子转动，流动的水银也会让轮子各轴的重力不平衡，不平衡带来永恒的动力。此设计理念后在阿拉伯语文献中再次出现；公元1200年前后，永动机迎来了第一次研究小高潮，构想从印度传到阿拉伯世界，最后传到了欧洲。

Bhaskara 轮

图片来源：维基百科

永动机研究的第二个高潮出现在工业革命时代。人类历史上先后出现了毛细管现象永动机、虹吸现象永动机、水下永动机和液氨永动机的故事。

但是最让大家喜闻乐见的故事还是1872年，基利汽车（Keely）创始人约翰·基利（John W. Keely）的官宣——"以太引擎"的诞生。

以太引擎能以惊人的低成本提供一种新能源——被他命名为"以太振动能"。仅用1夸脱[①]水，就可以为从纽约到旧金山的往返火

---

① 夸脱，英美制容量单位。英制1夸脱等于1.1365升。美国有两种夸脱：干量夸脱及湿量夸脱。美制1干量夸脱约等于1101毫升，美制1湿量夸脱约等于946毫升。

车提供足够燃料；1加仑①水可以支持一艘轮船从纽约到利物浦的往返航程；凭借一桶水，你就可以绕着地球转圈儿了。

这么颠覆的创新迅速吸引了全国各地的投资，基利先生不到一年就完成了百万美元天使轮，成立Keely引擎公司。

结果呢？当然没有革命性创新，以太引擎永远停留在了样品阶段。也没有颠覆世界工业的机器诞生，只有基利老师实验室天花板里藏着的压缩空气导管、房间里密布的机关和地下室里几吨重的牵引铁球所组成的一次行为艺术。

这样的案例在任何年代都会出现，其实一点也不奇怪。但这个故事里让人惊叹的是：在整整26年的时间里，基利先生居然成功地避免了谎言在他有生之年被戳穿——直到他去世为止，也从来没有把产品推向市场，但在这没有产品、只有表演的26年中，他却成功完成了天使轮以及以后好几轮融资，甚至把公司推上了市。

这可是相当不容易的，你需要不停地讲故事，要讲更新颖、更惊奇、让投资者不断惊叹的故事，来转移对那根本不存在的永动机的注意力——还绝对不能翻车。

02

140多年后，基利传奇故事变成了尼古拉传说。这家2015年成立的、短线投机标的中的战斗机，能革命化汽车产业的卡车公司尼古拉（Nikola），和当年的Keely引擎公司一样，是一家总有新故事

---

① 加仑，英美制容量单位。英制1加仑等于4.546升，美制1加仑等于3.785升。

跳出来的公司。

故事从能帮助卡车业界实现零排放的超低成本氢气能源开始，宣称它不仅能成功地将氢气成本降低八成，并且已经在生产氢气。但是市场上一直没看到氢气，怀疑的声音便开始出现。

于是2016年，"尼古拉一号（Nikola One）"电动牵引卡车头就横空出世了。车头采用6×6全轮驱动模式，搭载了800伏交流电发动机，每个车轮上具有再生制动功能。然后又是两年没动静，怀疑声音又开始增加。

2018年，YouTube上出现了一则名为"行驶中的尼古拉一号"（Nikola One in Motion）的视频。却紧接着被该公司的工程师爆料——视频中的卡车其实是从半山坡上推下来的，整个过程没有"电动"，只有"滚动"。

大家开始愤怒了。当年基利先生为了给大家看到永动机假象，至少还颇费周折地设计了各种精密机关，100年后的人类连作假都懒得花精力，直接把卡车推下山头？见情况不妙，尼古拉赶紧继续"官宣"。2019年尼古拉宣布了将彻底改变电池行业的"革命性电池技术"——但马上被质疑该技术根本不存在。

于是尼古拉接着宣布：公司总部屋顶上已经安装了3.5兆瓦的太阳能电池板，并拥有自己的天然气井。但是航拍照片发现它们都不存在。

于是尼古拉赶紧继续通知大家：公司的五辆新概念卡车已经在德国下线，并拿到数十亿美元U.S. Xpress订单。但实际上卡车并没下线，订单当然也没有。最后就是2020年我们看到的新闻——尼古拉和通用汽车共同宣布20亿美元合作，通用汽车将为尼古拉生产"电动皮卡"。尼古拉的股价迅速飙升了50%。48小时之后，庆祝的香槟还没喝完，兴登堡（Hindenburg）就发布了详尽的做空报告，堪称史上最详细的尼古拉作假合集。尼古拉的股价暴跌近36%。

但所有这些都并不妨碍尼古拉创始人特雷沃·米尔顿（Trevor Milton）套现。他在IPO前后已经套现数千万美元，并且改了锁定期和股权激励。一切都是这么完美。

03

每隔一段时间，就会有一个这样的骗局出现——我们的耳朵已经听出茧了。整件事情的来龙去脉到底是真还是假，到底是做空机构恶意做空，还是尼古拉在挑战大家的智商——也许都不是这个案例给我们最重要的启示。尼古拉这样真假难判的公司股价都能瞬间飙升50%，美国股市越来越"头重脚轻"，少数几家"科技创新"主题公司占据主导地位，标普500其实只是标普5，指数中占比最大的5只股票——微软（Microsoft）、亚马逊（Amazon）、苹果（Apple）、谷歌（Google）和脸书（Facebook）——在2020年前七个月上涨了37%，其他的495只合计下跌将近10%——这一切都是尼古拉故事背后的背景图。

虽然在市场价格和基本面有相当距离的年代里，发生这样的故事一点也不奇怪；但就算尼古拉所有的"官宣"都是真的，一个上季度营业收入仅为3.6万美元的公司，股价却能飙升至80美元，也和我们理解的价值投资理念相去甚远。市场的疯狂大家也许都清楚；

但我们真正应该担心的，也许不是股票集中度，而是故事集中度。

当一个市场过度依赖于一群押注颠覆性创新，且一生中的利润大部分来自遥远未来的公司时，这意味着它们梦幻般的估值，大概率来自于低利率——便宜的钱。它们就像军火库里的爆竹，绝对不能碰，任何损害这一群体利益的行为（包括收紧货币）都可能拖累整个市场。就算其他公司表现得都很好，也大概率会被一起拖下水。

尼古拉卡车滚下山坡的视频很像现在的市场。虽然卡车看起来好像是引擎力量在推动，但视频展现的故事掩盖了事实，它只不过是靠外力推下山而已。2020年全球股市的推高也是一样，根本动力不是基本面和利润引擎，而是故事、官宣和投机。只要故事还在讲述中，只要坡上的卡车还在向下滚动，故事的呈现很完美，一切会继续永动。

但是卡车总会到达斜坡的尽头，惯性总会消失。市场上的故事也总有一天会讲完。

04

从尼古拉事件放大到股市，再放大到我们当下面临的全球经济，我们就从一个山坡看到了明斯基的循环。长期高速增长的经济，也很像视频中从山坡上向下滚动的尼古拉一号，只要高速前进就还能保持平衡。然而把一切唤醒，也许只需一个轻轻的减速，一个故事讲完了，而另一个没有接续上，资产价格停止增长，投资者抛售——一个债务违约的负向循环就此开启。

"hedge" "speculation" "ponzi"，从"对冲" "投机"再到"庞

氏"，我们的经济系统就是一个不断重复的循环，两个循环交界的那一个瞬间，就是明斯基时刻。

你当然可以说这次不一样，现在的科技泡沫和当年2001年的互联网泡沫差别很大。我也觉得的确不一样，现在和当年最大的不同是"风险溢价"[1]。当年的"风险溢价"过高，表现在虽然20世纪90年代的利率很高（5%~6%），但是投资者却仍然堆积在科技股上——这是一个纯粹的泡沫。但是现在，在全球如此低利率的情况下，标普500股息回报率和美国十年国债的收益率相比已经高很多，风险溢价对比当年并没有那么高——这究竟是合理的，还是全球零负利率环境下没有选择的选择？

当一个经济体中的新增融资，全部用来押注在故事和概念上，或者用来还旧债和利息，而不是用来投入产生正向现金回报的领域，周期就会持续下行，下行叠加费雪通缩螺旋效应——就是一个恶化的正反馈。

反之，如果庞氏融资的比例开始稳定下降，那万众瞩目的春天——经济周期的反转，也许才会真的到来。

---

[1] 股权风险溢价的一种算法为隐含风险溢价，通过股票市盈率倒数减去国债收益率来计算，前者为持有股票的预期收益，后者为机会成本，则两者之间的差值为隐含风险溢价。

摆脱神话的人会发疯

1968 年的波西格和儿子克里斯（William Morrow/Harper Collins）

图片来源：NPR https://www.npr.org/

"每个孩子出生时，都像山顶洞人一样无知。而这个世界之所以不再回到山顶洞人的时代，是因为每一代都有属于自己的神话。虽然神话已经被理性取代，但理性，仍然是一种神话。庞大的常识体系把我们的心连在一起,就像细胞把身体连在一起。只有一种人能拒绝环境中的神话,这种人就是所谓的疯子。所以摆脱神话的人就会发疯。"

"我们从这无穷的景致中选了一把沙子,称这把沙子为世界。一旦手握这把沙子,便开始了区分——这、那;黑、白;现在、过去。意识的宇宙被进一步分割。"

——罗伯特·M. 波西格《禅与摩托车维修艺术》

01

时间倒回2021年伊始,面对一个单日百亿惊天爆仓事件①,市场居然没什么反应,波动性连抖都懒得抖一下。再把时间调回几个月:国会山暴乱、罗宾汉散户巨额逼空对冲基金——这些曾经足够再造一个次贷危机的事件,现在连市场的眉毛都扯不动了;大家的口味好像越来越重,对"意外事件"的承受能力也越来越强;世界上大部分市场和资产价格好像已经开启"防弹设定",只有一个方向——向上。

现在我们做一个小实验:在全世界随便找一项资产,或者一个

---

① 2021年初发生的Archegos基金爆仓事件——这是人类史上最大单日亏损。3月30日,对冲基金经理比尔·黄管理的高杠杆基金Archegos Capital爆仓,遭到抛售的总金额达190亿美元。由于存在高杠杆,导致其重仓股(包括跟谁学、腾讯音乐、百度等中国概念股)市值蒸发高达330亿美元。

股票指数，然后把它们的价格标签从"美元"换成"美联储的资产负债表"，画风就立变。比如标普500指数。从2008年崩溃开始，如果把计价分母从美元改成美联储资产负债表的规模；闭眼再睁眼定睛一看——这条横跨12年的线，就变成了横盘。而不是那条45度上倾曲线。

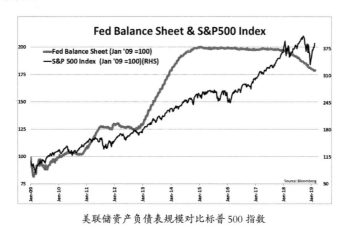

美联储资产负债表规模对比标普500指数

图片来源：© 2021 Decker Retirement Planning；https://www.deckerretirementplanning.com/

这不是因为"放水"让钱像泄洪一样进了资本市场、"钱"太多的自然反应吗？好像并不是，至少交易量的增加幅度并没告诉我们这一点。所以这也许是一场数字游戏——我们看到的，不是一幅"资产上涨图"，而是一幅"分母下降图"。

图上画出来的是一个"扩表"的诡异螺旋：如果美债利率跳升，美联储就"YCC"（收益率曲线控制）以及买债——结果扩大资产负债表；如果股市下跌，美联储就发"Put"期权并买资产——结果还是扩大资产负债表。所以，正常情况下，资产负债表扩张；股市下跌，资产负债表扩张；债券收益率上升，资产负债表还是扩张。于是市场价格走势就一直升——只有分母的价值在下降。

现在我们再换一个经济状况极端一点的国家——委内瑞拉。把委内瑞拉股市用玻利瓦尔和美元分别做分母——看起来就像并排上下楼的两条扶手电梯。到2021年4月23日,美联储资产负债表继续扩张。总资产又增加了0.4%,达到7.82万亿美元的新纪录。美联储资产负债表已经相当于GDP的36.4%。

这就是为什么"估值"这件事已经没什么意义了;也是为什么"破产"这件事几乎消失了——在不断"虚胖"着膨胀的估值和市值的掩盖下,世界上到底有多少只僵尸企业怪兽,谁还找得到呢?每次经济衰退,总会剩下一堆付不起账单的公司(和人)——经济还在蒸发,债务还憋在体内。但在史上最大央行和政府联袂救助的努力下,僵尸皮肤总会开始泛红,似乎真的有了生气。

现在,我们再重复一次刚才的小实验:随便找一个"百足之虫"僵尸企业的股价,比如通用电气(GE),再把其价格分母从美元换成美联储资产负债表——结果基本是零,几乎毫无价值。因为它真的就是一个妥妥的僵尸,一个皮肤泛红、偶尔看起来还会笑的僵尸。

这就是市场寻找真实价值的功能,或者"波动性"被人为抹平的结果。波动性就像一个闹钟,它会定时地让一个系统达到"激励"和"反向激励"的平衡——这是一个系统能够正常运行的前提;每一次价格波动的发生,都是一次接近真相的机会。

不幸的是,我们天生害怕"波动性",因为它象征着"混乱",人类的天性是逃离混乱——尤其是秩序的维护者。结果,一个熵增的世界就造好了。

02

接下来,我们来聊聊比特币。

波西格在《禅与摩托车维修艺术》中有段话:"要证明一个东西的存在,可以把它从环境中抽离出来。如果抽离后原先的环境无法正常运作——那么它就存在。比如要如何证明空气存在?把空气从燃烧蜡烛的瓶中抽离——蜡烛就熄灭了。"

在比特币的忠诚拥护者看来:比特币是否有存在的价值,可以用波西格的方法来证明。且看全球的股市和资产的价格,只要美联储不断扩表,资产定价单位(美元)的价值就一直下降,所有资产真实的价值就越来越找不到"锚"。如果没有比特币这个美元体系外的"天外之物",人类就连寻到一把"新锚"的希望都没有了。

听起来似乎挺有道理——直到多年以后,当人们重新回顾这段历史,会被一只横空出世的"狗狗"牵住目光,并且会把2021年4月19日称为"狗狗日"。这一天,有一枚比特币网络上生出来的笑话——狗狗币,完成了20%的涨幅,把它2021年一季度的"撒欢式"涨幅正式定格在了8700%。

这就很尴尬了。所有认为比特币能够拯救世界的人,哪怕是中本聪本人,在狗狗币面前都会语塞,感觉很打脸——因为创造它的人,当年真的就是开了一个玩笑。

不过,把所有"撒欢儿"式跳涨都归于"狗狗",其实不太公平。我们看一下从2020年到2021年的所有"撒过欢儿"的名字,比如散户大战华尔街的主角游戏驿站的股价,虽然已经掉下不少,但依然是七倍以上的涨幅——看来哪里有"眼球",哪里就有"撒欢",数字上蹿下跳,全看大家的眼球在哪里。也许这才是"注意力经济"的最好诠释,不管这"注意力"是什么,好还是坏。

曾几何时,人们对"泡沫"避之唯恐不及;现在,哪个地方有泡沫,我们就要冲向那里——去享受泡泡浴。这个世界上,主动冲向风险的都是真英雄,比如救火队员;所以,"散户侠"和"韭菜"们都是真英雄。于是"狗狗"成就了一个时代精神:主动拥抱泡沫的时代,"注意力"才是真正的"价值"。

如果比特币真的是锚,它必须能合理吞下自己生出的怪胎;狗狗币必须以一个能说服所有人的理由,给自己画上句号。

03

比特币现象很像做菜:技术、经济模型、金融、历史、社会学、心理学……都是比特币诞生的原材料。架锅,点火,浇油;豆腐辣子花椒撒好,火候到了翻炒,一盘麻婆豆腐就炒好了——其中并没有任何一个因素或者材料能单独决定这盘麻婆豆腐的诞生,不是豆腐,也不是花椒,也不是锅。

它发生在一个机缘巧合的历史时期——次贷危机之后(种子在很早之前已经酝酿),不得不说是个历史的"程序设定",运行键定在2008年,启动时间12年,恰好在金融危机——地缘政治——中美博弈——新冠病毒——货币政策极限的交叉点。反正它已经发生了,不能撤回了。

而这条虚拟"产业链"上的人和机构,挖矿、交易所、资管、技术宅、暗池大鳄,还有热血罗宾汉们——有个共同的特点:都是"80后"带头,"90后"和"00后"为主力军;他/她们对上代人打造的传统金融体系和机构不理解、不认同,自己有想法,而且都有旺盛的荷尔蒙——这些无处安放的荷尔蒙凑在一起,肯定不会安分——比特币也许只是一个载体。

十三年来,比特币经过了白垩纪,经过了若干次说大也不大,说小也不太小的考验。还守在这里的人,慢慢开始在混沌中画出了两个坐标轴:横轴从"虚拟"到"现实";纵轴从"同质"(fungible)到"非同质"(non-fungible)。

又一横一竖分出四个象限,继续在现实世界和虚拟世界中间造桥。比特币开始慢慢放弃"成为货币"的念想,试图安心守住"数字黄金"这座堡垒,变成"平行世界之桥"坚实的桥墩子。越来越多的人开始在桥墩子上拉绳索、铺桥梁——有的人尝试用DeFi拼凑钢架;有的人尝试把真实世界的资产和现金流变成"资产证券化"(token);有的人开始试图改造真实世界企业的资产负债表——在"equity权益"上面加一层"token",用"股权+积分"的结合体,把"用户"和"股东"合二为一。比如某球队粉丝币,持币者变成巴萨或者AC米兰的决策人——决定球队穿什么款式的球服、下个赛季谁先开球,以及接受哪一个赞助商的赞助。

仔细想想,任何一个公司的产品,作为"客户+粉丝"的用户们,本不就应该享受到公司成长的红利吗?可是现实的世界里,CEO是CEO,股东是股东,不明真相的群众是客户——利益没有协同共生。公司好不好无所谓,只要股价涨得好。

听着这些激情燃烧的脑洞,说实话很难不被触动。如果波西格老师活到今天，开着他的摩托车经过币圈，大概会激动地翻开《禅与摩托车维修艺术》，并大声朗读：

"如果你怀疑耶稣或摩西，会招人厌弃。但若耶稣或摩西生在今日，没人认得，如果他们仍然传讲当初的讯息，一定会受到质疑。

"——这并不是因为耶稣或摩西说的不是真的，或者现代社会出了问题，只是他们表达的方式已经和这个社会脱节，一般人无从理解。

"在太空时代，天堂的意义已经逐渐消失。虽然老旧的路即将丧失意义，甚至封闭，但并不表示山已经消失了——它仍然在那儿，只要人有意识，它就存在。"

但是现在，很遗憾——这座桥上的大部分"活力"，依然是上一代金融帝国的投机驱动。虚拟币市场的"真正的流动性"很低，它依然需要大量的"水"和新的故事来续命。也许必须再来一次严酷考验，才能摸出自己的路。

2020年，在这个人类近代历史上最灰色的年景里，有两扇巨大的门。一扇通向虚拟世界，一扇在现实世界。这一年，蓬勃火热的资本市场给两扇大门贴上了价签——虚拟世界的大门后面，Coinbase上市，估值超千亿美元。现实世界的大门后面，高盛JP等金融大鳄鱼们，在这个最差的年景里，依然业绩亮眼。

大门外的人琢磨的是：究竟发生了什么？大门里的人现在只琢磨一个问题：下一个是谁？下一波在哪儿？Who's next？

两扇大门虽然有新旧之分，但目前依然有一个共同的名字——金融。

04

写完《禅与摩托车维修艺术》之后,波西格老师买了一艘小帆船,开始了自己漫长的航行之旅。17年后,他出版了一生中最后一本书《莱拉:一次道德探索》(*Lila: An Inquiry Into Morals*)。这是一本世界上大概没多少人晓得的书。主人公还是他自己,只不过从摩托车骑手变成了船长。

书里依然念叨:我们,其实同时生活在平行的两种社会中,一个是"静态"的,它控制,允许我们以可预测的方式运作——没有它,人类就会陷入混乱。

另一种是"动态"的,它只发生在特殊的、有魅力的人类出现的时候。比如艺术家,有远见的政治领袖,真正的革命宗教人物,基督、穆罕默德和佛陀。他们用不同的方式看待现实,如此不同,以至于可以打破"静态"社会模式,将社会转向新的方向——这些人才是关键。如果他们也是正常的,静态的,世界就永远不会有突破的力量。

那他们从哪儿来呢?

答案是"质"领域。"质"领域在哪里?说不清楚。但如果不是动态、神秘和无法解释的,它就不是"质"。比如"疯狂",这也是一种"动态"模式的表现,精神病患者就无法在一个静止的社会中正常生活。在《莱拉:一次道德探索》中,波西格遇到了一个在崩溃边缘摇摇欲坠的女人,她给整个旅途带来了困境,也带来了活力。

这充满活力的"质",只有两种结果——要么死路一条,要么突破。

索伦之眼

弗罗多、山姆、皮聘和梅里带着魔戒离开夏尔,到达跃马客栈。晚餐时弗罗多被皮聘说漏了身份,在众人不怀好意的邪恶目光下,惊慌失手把魔戒抛向空中。魔戒落在弗罗多手指上,他就这么第一次戴上了魔戒,瞬间身体消失。

然后,立刻被索伦感知到。弗罗多看到了索伦之眼:一只巨大的眼睛,被火焰环绕着。索伦之眼俯视着他:

"你躲不掉的!我看到你了!虚空中没有生命,只有死亡!"

——电影《魔戒首部曲:魔戒现身》片段

01

2021年5月8日,马斯克作为嘉宾出现在《周六夜场秀》(*Saturday Night Live*)上。

主持人: 狗币是什么?

马斯克: 数字货币……加密……%**#*&

主持人: 哦。那狗币是什么?

马斯克: 数字货币……加密……%**#*&

主持人: 嗯。我知道这是一张美元,但是狗币是什么?

马斯克: 我都说过了,数字货币……加密……%**#*&

主持人: 所以是个忽悠(hustle)?

马斯克: 好吧,是忽悠。To the moon(奔向月球)!

这是《周六夜场秀》上马斯克的表演。主要剧情是被主持人不停追问"狗币是什么?"我把他的回答简化成了"数字货币……加密……%**#*&"——其实大概就是这个意思。

这个片段,一千个人有一千种解读,就看大家在什么位置,手里持有什么。但是同样的问题,也可以不停追问比特币和任何加密货币:比特币到底有什么用?它到底能解决现实世界中什么问题?除了洗钱、把财富转移出某些国家,还有什么用?奥派经济学社会实验?硬通货?新黄金?全球储备货币?新型数字版权?这真是让经济学家、人类学家、历史学家、智库和各国政府操碎了心。

但这真的是大家如此关心比特币的原因吗?当然不是。正确答案是"5万美元"——它究竟、到底、为什么、凭什么值这个价?

现在,如果你把死盯在手机上的眼睛抬起,把自己的认知和周围的环境缩放百倍，视线出屋、出城、出国、出地球，站在上帝身边，借上帝的眼镜，再往下看——比特币就是一项人类社会实验。我们每天对它的所有讨论，都是这个社会实验的一部分。此时此刻，看着地球上最聪明的脑袋为之争论得口干舌燥，中本聪老师和上帝应该在满意地微笑吧？

我们每天都在自己反应、并观察着这个实验里其他小白鼠的反应。所有反应都围绕着一个核心悖论——这个新东西，到底是要成为在真实世界中可以用的货币，还是要真正地自由、自主、去中心？成为马斯克所谓的"人民的货币"？如果是后者，那就一定会牺牲前者，也就几乎不可能在现实世界中发挥功能，完成对现有货币秩序替代的雄心。反之亦然。

再看围绕着这个新东西的创新，比如DeFi世界里，看去中心交易所（DEX）和中心化交易所（CEX）的对峙；看各种新型去中心化协议之间的流动性争夺——是要扩大影响力，简单，便宜，小白，吸引更多的长尾？还是要坚持去中心化本心，自己的钱包自己管？

还是要妥协。Uniswap[①]最新版本（V3）干脆成立了一个主体，发放使用许可证，限制源代码使用期限，避免别人分叉自己、偷流动性的事情再发生——但有了实体，那还是去中心化的交易所吗？

[①] Uniswap 是一种用于交换加密货币的分散金融协议。Uniswap 同时也是最初构建 Uniswap 协议的公司的名称。该协议通过使用智能合约促进以太坊区块链上的加密货币令牌之间的自动化交易。截至 2020 年 10 月，按每日交易量计算，Uniswap 估计是最大的分散交易所和第四大加密货币交易所。

似乎也不是了。这项伟大创新就这么不知不觉地站在了区块链开源哲学的对面。

所以，比特币成了数字黄金，不管主动还是被动，归根结底还是不愿意放弃自己的初衷——至少这一点也还是值得尊敬的。

02

上帝从人类手里拿回了眼镜，评论道：

比特币这件事情，其实是一门艺术，一种优雅又时尚的艺术，恰好坐在了金钱的交叉口上。

它是一种身份表达——这种身份不是要取代谁、颠覆谁，然后自己成为一个新的中心、成为全球货币，而是自主、积极、改变、开放和对寡头的抵抗。

艺术有什么用？好像对实体经济没什么用，既没有现金流，也没有实体根基，也没有什么应用案例和应用场景。它只有一个故事，以及故事和社会的互动。

但是没有用，就没有价值，没有存在的必要吗？恰恰相反，艺术才是人类在这个世界上最崇高的使命，它能给社区带来灵感。有自由的灵感，才能创造不同的世界观和价值观。好的艺术品总有价值，不会"归零"，可以有上千年的持久价值，因为它非常稀缺，而且永远不会被用完。所以比特币这项人类实验，作为一件行为艺术品，不会归零，因为它有价值。

但问题在于：这个价值该怎么衡量？

现在，我们把脑洞关上，回到现实：以上所有美好的词汇和想象，都跟你现在在手机上看到的比特币、市场上的比特币，以及价格的数字变化没有一点关系。在真实世界的市场里，比特币只是一个符号、一个赚钱工具；它的价格是一种幻觉，来自羊群的疯狂，与任何现实世界中的经济活动没有联系，就像黄金与经济活动没有联系一样。

现实世界中的比特币，已经被金融业界收编，变成了证券化的赌场筹码——映射的是比特币的价格。你根据喜好，可以挑选"大V"喊单型筹码、传统交易所筹码（ETF和期货合约）、投行私募基金筹码、灰度信托筹码……有无数金融游戏可以围绕它的"价格"开展，筹码上可以再抵押、再衍生。

游戏的唯一限制，是围绕在比特币身边的所有故事，到底还能讲多久——对冲通胀、价值储存、保护财富、硬通货、印钞机拿它无可奈何等等，故事没人听了，懒得听了，游戏就差不多要结束了。

听起来是不是很熟悉？这是金融业界（尤其是华尔街）在过去几十年里证券化、杠杆化的标准操作——标的不同而已。在创新这件事里，总会有聪明的狼图腾，也有套利并搅黄一切的狐狸。大航海时代初期也伴随着海盗横行。而狐狸和海盗横行的结果是什么？是政府的手铐、国家的机器、创新和自由的牺牲。

历史从来不重复，只押韵。这次大概率也一样。

03

如果狂热投机会自行消散，像比特币这种让政府紧张的东西，会以强监管为结局吗？

我当然没办法看到未来；但是据史料记载，禁止或者定罪一般是新手国家的举动，高手的做法是容纳、接受和鼓励，创造一个所有人都买比特币的未来——只要它是和谐可控的、可收税的、可追踪的、可以让监管像索伦之眼一样，随时随地能看到的。

比特币，就像几百年来所有金融创新一样，都有试图创建新游戏规则、抗审查、匿名的特点。所以鼓励创新，当然最好还是把这些特点剥掉，把它拉回到现实世界的游戏中来——优秀的驯马师不会暴力制服一匹野马的灵魂，而是——轻轻地把马鞍套在它身上，让马儿不知不觉地，慢慢地放弃自主权。反洗钱法（AML）、认识客户（KYC）、外国银行和金融账户法（FBAR）、SWIFT、银行保密法（BS）等等都在时刻准备着把马鞍套在野马身上。

就像电影《指环王》的片段——监管就像索伦之眼，看不到弗罗多，但是可以看见戴上了魔戒的弗罗多；控制不了比特币，但可以控制被华尔街收编了的比特币——追踪金融业界里的比特币产品；用荧光涂料标记比特币，创建一个"高可见度版本"的比特币。

你也许会问：如果把比特币放到自己托管的钱包里，不和现实世界的金融管道相连，不就行了吗？嗯，也许可以，只要你愿意让它永远留在平行世界里。如果不能，那就只是一个暂时的停靠港。别忘了，只要戴上魔戒，就没有什么是索伦之眼看不到的。

最终，上帝的归上帝，恺撒的归恺撒。

更"鹰"的下半场，
市场该往哪儿"虎扑"？

01

2020年欧洲杯上，法国队对瑞士队爆了个冷门。

两队在120分钟内打成3∶3平，进入点球大战。前四次罚点球，双方守门员（洛里和索默）都"判断错了方向"（注意这个用词），于是各得四球，还是平。到了第五次，法国队的洛里被骗过、瑞士队的索默成功扑出——于是最大冷门爆出：法国队居然4∶5告负瑞士。

我不是资深球迷，所以会关注到一些很奇怪的点：守门员们为什么总喜欢虎扑呢？

我把10个点球都看了一遍，发现两边守门员的战术——每次都是虎扑，或向左，或向右，一共扑了十次，终于由最后一个虎扑决定了胜负。

先换位思考一下：如果我是索默，对方球员用点球向我进攻，力量大，距离短，优势明显，而我必须在瞬间做决定。如果原地不动，接住一个正好踢向我的球，就算守住了也一点儿都不酷；而虎扑这个动作，会让自己看起来像个英雄——就算没扑住，大家也会觉得我尽力了。

所以无论如何虎扑都是最优选择。

而真实情况呢？

其实并不用扑，也许待在中间不动才是最优解。

我带着要不要虎扑这个问题钻进了谷歌的兔子洞。居然真的搜出了一份论文，这位老师研究了300多次各种联赛和冠军赛的点球——守门员向左或右虎扑的次数占94%，只在6%的时间里站着不动，等着球从中路钻进怀里。

再看点球射出方向的分布：几乎有30%的次数都是直射中路，远远多于守门员原地不动的次数——所以如果不虎扑，而是站着不动，守门成功的概率会翻倍。

于是不理性的行为出现了：尽管对方球员从中路射门的概率是守门员守在中路的五倍，但是人类依然偏向于行动（虎扑）而不是不行动（站在中间）。

这可能又是人性。如果不虎扑，感觉更糟；如果虎扑，大家会解读为被对方骗过，至少这个人努力扑过了。就像开车时你总会把手放在方向盘上，这样才有控制感——尽管这是一种幻觉，因为打圈时才需要转动它。

02

球场上发生的事完全可以套用在市场上。

"多劳多得"在很多地方是常识,但在市场上完全不适用。在市场这个诡异之地,越折腾,结果就越糟糕;因为只要行动,就有出bug的概率——而大部分bug本是可以避免的。

在这个奇幻的赛场上,交易机会在大多数时候是冬眠的,你想象中的对冲基金披荆斩棘、惊涛骇浪,n年才会发生一次——就像捉《宝可梦》里的大岩蛇,只能靠野外遭遇才有办法入手。成功投资的背后是极无聊的行为——待着不动;不虎扑才是最优策略。

《宝可梦》中的大岩蛇

但是待着不动投资策略听起来一点都不酷。不虎扑的守门员看起来很不敬业。于是在投资业界,比起程序正义和态度正确,交易成本反而变成次要考虑——因为交易成本可以算在费用项下,而因不行动可能丢失的业绩,是会上热搜的。

于是所有人都选择虎扑,高频率的虎扑让市场周期变得越来越短,越来越短的周期又反馈给守门员,虎扑的倾向只会更增加……这是一个越拉越紧的弹簧。

耐心曾经是一种美德,现在却变成了特异功能——观望是这个时代最难忍受的事。

03

回顾一下2021年上半年全球市场和美联储的博弈——通胀大战,就是一个猛虎下山的过程,市场虎扑的次数多得像跳蚤一样。

首先,想象你是鲍威尔,每天冥思苦想怎么才能实现美联储的目标,如何让美国人享受好的经济,如何让全世界的金融市场平稳发展——才能摘下全球央行"最后救世主"的帽子。

深思熟虑,以史为鉴之后,你得出一个结论:在过去几十年里,美联储虎扑的次数太多了——好几次都过早加息,收紧宽松,导致温和通胀率和就业率总是"差那么一点点",达不到目标。

于是你在2020年3月市场大动荡之后,采取了一个大胆的行动:引入了灵活平均通胀目标(flexible average inflation target,简称FAIT),大概意思是可以忍受更高的通胀率,依然不加息。

这个大胆的决定之后发生了什么呢?

市场根本不相信你。交易员们反而押注美联储不会长期维持零利率,于是我们眼睁睁看着利率曲线的前端离美联储"加息点阵图"越来越远,在你明确暗示预计未来两年不会加息时,美债却剧烈跳涨了好几次。

然后,在你的坚持"暗示"下,一个微妙的转变发生了。市场

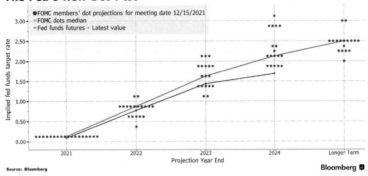

美联储加息点阵图

图片来源：Bloomberg

开始觉得美联储似乎、也许、可能、真的不会加息，真的会坐视通胀不管。

于是市场开始疯狂抢跑，虎扑反应排山倒海而来。一夜之间，所有人都开始担心通胀，本来没人搭理的大宗商品（木材、铜、油、铁矿石），通胀保值债券（TIPS）、价值股突然一飞冲天，价格高得离谱。

面对一个可能踢出的点球，引来了全市场虎扑抢购那些抗通胀资产，终于把它们买成了最拥挤的交易（the most crowded trade）。就连那些天天痛心疾首警告大家漠视通胀的专家们也开始觉得不对了：以前都是为引流量说说而已，难道"魏玛式通胀"[1]失控真的会来？

---

[1] 魏玛式通胀是指第一次世界大战后，德国魏玛共和国在1923年遭遇的恶性通胀。从1919年1月到1923年12月，德国的物价指数上涨了4815亿倍，1美元可兑换42000亿马克。

你觉得太离谱了，望着满市场恐慌式的虎扑，作为美联储主席的你必须立刻再"给个眼神"让大家自己体会。于是在前几天的议息会议上，一个极轻微的"意识到通胀风险"暗示出现了。

于是：市场开始向另一个方向虎扑。一夜之间，所有人都放弃了通胀对冲，暴力抛售价值股和大宗商品，其速度之快，几乎超过了真正的守门员的扑球速度。

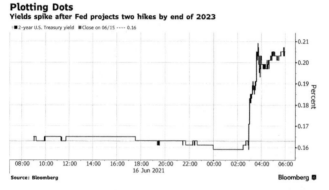

2021年6月16日，在美联储预测2023年前会有两次可能加息后，市场剧烈反应
图片来源：Bloomberg

这个眼神被解读为放弃FAIT回归"旧联储"——对美联储政策的解读像坐海盗船一样，从一个极端俯冲到另一个极端。顷刻之间，FOMC委员们从一群会让通胀失控的不负责任的疯子，变成了会立即加息把全球经济搞衰退的疯子。

我知道市场很躁狂，喜欢过度反应；但没想到随着时间的推移，这癫痫病似乎越来越重。稍微用大脑的"慢思考"部分想一想：美联储真的会放弃新框架吗？央行改政策真的像改个饭局时间那么容易吗？这么多年来努力开发新工具，才终于挤出了FAIT，就这么被市场的虎扑吓了回去，临阵退缩了？

当然不会。事情发展的逻辑像呼吸一样自然：

2020年3月起，各国央行每小时把9亿多美元的金融资产放进购物篮，现在差不多该去收银台了；且全球疫苗注射的进度好于预期，是时候迈出第一步了——就这么简单，仅此而已。要接住这个自然的点球，站在中间不动即可。

04

美联储及其他各国央行的信号当然重要——我们永远不要忘了这个市场上最大的玩家是谁，不要忘了是谁在决定游戏规则——不在各种新故事里，也不在虚拟世界。

只是这种过度关注、臆测和虎扑反应实在匪夷所思。如果向我妈解释为什么应该关心美联储信号：

我妈：加息啦？

我：没有。

我妈：减债啦？

我：也没有。

我妈：那干吗了？

我：宣布要开始讨论什么时候开始考虑要不要讨论了。

我妈：那我明天买葱涨价吗？

我：嗯……不涨吧？

我妈：有这闲工夫不如刷两集《甄嬛传》呢！

没错，金融市场的确已经变成了《甄嬛传》，后宫无时无刻不在揣测圣上的一个眼神、一声咳嗽。圣上站在球门中间根本没动，市场就像世界末日一样重新定价了各种金融工具——好几遍。

当一个臆测被证明不准确时，立刻180度反方向虎扑而去，仓位迅速被冲洗干净。而美联储除了假装有点担心通胀之外，什么都没变。

上半场虎扑得最用力的，无论是黄金、美元、铜、收益率曲线，还是价值股——市场已经过度补偿了眼神。在市场开始认为美联储会变得更"鹰"、提前加息的下半场，大家要往哪里虎扑呢？或者应该站在中间不动？

边界思维，
我们的圈儿到底有多大？

"我服务了香港警队 30 年，认识不少人，也得罪不少人。不过这 30 年我学会了一件事，就是每一个机构、每一个部门、每一个岗位都有自己的游戏规则，不管是明是暗，第一步学会它，好多人还没有走到这一步就已经死了。第二步，就是在这个游戏里面把线头找出来，学会如何不去犯规，懂得如何在线里面玩，这样才能勉强保住性命。"

—— 电影《寒战》片段

01

人是动物的一种。观察大自然界中的生灵,不管是在最接近人的猿猴类、哺乳类,还是在离人类进化链远点儿的昆虫类,甚至是在植物类——我们都可以找到人类行为的影子。由于人对动物没有先入为主的印象和偏见,所以很多时候,观察动物能给你很直接的启示,甚至是警示。动物们可以告诉我们很多道理,尤其是在理解人类自己的行为方面。

奥地利的老顽童动物学家康拉德·洛伦茨老师的欢乐读物《所罗门王的指环》就是一本像魔镜一样,可以用动物映射人类内心的书。

他在第三章中,写了一部动物界中的恐怖片——"鱼缸中的暴行"。讲的是变态杀虫狂魔——龙虱幼虫的故事。

龙虱幼虫,就是水蝉螂,是一种"完全变态"的虫。从卵长成幼虫、再成蛹,直至成虫,一直都很变态。

它小时候叫虎,俗名水虎,看起来像一只带腿的、有棱角的蚯蚓。长大了叫龙,龙虱——光从名字就能感觉到此虫有多凶悍。事实也的确如此,无论长幼,它们一样凶猛。龙虱没嘴、没牙,但有一条连着食管、装有毒汁(也就是消化液)的吸管——它们就是靠着这根吸管进食。

下面的进食情节有些惊悚,建议十三岁以下儿童由家长陪伴阅读。

进食过程如下:先偷袭小鱼小虾或者蝌蚪,然后将毒液和消化液注入猎物体内;待其猝死,内脏慢慢被毒液消化成浑浊的液体,龙虱幼虫就像喝酸奶一样将猎物体液吸干净，然后把纸片一样的干皮抛弃于水中。

这么可怕的物种，却有个最大的天敌——它自己。因为没有边界概念，面对比自己大好几倍的猎物，比如青蛙，甚至是同类，它也敢主动攻击。所以你经常能在水塘里看到互相咬住对方、身体已经被对方毒液消化成酸奶了的，两条龙虱幼虫的尸体。

和龙虱很像的是它的邻居——蜻蜓幼虫，它们也是水中的掠食者，此虫口器锋利，能把猎物直接"铲"进嘴里，在池塘里也是称霸一方。但蜻蜓幼虫几乎从不攻击比自己大的猎物。两种虫一样凶猛。它俩的区别就是：一个有边界，一个没有。

02

到底什么是边界？或者什么是自己的能力圈？如果圈里的是你真正知道的（what you actually know），那圈外的呢？你不知道的？并不是，应该是你觉得自己知道其实并不知道的（what you think you know）。

边界这件事，其实极易被忽视，这也是人类认知偏差中的一种。人经常低估自己不知道的事情，也就是高估自己对未知的驾驭能力，也就是你不知道你不知道什么（you don't know what you don't know）；或者理解为巴菲特和芒格所说的"站在能力圈儿之外，而不自知"。

不信你可以随便在家里找个物件，比如马桶，或者吸尘器；然后试着详细描述它的工作原理，你马上会发现，自己对这些再熟悉不过的东西的认知里,有条巨大的沟——这就是知识差距,心理学上叫解释性深度错觉(the illusion of explanatory depth)。

这也不能全怪我们,在这个需要用概念和语言来概括的世界里,我们只能依靠最简化的语言来和新事物初次见面;比如流行语、潮语或者buzzword,这些语言之所以被称为buzz,就是因为它们像蜜蜂的"嗡嗡"一样含混不清,很容易让你误以为能叫出名字,自己也就完全理解到位了。

这种误会又分成两种情况。有时候,你觉得万物都是"那个理儿",学会了公式A,就可以拿去计算题目B;而事实上,你也许正在用勾股定理去解决三体问题。另一种情况,是你觉得"自己最了解自己",如果真出了圈儿自己一定会知道;而事实上,你可能从一开始就没在圈儿里。

第一种情况发生时,也就是你刚刚学会了公式A的那一刻——比如学会了炖肉、学会了分散投资组合、搞明白了央行的货币政策是怎么执行的等等。此时我们大概率会产生自己已经成为"专家"了的幻觉,而"出能力圈而不自知"这种事,只会在没经验或者刚入行的小朋友身上发生;一旦自己成为"专家",圈儿,肯定永远是找得着边的。

事实恰恰相反。越是专家,就越容易出圈。不信就请你再回忆一下2008年,衍生品结构化的专家贝尔斯登、投行专家保尔森是如何各自犯下了载入史册的错误的。原因无他——他们出圈儿了。

人类的大脑中,永远有条你定位不到的"缝儿"。换句话说,你永远不会知道什么是自己以为知道但其实不知道的。程序算法交易经常会做出人类交易员完全摸不着头脑的决策行为,原因也许是机器的脑子中没有那条"缝",而我们却总是喜欢用人类的能力范围给机器画圈儿。

03

第二种情况,也就是觉得自己最了解自己,真出了圈儿一定会知道的错误更严重,因为没有人真正了解自己。

了解自己这件事,是人类的一个史诗级的难题——不然"认识你自己"这句话也不会被刻在希腊德尔斐神庙的门楣上。不了解自己,经常是我们无意识跨出能力圈的直接原因。

最经典的例子就是"定义自己的风险偏好"(risk profile)。所有经典投资教科书、创业宝典、名人名言,都会千叮咛万嘱咐——只投自己输得起的。问题是大部分人并不知道到底输多少才算是输得起,包括我自己。因为这件事只有在你真正经历的时候,才会在心理上和生理上感受到那个"疼点"。但这个时候可能已经太晚了。

我们的能力圈,能想个办法扩大吗?

也不是没有。最有效的方法之一是借鉴别人的智慧。但这里又有个悖论:人们往往更相信"自己能力圈之外"的人的观点。

比如,你手里有一篇理论和论证都非常丰富、逻辑严密的计算黑洞面积的论文。如果自己没有足够的知识推翻作者的理论,又想验证他是不是在讲真话,唯一的方法就是把世界上所有相关的、持不同观点的论文,集中在一起相互比较——这显然是一个费时费力又很费脑的工作。考虑到所有的边际成本和机会成本,最经济的做法就是"默认"内容是真实的、合逻辑的。

隔行如隔山，跨界不简单。如果你想扩大能力圈，又没有足够的精力或者不愿意学习，怎么办？唯一的办法也许就是"押大"——依赖"群体共识"。但"群体共识"往往又是最不可靠的——唉，真真是巨大的悖论。可能还是动物世界更简单、幸福。

04

能力圈儿，也就是边界思维，可以解释很多你在金融世界中遇到的事情。

巴菲特的原则"不懂不投"——"不懂"就是他的边界。他有一个考量维度就是看人，看公司的管理层，他们对自己能力圈的判断，就变得非同一般之重要。一个智商为150但以为自己是250的人，对比一个智商是120却以为自己是100的人，谁更清楚自己的圈儿在哪儿？一目了然。巴菲特会下注有自知之明的人。

边界思维还可以解释对冲基金的生命周期。开始小而美，因为美所以收益表现佳；表现佳所以引来大批投资者；投资者多了，便只能分散投资策略去适应不同投资者口味；一分散，就进了自己不熟悉的策略和交易方法，被迫在客场作战。最后的业绩大概率会走下坡路——把这个过程动态表现出来，就是一个典型的出圈儿过程。

你还可以用它去理解科技的边界。工程学是一个确定边界的学科。任何科学研究，前提一定是在边界以内，因为一旦突破，实验结果极有可能归零。

但是科技的边界却是最难界定的。正如乔布斯所说："这不是画一幅画就能被欣赏几个世纪,或者建个教堂就能被列为世界奇迹的领域。这是个拼命创造,十年后被淘汰,再十年完全被废弃的领域。

"这个领域就像沉积岩。你的作用是在一座巨大的高山的山顶上再撒一小把土,让山再高一点。然而,所有人都在山峰上,然后自己再变成后面人的垫脚石——已经没人再能够着地面了。"

人类的认知,是一个恒值的、因果的、直线的世界;而科技的认知,是个分形的、永无终极状态架构(an architecture without end-state)的世界。面对科技的发展,我们也许永远都应该敬畏一点——因为这个圈实在太大了。

"金融核武"SWIFT？

"孔乙己没有法，便免不了偶然做些偷窃的事。但他在我们店里，品行却比别人都好，就是从不拖欠；虽然间或没有现钱，暂时记在粉板上，但不出一月，定然还清，从粉板上拭去了孔乙己的名字。……

有一天，大约是中秋前的两三天，掌柜正在慢慢的结账，取下粉板，忽然说，"孔乙己长久没有来了。还欠十九个钱呢！"我才也觉得他的确长久没有来了。一个喝酒的人说道，"他怎么会来？……他打折了腿了。"……

……掌柜也伸出头去，一面说，"孔乙己么？你还欠十九个钱呢！"孔乙己很颓唐的仰面答道，"这……下回还清罢。这一回是现钱，酒要好。"……

……自此以后，又长久没有看见孔乙己。到了年关，掌柜取下粉板说，"孔乙己还欠十九个钱呢！"到第二年的端午，又说"孔乙己还欠十九个钱呢!"到中秋可是没有说,再到年关也没有看见他。"

—— 鲁迅《孔乙己》

01

我们眼前的世界是建构出来的,充满大大小小的"符号"。杜尚的小便池是一个符号,它代表"艺术还有别种可能";孔乙己在咸亨酒店的赊账,直到还清之前,永远是酒馆老板写在粉板上的符号。

金融市场上的语言更是可以承载一切的符号,股票、债券价格是一个个符号,代表企业未来赚钱的能力;马克思的虚拟资本、虚拟经济需要符号的转移;连货币也是一个符号。

"概念"和"语言"可以把抽象的金融世界变成可认识的对象,也可以让我们分辨不出眼前的"现实"到底是真实的,还是构建出来的。"语言"就像一种传染病,感官冲击力可能在无形中指引我们的行动,甚至波及价值在物理世界中的转移。

SWIFT[①]就是一个极佳案例。

---

① 环球银行金融电信协会(Society for Worldwide Interbank Financial Telecommunication,缩写:SWIFT),或译环球同业银行金融电讯协会,是总部位于比利时的环球性同业合作组织,是世界领先的金融报文传送服务机构,为环球社群提供金融报文传送平台和通信标准,在国际贸易和商业活动起着举足轻重的作用。现时,SWIFT是环球金融机构与其往来银行的主要通信通道,其报文传送平台、产品和服务对接了环球超过11000家银行、证券机构、市场基础设施和企业用户,覆盖200多个国家和地区。

2022年俄乌战争爆发。西方多国都对俄罗斯宣布了制裁措施，最关键的"踢出"SWIFT这一招，却迟迟不来。整个欧盟都在等待一个国家——德国的点头。德国能源依赖俄罗斯进口，如果俄罗斯被"踢出"SWIFT，德国马上就会面对从俄罗斯买石油和天然气如何付款的问题。

终于，在2022年2月27日北京时间凌晨，美、欧、英、加发表了联合声明，宣布对俄的最新制裁，禁止俄罗斯使用SWIFT支付系统。但里面有个细节，德国公布的细节是决定剔除"selected banks"（部分银行）。也就是说，被剔除的是"已经被制裁"的银行，并不是俄罗斯整个国家。这相当于偷换了概念，如果SWIFT只排除"某些银行"，欧洲依然可以从俄罗斯购买能源——支付的时候换个银行路径即可。

尽管如此，整个金融市场依然被此决定所震撼。俄银行被"踢出"SWIFT后的第一个交易日，卢布暴跌近30%，再创历史新低。俄罗斯中央银行紧急将基准利率从9.5%提高至20%。

SWIFT这个"符号"为什么这么重要？它为什么被称为"金融核武器"？为什么一个账户中虚拟数字的冻结，可以在物理世界中实现"对一个国家关闭"？

02

我们不妨先从金融科技的角度仔细看看，SWIFT究竟是什么？[①]

[①] 文中关于SWIFT账户体系的解释内容部分引述自王玮在《文理两开花》播客中的访谈内容。

简单来说，金融体系或者一套银行体系，核心概念上应该由两个大的部分组成：一个是它的"账户体系"，一个是它的"通信体系"。虽然银行的系统由无数子系统构成，非常繁杂，但金融体系归根结底是处理资产和"钱"的，所以从大层次上都可以归类为这两个部分构成。

"账户体系"很简单，就是用来记录"谁是谁""谁有什么钱""谁要给谁多少钱""什么时候给钱"这些问题的。基本上所有和"钱"相关的事情都可以在这里解决。账户体系也有很多其他的名字，有人叫"账户体系"，有人叫"账务体系"，还有人叫"清算体系""结算体系"。这些概念在广义上都是账户体系的不同方面。

我们可以用一个概念模式把这些概念总结区分："账户体系"告诉我们谁有什么钱；"清算体系"告诉我们是谁给谁什么钱、多少钱；"结算体系"告诉我们什么时候给到这笔钱——用这三句话，就能把跟"账"相关的所有事情说清楚。这也是银行最主要的核心理念。

但是，由于银行要对外向全社会提供服务，所以要有跟外部通信的一套机制。比如，你访问一家银行，登录它的移动端——手机网银，就可以操作。手机移动端、网银的通信，都是银行对外通信体系的一部分。

所以，听起来"通信体系"相比于"账户体系"，似乎重要程度没那么高。"通信体系"有很多选择：我们可以用手机端，也可以通过网页端访问；如果不上网，还可以自己到银行柜面去办理业务。所以通信体系在整个金融体系里似乎处于一个辅助、从属的地位。而SWIFT本质上就是银行的通信体系，其实跟银行账户体系并没有直接关系。

所以这件事就变得很有意思：大家把SWIFT称为"金融核弹"，SWIFT可以被用来制裁一个国家，让国家经济受到冲击，甚至民生承压。但如果SWIFT在整个银行业中只是一套"从属通信体系"，又怎么可能有那么大威力？

虽然听起来难以置信，但SWIFT在金融世界中，确确实实是"金融核弹"。

03

这就是"通信体系"在整个银行体系中的独特作用。

如果把整个银行体系类比我们的身体，"账户体系"大概相当于大脑，让你知道小新是谁，苹果是红的，葡萄是酸的——这些概念由大脑记录。而"通信体系"，相当于五官、四肢、皮肤这些感知系统，我们在脑中知道小新是谁没有用，只有当眼睛看到小新，小新的视觉图像才能让我们脑中产生"这是小新"的感知。同样道理，只有嘴里感知到葡萄的味觉信息，才知道它是葡萄。

所以，"账户体系"跟"通信体系"的关系，有点像我们的大脑跟感知系统的关系。

这是从单一主体视角去类比：一家银行有自己的账户，也有自己的通信体系——手机端、网银、柜面网点。如果我们再挖深一层，全世界一万多家银行，组成了一个巨大的金融网络，它们之间也会处理同样的事——也要处理"谁有多少钱""谁给谁多少钱""什么时候给""到底怎么给"等问题。

于是问题就来了,这么大一套金融网络,有没有一套银行间的"账户体系"?银行间的网络也需要处理和"钱"相关的工作,它们之间也要相互通信,才能在整个网络里处理"钱从谁给到谁"。所以一个银行间的网络体系也有"账户体系"和"通信体系"这两部分——而银行间的"通信体系",就是SWIFT。

而要充分理解SWIFT这个银行间"通信体系"的作用,我们首先需要清楚银行间的"账户体系"是什么?

其实"银行间的账户体系"更复杂、更有意思。因为银行间处理的"钱"有美元、欧元、人民币、日元、卢布等等。在现代货币体系下,这些信用货币都是主权国家发行的,所以,国际银行间账户体系下的"账户"并不是按"银行"分,而是按"币种"分,也就是按"国家"分——美元会有一套美元的全球的账户体系,就是CHIPS(纽约清算所银行间支付系统)。我们也有CIPS(人民币跨境支付系统,Cross-border Interbank Payment System),也就是人民币的全球账户体系。欧盟、日本都有各自的账户系统。

无论国家大小,只要主权货币是各自发行,货币在全球间流转,就需要各自管理。这就是现在货币体系的特点。所以,在全球银行网络中,"账户体系"是CHIPS、CIPS等等,"通信体系"就是SWIFT。在目前全球金融网络中,CHIPS是SWIFT第一大用户;其次是CIPS、欧盟体系等等——它们在全球间的通信,也是通过SWIFT完成,而各自货币的账户,是由各国自己管理。

04

我们之所以对"SWIFT制裁"闻风色变，确实因为这在历史上这并不常见。

如果要制裁的主体是人、公司、国家，或者某个政府，理论上在它们各自的"账户"层面就可以完成制裁——这是最合理简单的方式。所以迄今为止，绝大部分制裁都是发生在"账户"层面的。可是现在全球贸易你中有我、我中有你，关系已经变得非常复杂。

举个最简单的例子：如果制裁俄罗斯某个石油公司，不允许它出口石油，那最直接的方法一定是在现实物理世界中阻止其石油在管道里流动。而冻结掉石油公司的账户，实际上不一定能解决问题。只要石油还能从俄罗斯运到国家A，只要它和国家A之间还有支付渠道——比如，国家A把钱汇到俄罗斯石油公司在国家A的银行里开的账户，或者是汇到国家A石油进口公司在俄罗斯某个银行里开的账户，都可以完成支付动作——因为俄罗斯并没有制裁国家A的银行。

所以，基于"账户层面"制裁最大的问题是：某个账户在数字世界当中的标识，和它在物理世界中的所有者和使用者，未必百分之一百一致，现实世界和虚拟世界的"映射关系"未必一致。有时候，大量手段都可以用来规避掉基于"账户层面"的制裁。

我们可以用"爱情"来理解。一个女孩喜欢一个男孩，可是父母反对。基于"账户体系"的制裁，就像父母跟女孩说"你不许再想他，必须忘掉他"。但并不能解决问题，女孩可以表现得"我已经把他忘了",可这并没有意义,因为爱情依然在她的脑中。父母还可以在现实世界中禁止两人见面。但肉身不能见面,还可以打电话、聊微信。所以还得把手机没收、掐断通信,甚至装一个小木马程序,阻止女孩发消息。

所以,对概念层面——也就是"账户层"的禁止,能被绕过的可能性太多了;而在掐断"通信层",彻底失去联系,没有信息,资金就不可能接收到移动的信号,也就不能实现流转。所以在SWIFT层面"掐断",比在账户层面去识别、冻结,其实更有力。

电影中也经常出现类似情节:最恐怖的、让人陷入最绝望境地的情况,其实是人还活着,但是跟外界断了所有联系,没有手机,也没有人听见你的声音——就好像是森林里的"那棵树",如果大家没听见你倒下了,那你就不存在。

05

所以,到底为什么西方各国都很难下决心动用SWIFT这个"核武器"呢?

SWIFT这套体系是基于"银行",而不是基于"国家"的。首先,它的工作是银行间的通信,本身就是一个以银行为单位的组织;所以它没有"国家"的概念,也就不能禁止"某个国家"进入SWIFT体系。最多只能禁止这个国家的"所有银行"进入体系。第二,SWIFT的银行标识结构由几部分构成,包括银行的唯一代码、唯一标识,以及地区码,标明在哪个地区开设的分支机构,比如美林银行在俄罗斯的分支机构,国别码其实是"俄罗斯"——原因依然是因为它是"通信体系",必须知道消息要送到哪里去,送到谁的网络终端上。

所以问题就来了,如果要把俄罗斯整个国家"踢出"SWIFT,那么美国美林银行在俄罗斯的分行要不要"踢出"?如果不踢,就意味着消息还是可以发到俄罗斯这个地理位置,因为它的发送目的地是"美林银行"在俄罗斯的终端上。这样交易就有可能通过美林银行在俄罗斯的分支机构完成。所以,把"整个国家"剔除在SWIFT之外,从技术角度上看并不现实。

从政治经济角度看,如果俄罗斯所有银行都被"踢出"SWIFT,马上会出现一个问题:这些银行跟世界有千丝万缕的联系,如国际红十字会、世界卫生组织、国际刑警组织——都要在俄罗斯本地做人道救援、卫生合作或者抓捕逃犯,都要有金融往来。如果在SWIFT中彻底隔绝俄罗斯,全世界所有机构在俄罗斯境内的一切行为就都会被迫停止,副作用过大。

这就是为什么SWIFT制裁会被称为"金融核弹",因为这是无差别的、大规模的、寸草不生的杀伤行为。

而事实也是如此。"SWIFT金融制裁"这两年我们好像听过很多次,但实际上SWIFT真正把某个国家全部"踢出"的情况非常罕见。在2004年、2014年、2021年时有过很多次制裁的请求,比如缅甸、白俄罗斯、以色列等等都曾经被某些国家要求过"踢出"SWIFT系统,但都没有发生;而只有在2012年和2018年,伊朗被两次"踢出"该系统。

06

如果一个国家不想被"金融核弹"把自己"炸光",有什么办法吗?

前几年,金融科技行业内有一波热潮,试图用区块链技术来构建一种新的金融银行网络,用"非中心"(去中心或者多中心)的方法,来避开被动"踢出"的可能性。区块链技术确实具有一种特性,适合建立一种全球的、多方之间的清算、结算以及通信网络。其实,SWIFT本身就有很强的"区块链特性"——"SWIFT"中的"S"指"Society",是全球金融机构自发组织起来的一个"社群",这跟区块链的理念几乎不谋而合。

这也说明了为什么很少会有真正、彻底的SWIFT制裁发生:因为它不是一个单一实体,虽然在现实世界中有一个布鲁塞尔总部,但它本质上是一个社群,很难"被命令"或者被法律要求强制完成某件事。SWIFT的"社群"特点也决定了它很难有一针见血、雷厉风行的行动,一切都需要协商,并没有一家独大的成员能够单独做决定。

所以,SWIFT做一件事,最重要的机制正是"达成共识"——这"共识机制"所体现的理念跟区块链如出一辙。

一个基于区块链的SWIFT的理念其实很简单,每家银行有自己的一个地址,自己掌握私钥,公钥地址可以公开——相当于银行代码和国别码。每家银行生成一个代码,大家在区块链网络上直接转账了,"通信体系"和"账户体系"就这样合二为一了。

而在区块链上完成"制裁"某个银行,只要在转账的智能合约中给目的地和发起地标记为"无效"——就既不能转入也不能转出了。只要各方达成共识,"制裁"就是改一个标志位而已,成本接近于零。

以上逻辑完全通顺。但是实践依然很难,毕竟把一套完整的、已经运行了近半个世纪的"共识机制"舍弃,改用另一套全新体系——中间有无数协调和博弈。

07

当SWIFT被冠以"金融核武器"的标记,它在市场上的掀起的风浪并不会考虑到真实的现实。在可见的未来,它身上附着的"语言核武器"也会继续在无形中牵引市场,甚至影响现实世界中的地缘政治。

结　语

收获一颗越来越强大且独立的大脑

非常感谢大家的陪伴。聊到现在，我们已经一起尝试用哲学来思考了当下的金融大环境，一起拜访了几位金融大佬以及他们的精神导师，一起透视了语言哲学是怎么影响真实金融市场的。

这个过程对我自己来说也是一段极精彩的学习经历，可以和大家一起思考。我想强调的一点是：我们处在一个很魔幻的历史阶段，在一个前所未有之大变局中——我不是指地缘政治、国家冲突，也不是指极端的货币政策和宏观经济，而是想让你意识到一件事，那就是我们对这个世界的主观感知和注意力，受到了前所未有的巨大威胁，这也许比一切外来的冲击更加严重。

比如，你回忆一下2020年，自己最主要的消息来源是什么？

答案你自己恐怕还没意识到，我来替你回答：不是电视新闻报道、报纸、广播，大概率是社交群里的截图、照片，或者微博等上的迷因图片。整个2020年，大事发生得实在太多太快，以至于都来不及看文字。我们就用截图吧。

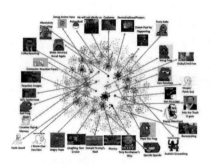

这种截图语言,是现代社会的一个重大的发明,以及哲学学科不可忽视的一个现象。人类用视觉来学习,我们喜欢图,喜欢短小精悍的内容,相信有图有真相,一张小小的图可以装下的信息比一篇文章更多。

要在这个越来越魔幻的世界里保持清醒,我们还有其他选择吗?

有。我们要找到一个更强大的思考方法来保护自己——这当然还是要靠哲学。比如,苏格拉底知无知、求真相用的"反诘法"。

苏格拉底和别人辩论,几乎从不先提出自己的观点,他唯一的工具就是逻辑:先定义概念,然后使用逻辑,没完没了地提问,一直问到对方开始怀疑人生。

唐僧就是苏氏反诘法的最佳实践者:

悟空,你想要啊?

你想要的是什么?

你不说我怎么知道呢?

虽然你很有诚意地看着我,可那是你想要的吗?

要反问自己,难道真的想要吗?真的要吗?

观音姐姐,悟空他要吃我,只不过是一个构思,构思是事实吗?构思是罪吗?罪的定义是什么?没有证据,他又何罪之有呢?

不如等他吃了我之后,你有凭有据再……

写成公式如下:

你说X。

X是什么?

为什么X是X?

如果Y发生了,X还是X吗?

如果Y没有发生,X就不是X了吗?

真正的强大,是可以用自己强大的逻辑证伪一切。反诘法就像精神"助产术",会问问题,不停地问,没完没了地问,一次比一次深地问,直到问出那个最重要的、无限接近于真理的东西。

这是哲学这个哆啦A梦口袋里最好用的一件宝贝。

最后衷心祝愿大家有一颗越来越强大且独立的大脑。